“十四五”职业教育国家规划教材

供高等职业教育护理、助产等医学相关专业使用

老年护理学

（第 3 版）

主　编　杨　莘　肖树芹
副主编　李海莲　龙　纳　刘　萍
编　者　（以姓氏笔画为序）
韦　薇（广西医科大学第一附属医院）
邓露露（南昌健康职业技术学院）
石丽娟（湖北工程职业学院）
龙　纳（济南护理职业学院）
刘　萍（运城护理职业学院）
刘翠英（首都医科大学）
李　望（成都职业技术学院）
李海莲（锡林郭勒职业学院）
杨　莘（首都医科大学宣武医院）
肖树芹（首都医科大学）
张素萍（乌兰察布医学高等专科学校）
郭建梅（雅安职业技术学院）
黄媛媛（东莞职业技术学院）
谭　瑜（广东江门中医药职业学院）

科学出版社
北　京

内 容 简 介

本书为“十四五”职业教育国家规划教材。全书共 9 个章节，包括绪论、衰老与老化理论、老年人的日常生活护理、老年健康保健、老年综合评估、常见老年综合征的护理、常见老年疾病的护理、生命末期患者的护理及老年人日常生活护理技术。除正文之外设有学习目标、案例、链接、医者仁心、自测题及考点等模块。此外，本教材还配套了数字化资源，丰富教学内容。

本教材可供高等职业教育护理、助产等医学相关专业使用。

图书在版编目（CIP）数据

老年护理学 / 杨莘，肖树芹主编. —3 版. —北京：科学出版社，2024.6

“十四五”职业教育国家规划教材

ISBN 978-7-03-078355-4

Ⅰ. ①老… Ⅱ. ①杨… ②肖… Ⅲ. ①老年医学－护理学－职业教育－教材 Ⅳ. ①R473.59

中国国家版本馆 CIP 数据核字（2024）第 067390 号

责任编辑：谷雨擎 / 责任校对：周思梦

责任印制：赵 博 / 封面设计：涿州锦晖

科 学 出 版 社 出版

北京东黄城根北街 16 号

邮政编码：100717

http://www.sciencep.com

三河市春园印刷有限公司印刷

科学出版社发行 各地新华书店经销

*

2014 年 12 月第 一 版 开本：850×1168 1/16

2024 年 6 月第 三 版 印张：12 1/4

2025 年 2 月第十三次印刷 字数：378 000

定价：49.80 元

（如有印装质量问题，我社负责调换）

前　言

党的二十大报告指出："人民健康是民族昌盛和国家强盛的重要标志。把保障人民健康放在优先发展的战略位置，完善人民健康促进政策。"贯彻落实党的二十大决策部署，积极推动健康事业发展，离不开人才队伍建设。党的二十大报告指出："培养造就大批德才兼备的高素质人才，是国家和民族长远发展大计。"教材是教学内容的重要载体，是教学的重要依据、培养人才的重要保障。本次教材修订旨在贯彻党的二十大精神和党的教育方针，落实立德树人根本任务，坚持为党育人、为国育才。

在推进现代职业教育高质量发展的大背景下，日益严峻的人口老龄化形势使老年护理成为当前社会重点关注的议题。护理人员有责任运用专业知识和资源，为老年人提供主动、人性化的护理服务，理解老年人及照顾者的需求并给予满足。培养适应老年护理岗位需求的高素质人才，是高等职业教育老年护理教育的重中之重。教学应紧密对接行业实际，创新模式，运用信息技术，提高实训水平，全面提升学生护理专业技能和综合素质。同时要加强专业课程体系建设，优化内容，理实一体化。吸收国内外先进理念和技术，及时更新教学内容。重视培养学生人文素养、职业操守和全面发展能力。只有这样，才能持续为社会输送高素质老年护理人才，满足不断增长的服务需求。

本教材秉持"需求导向、能力本位"的理念，旨在培养学生适应岗位需求的实际能力。教材内容合理、贴近岗位实际，结构科学，涵盖学科最新理论、技术和方法，反映前沿发展最新动态。同时，教材配套多种数字化教学资源，丰富教学手段，提高教学的互动性和实效性。教材共 9 章，第 1 章绪论介绍老年人与健康老龄化、老年护理学的发展和老年护理执业范畴与标准，第 2 章阐述衰老与老化理论，第 3 章介绍老年人的日常生活护理，第 4 章介绍老年健康保健，第 5 章介绍老年综合评估，第 6 章为常见老年综合征的护理，第 7 章按照生理系统分别叙述了常见老年疾病的护理，第 8 章介绍生命末期患者的护理，第 9 章描述老年人日常生活护理技术。本教材在上一版基础上进一步完善了学习目标、案例、链接、自测题、护士执业资格考试大纲考点等内容，根据课程思政要求增设了医者仁心模块，并在中科云教育平台配套了数字化资源。

本教材适合高等职业教育护理、助产等医学相关专业教学使用，也可为其他护理人员的教学和临床实践工作提供参考。

本教材在编写过程中得到了全体作者单位的高度重视和大力支持，多位专家为本书提出了许多宝贵的建议，在此致以诚挚的谢意。

本教材凝聚了编者们多年来丰富的老年护理教学和临床实践心得，但由于编者水平有限，教材中可能有错误和疏漏之处，恳请广大读者惠予指正。

杨　苹　肖树芹

2024 年 1 月

配 套 资 源

欢迎登录“中科云教育”平台，**免费**数字化课程等你来!

本系列教材配有数字化资源，持续更新，欢迎选用!

“中科云教育”平台数字化课程登录路径

电脑端

- 第一步：打开网址 http://www.coursegate.cn/short/D3X7L.action
- 第二步：注册、登录
- 第三步：点击上方导航栏“课程”，在右侧搜索栏搜索对应课程，开始学习

手机端

- 第一步：打开微信“扫一扫”，扫描下方二维码
- 第二步：注册、登录
- 第三步：用微信扫描上方二维码，进入课程，开始学习

PPT 课件，请在数字化课程里下载!

目录

第1章
绪论

学习目标

1. 素质目标　在人口老龄化问题上培养家国情怀，积极关心人口老龄化问题的解决。

2. 知识目标　掌握老年人和人口老龄化的界定标准、健康老龄化概念、老年人健康标准、老年护理学概念；熟悉老年护理执业范畴和标准；了解国内外老年护理学的发展。

3. 能力目标　能评估一个社会或地区老龄化的程度，提出应对老龄健康的护理措施。

案例 1-1

我国《"十四五"健康老龄化规划》明确提出，到2025年，老年健康服务资源配置更加合理，综合连续、覆盖城乡的老年健康服务体系基本建立，老年健康保障制度更加健全，老年人健康生活的社会环境更加友善，老年人健康需求得到更好满足，老年人健康水平不断提升，健康预期寿命不断延长。

问题：1. 您如何看待我国《"十四五"健康老龄化规划》的人口老龄化政策？

2. 您认为护理人员在健康老龄化中如何发挥作用？

人口老龄化使全球卫生保健面临严峻挑战。我国的老年人口也越来越多，应对人口老龄化已经上升为国家战略。随着老龄健康研究的不断深入，在满足老年人健康需求过程中，人们逐渐认识到老年人群是一个特殊的群体，在生理、心理、社会需要等方面都与其他人群有所不同。护士在满足老年人健康需求中发挥着重要的作用，因此做好老年护理工作，促进老年护理学科发展势在必行。

第1节　老年人与健康老龄化

一、老年人和人口老龄化

（一）老年人的年龄界定标准

世界卫生组织（WHO）对老年人年龄的划分有两个标准：在发达国家将65岁及以上的人群划分为老年人，而在发展中国家则将60岁及以上的人群称为老年人。

2018年WHO根据现代人生理心理结构变化，将人的年龄界限做了新的划分：44岁及以下为青年人；45～59岁为中年人；60～74岁为年轻老年人；75～89岁为老老年人；90岁及以上为高龄老年人或长寿老年人。

我国老年人的年龄界定，60岁及以上为老年人，老年分期按45～59岁为老年前期，60～89岁为老年期（老年人），90岁及以上为长寿期（长寿老年人）。截止到2022年底，中国60岁及以上老年人达2.97亿，占总人口的21.1%，65岁及以上老年人口2.17亿，占总人口的15.4%。

（二）人口老龄化的标准

按照WHO标准，发达国家65岁及以上的人口占总人口比例超过7%，或发展中国家60岁及以上的老年人口占总人口比例超过 10%，该国即为老年型人口国家。随着人口老龄化形势的加剧，当一个国家65岁及以上人口占总人口比例超过14%，判定为深度老龄化国家，超过20%，则为超老龄化国家。评价人口老龄化的常用指标如下。

1. 老年人口系数 是老年人口在某个国家或某个地区的总人口构成中所占的比例，是反映人口老龄化的主要指标。

老年人口系数（%）=60（或 65）岁及以上人口数/总人口数×100%

2. 老年人口负担系数 通常用老年抚养比来表示，是指老年人口数占劳动年龄人口数的百分比，是反映劳动者负担老年人轻重程度的重要指标。

老年人口负担系数（%）=60（或 65）岁及以上人口数/15～59（或 15～64）岁人口数×100%

3. 平均期望寿命 是指某国家（或地区）总人口的平均生存年限。一般常用出生时的平均预期寿命作为衡量人口老龄化程度的重要指标，它也是衡量社会发展水平的基本指标。平均寿命以死亡作为终点。

4. 健康期望寿命 是指个人在良好状态下的平均生存年数，也就是老年人能够维持良好的日常生活活动能力的年限。健康期望寿命的终点是日常生活活动能力的丧失。

5. 年龄中位数 是指按年龄自然顺序所排列的总人口构成一个连续的变量数列，而年龄变量数列的中间值，即为年龄中位数。

二、健康老龄化与老年人健康标准

（一）健康老龄化

WHO 在 2015 年的《关于老龄化与健康的全球报告》中，将健康老龄化定义为“发展和维护老年健康生活所需要的功能和功能发挥的过程”，即健康老龄化就是维护老年人的功能和功能发挥。

功能发挥是指使个体按照自身观念和偏好来生活和行动的健康相关因素。它受到个体的内在能力、环境，以及两者相互作用的影响。内在能力是指个体在任何时候都能动用的全部体力和脑力的组合，包括认知、运动、活力、感觉、心理能力。功能发挥还和老龄友好环境有关，环境包括物理环境和社会支持等。对于内在能力下降的老年人，能否完成自己认为重要的事情，还要取决于其生活环境中存在的各种资源和障碍，如运动能力下降的老年人，借助辅助器材（如拐杖、电动轮椅、助力车等）或者居住在可负担的、易用的交通设施附近，他们仍然能够去商场购物。这种个体与环境的结合及其相互关系就称为功能发挥。

实现健康老龄化迫切需要针对老年人群建立综合性的公共卫生体系，促进健康老龄化的干预措施有很多，其共同的目标是尽可能改善功能发挥。

（二）老年人健康标准

WHO 于 20 世纪中期提出了健康的定义，健康指个体不仅没有疾病和衰弱，并且在身体、精神和社会状况方面都呈现完满状态。WHO 对老年人的健康评价包括精神健康、躯体健康、日常生活活动能力、社会健康和经济状况五个方面。

2022 年，我国国家卫健委发布《中国健康老年人标准》，该标准适用于医疗卫生机构、养老服务机构人员对 60 周岁及以上中国老年人健康状态的评估。具体评估内容包括躯体健康、心理健康、社会健康 3 个维度，共 9 个方面，即生活自理或基本自理；重要脏器的增龄性改变未导致明显的功能异常；影响健康的危险因素控制在与其年龄相适应的范围内；营养状况良好；认知功能基本正常；乐观积极，自我满意；具有一定的健康素养，保持良好生活方式；积极参与家庭和社会活动；社会适应能力良好。

第 2 节　老年护理学的发展

一、老年护理学相关概念

（一）老年学

老年学（gerontology）是研究人类老化及其引起的经济、社会和环境等与老年有关问题的一门综合性学科，主要包括老年生物学、老年社会学、老年经济学、老年医学、老年心理学、老年教育学等。

（二）老年医学

老年医学（geriatrics）是研究预防、诊断和治疗与老年相关的疾病，最大限度地维持或恢复老年患者功能，提高老年人生活质量的科学。

（三）老年护理学

老年护理学（gerontological nursing）是研究预防、诊断和处理老年人对自身现存和潜在健康问题反应的学科，是运用老年护理的知识及技能，以满足老化过程中老年人生理、心理、经济、文化和精神等需求为目标的、基于循证的护理专业实践。

（四）老年实践护士

老年实践护士（gerontological nurse，GN）是经过老年护理专科系统培训后获得老年专科护理资格证书的护士，在护理评估、管理、实施、评价方面的能力达到老年护理相对高层次的要求。目前我国已经培养了大量的老年实践护士。

（五）老年高级实践护士

老年高级实践护士（advanced practice gerontological nurse，APGN）在老年护理方面具有丰富的临床经验、广博的知识及娴熟的技能，获得国家认证机构认证，并至少拥有护理学硕士学位，包括老年病开业护士（gerontological nurse practitioner，GNP）、老年临床护理专家（gerontological clinical nurse specialist，GCNS）。目前，我国该类型的护士培养仍在探索中。

老年护理学与临床医学、生物学、社会学、心理学、健康政策等学科密切相关，老年护理专业护士应与多学科专业人员一起，密切合作，跨学科整合，为老年人提供以人为中心的整合连续的专业护理，提升老年人最佳功能状态，提高生活质量和晚年福祉。

链 接 WHO《2020-2030年健康老龄化行动十年》

2020～2030年是WHO推动健康老龄化行动计划的十年，该行动计划提出了十年间实施健康老龄化的四个行动领域。一是改变我们对年龄和衰老的看法和行为方式；二是确保社区培养老年人的能力；三是提供以人为本的综合护理和初级卫生服务，以响应老年人的需求；四是为需要长期护理的老年人提供长期护理服务。这四个行动领域以公平视角为基础，强调借助多部门的共同努力，优化所有老年人的健康。该行动计划为护士提供了参与健康老龄化的指引和框架。

二、老年护理学发展现状

（一）发达国家老年护理学的演变

老年护理实践起源于南丁格尔时代的济贫院，老年护理学作为一门学科发展始于1904年的美国。1904年，世界上第一篇由护士撰写的老年护理论文发表于《美国护理杂志》，该文提出“不应像对待壮年人那样对待老年人”，同时指出“护理老年人的护士需要有丰富的经验”。迄今为止，美国不仅是老年护理专业发展最早的国家，同时也是老年护理发展较完善的国家。这种发展与完善，带动了全球老年护理学的发展。因此，本节将以美国老年护理学的发展为例，介绍发达国家老年护理学的发展历程。纵观美国老年护理学的发展，可概括为四个时期。

1. 理论前期（1900～1955年） 1904年，《美国护理杂志》刊载了第一篇由护士撰写的老年护理论文。20世纪50年代，随着护理院的兴起，有关老年护理的理论和科研也发展起来。在这一时期，出版了第一部老年护理教材，刊印了第一篇老年护理硕士论文，老年护理被公认为一个独立的专业。

2. 理论基础初期（1956～1965年） 老年人口急剧增加，政府对养老事业的投入加大，老年护理科研不断深入，出现了大量政策性的变化。1961 年，美国护士协会（American Nurses Association，ANA）设立了第一个老年病护士专业组，标志着老年护理在专业化道路上前进了一大步。

3. 专业发展期（1966～1985 年） 这一时期，老年护理实践和老年护理教育得到全面发展。老年护理学被纳入大学课程体系，逐渐兴办老年护理学硕士、博士学位教育。1966 年成立了美国护士协会老年病护理分会。同年，首个老年临床护理专家项目在美国杜克大学启动。1970 年由美国护士协会老年病护理分会编撰的第一本《老年护理实践标准》出版。1975 年《老年护理杂志》创刊，首批 74 名护士获得美国护士协会颁发的老年专科护理证书。1976 年，美国护士协会老年病护理分会更名为美国护士协会老年护理分会，同年发布了新的老年护理实践标准。1981 年，召开了首届老年护理国际会议，1983 年美国成立第一所老年护理学院，1984 年美国国家老年护理协会（National Gerontological Nursing Association，NGNA）成立。

4. 全面完善期（1986 年至今） 老年护理临床实践、教育、科研得到全面发展并取得丰硕成果。1989 年，美国护士协会首次认证老年临床护理专家。2000 年，美国护士协会发布《老年护理实践范围及标准》，同时，美国护理学院协会（AACN）和哈特福德老年护理基金会（HIGA）联合发布了《老年护理学士学位核心能力及课程指南》和《老年开业护士和临床护理专家核心能力》。2002～2016 年针对不同老年专科方向，美国护士协会先后发布了 7 个老年高级实践相关的执业能力标准。2008 年，美国提出高级执业注册护士（APRN）管理的 LACE 模式，即注册、评审、认证和教育一体化的模式，该模式将老年和成人护理合并，美国护士认证中心将老年临床护理专家资格认证列入专科证书注册考试。2010 年，美国护士协会出版了《老年护理：执业领域及实践标准》，并根据老年护理发展需要于 2018 年进行了更新。2015 年美国护理教育机构完成教学改革。

（二）我国老年护理学的发展

我国老年护理学在老年医学发展的基础上逐步发展，至今不断探索完善。1985 年，天津成立了第一所临终关怀医院。1988 年，上海建立了第一所老年护理院。1996 年，中华护理学会提出要发展和完善我国社区老年护理。1999 年，中华护理学会老年病护理分会成立。2005 年，广东省依托南方医科大学和香港理工大学率先在国内启动老年专科护士培训项目。2012 年，中华护理学会老年病护理分会更名为中华护理学会老年护理专业委员会，各省护理学会也相继设立老年护理专业委员会，极大促进了老年护理专科的发展。2019 年，在国家卫健委的支持下，由国家老年医学中心（北京医院）牵头发起成立中国老年护理联盟。

随着人口老龄化对老年高层次护理人才需求的增加，我国老年护理教育也得到了持续的发展。1998 年，老年护理学课程在少数几所高等院校开始设立。2000 年出版第一本《老年护理学》本科教材。近年来，高职院校也陆续开办老年照护相关专业。2019 年，天津职业大学与天津理工大学联合开办了全国第一个养老本科专业“老年福祉与管理”专业。老年护理教育的发展需要院校联合老年健康实践机构和产业机构，共同促进各层次老年护理和照护人才的培养和发展。

三、老年护理目标

老年期慢性疾病发病率高，很多疾病无法治愈，其护理目标跟成年期有较大不同，不再追求治愈，而是需要与慢性疾病共处，做好慢性疾病管理，提供补偿性照护。同时，在生命末期提高照护质量。

1. 增强自我照顾能力 帮助老年人学习健康保健知识，增强老年人健康行为，维持和增进身心健康，提高生活质量。

2. 延缓恶化及衰退 帮助老年人预防疾病，协助诊断和治疗疾病，护理患病老年人，减轻老年患者痛苦。

3. 做好临终关怀 给予终末期老年人安慰和心理支持，做好安宁疗护，帮助终末期老年人安详地度过人生最后一程。

四、老年护理的道德准则

由于失能老年人多数病程长、照护负担重，在护理过程中，产生了越来越多的伦理和权益保障问题。护理人员需认识、关注伦理道德问题，运用适当原则去分析解决。

（一）尊重关爱，维护个人权益

由于老年期角色与环境的改变，老年人在心理方面，对护士的言行、态度反应敏感，护士应言行礼貌，态度和蔼可亲，尊重理解他们，认真对待他们的意见和建议。护理过程中维护老年人尊严和医疗权益，尊重知情同意权、自主权、个人隐私权和文化背景，鼓励老年人表达意愿，让他们和家属共同参与医疗决策。通过与老年人及其家属充分沟通交流，如实告知病情、医疗措施和相关医疗风险，了解其心理需求、个人意愿等，尊重其信仰和生活习俗。尽量在老年人具有决策能力时，鼓励其通过预立遗嘱或其他具有法律效力的方式表达愿望。

（二）细心照护，注重生活护理

护士应关心、体贴，积极帮助老年人，细心做好生活护理，加强支持性护理。例如，帮助自理能力下降的患者做好口腔、皮肤、饮食、排泄等生活护理；对于认知有问题的老年人，做好药物管理，指导他们按时、定量服药，避免引起不良后果。另外，护理过程中要有意识发挥老年人的残存能力，鼓励自主自立。

（三）耐心沟通，加强心理护理

老年人一般会有不同程度的认知、听力、视力障碍，加之病种多，病情重，往往影响沟通和交流。护士应细致观察病情，耐心询问感受，保持有效沟通。老年人因长期住院或卧床，会出现消极和负面情绪，护士应针对具体心理问题给予开导，帮助其消除顾虑，解除心理压力，增强心理承受能力，构建理解、信任、合作、和谐的关系，使其恢复最佳心理状态。

（四）审慎无误，确保优质护理

老年人往往同时患有多种疾病，病情复杂多变，护士应以高度的责任感，全面评估，审慎做出合理的护理诊断，力求每个护理过程严谨准确。另外，老年人会有不同程度的认知能力减退，对护士工作缺乏有效监督，这就要求护士在护理过程中具备严谨、诚实、慎独的精神，严格遵守护理常规和操作规程，确保优质护理。

第3节 老年护理执业范畴与标准

一、老年护理执业范畴

老年护理专业的执业范畴和标准，可以帮助护理人员确定在老年护理领域的职责，指导护理人员能做什么、怎样做，为老年人提供高质量的护理服务。

1987年，美国护士协会提出老年护理执业范畴。2010年更新的《老年护理：执业领域及实践标准》，指出老年护理的职业范围广阔，在综合医院、养老机构、居家、社区、中长期照护机构等场所均可以开展老年护理。老年护理的任务包括评估老年人的健康和功能状态、制订护理计划、提供有效护理和其他卫生保健服务，并评价照顾效果；同时增强老年人日常生活活动的功能性能力，促进、维持和恢复老年人健康，其中包括心理健康；预防和减少因急性或慢性疾病所造成的失能，以及维持老年人生命的尊严与舒适直到死亡。未来从事老年护理的人员可以在门诊、急性医疗机构、居家、中长期照护机构等场所执业，也可成为老年专科护士、老年临床护理专家、老年开业护士、慢性疾病管理师、个案管理师、整合照护师、出院准备策划师及行政管理领导者等。未来老年护理将建立一种临床-社区-家庭服务网络，形成从疾病到心理、社会、家庭的一套完整的护理体系，学科也更加系统化、专业化。

二、老年护理执业标准

美国护士协会发布的《老年护理：执业领域及实践标准》中规定了老年实践护士和老年高级实践护士核心能力的详细内容，详见表 1-1。

表 1-1 美国护士协会《老年护理：执业领域及实践标准》

内容	要求
标准 1 评估	老年实践护士收集与老年人生理、精神等健康相关的数据或情况
标准 2 诊断	老年高级实践护士分析收集到的数据或情况，做出诊断或找出问题
标准 3 评估预期结果	老年实践护士为制订适合老年个体的或特定情况的计划，做出预期结果判断
标准 4 计划	老年实践护士拟订可能达到预期结果的护理计划
标准 5 实施	老年实践护士实施拟订的护理计划
标准 5.1 护理计划调整	老年实践护士及时调整不恰当的计划
标准 5.2 健康教育与健康促进	老年实践护士采用健康策略，促进健康及环境安全
标准 5.3 咨询	老年高级实践护士对护理计划的拟订、调整，提高其他护理人员的能力及有效的护理改变提供咨询和指导
标准 5.4 依法执业	老年高级实践护士依照州或联邦法律、法规，使用权威的规范、流程、指南和治疗方法
标准 6 评价	评价老年人趋向预期结果的程度
标准 7 实践质量	老年实践护士应从系统入手，提升护理实践的质量和效果
标准 8 专业实践评价	老年实践护士应使用相关的专业实践标准、指南、法规、原则和规则来评价自己的服务
标准 9 教育	老年实践护士应获得与现阶段老年护理实践相适应的知识及能力
标准 10 联合领导	老年注册护士与同行相互合作，促进专业发展
标准 11 协作	在护理实践中，老年注册护士应与老年人及其家庭、其他重要成员、相关专业团队、社区和其他利益相关者合作
标准 12 伦理	老年注册护士在所有实践中须遵守伦理原则
标准 13 研究	老年注册护士应整合研究结果并转化为实践
标准 14 资源利用	在制订护理计划和实施护理服务的过程中，老年注册护士应考虑到与之相关的安全、效率、费用的影响
标准 15 领导力	老年注册护士在专业实践场所和专业领域内提供领导
标准 16 倡导	老年注册护士倡导对老年人健康、安全和权益的保护

《老年护理：执业领域及实践标准》对老年护士在协作、专业实践评价、伦理、教育、研究及资源利用等多方面的行为进行了规范。2019 年，我国国家卫健委发布了《老年护理专业护士培训大纲（试行）》和《老年护理实践指南（试行）》，其中《老年护理实践指南（试行）》进一步规范了我国老年护理专业人员的实践行为。

自 测 题

A_1/A_2 型题

1. 我国老年人的年龄标准是
   A. 55 岁　B. 60 岁
   C. 65 岁　D. 70 岁
   E. 80 岁
2. 人口老龄化的标准是
   A. 发达国家≥65 岁人口超过总人口的 5%，或发展中国家≥60 岁人口超过总人口的 8%
   B. 发达国家≥65 岁人口超过总人口的 6%，或发展中国家≥60 岁人口超过总人口的 9%
   C. 发达国家≥65 岁人口超过总人口的 7%，或发展中国家≥60 岁人口超过总人口的 10%
   D. 发达国家≥65 岁人口超过总人口的 8%，或发展中国家≥60 岁人口超过总人口的 11%
   E. 发达国家≥65 岁人口超过总人口的 9%，或发展中

国家≥60 岁人口超过总人口的 12%

3. 下列哪项是反映人口老龄化的主要指标
   A. 老年人口系数　B. 年龄中位数
   C. 老年人口负担系数　D. 长寿水平
   E. 性别比
4. 老年实践护士与老年高级实践护士的区别是
   A. 是否具有丰富的临床经验
   B. 是否具有广博的知识
   C. 是否具有娴熟的技能
   D. 是否获得老年专科资格证书
   E. 是否拥有护理学硕士学位
5. 老年实践护士的实践范围**不包含**
   A. 进行护理评估　B. 调整护理计划
   C. 健康教育与健康促进　D. 依法开具处方
   E. 进行护理质量管理

（杨　苹　刘翠英）

第2章 衰老与老化理论

学习目标

1. 素质目标　具有正确的老化观念，树立积极的生命观，关心尊重老年人。
2. 知识目标　掌握老化的概念，老化相关心理学和社会学代表理论；熟悉老化相关心理学和社会学代表理论的主要观点；了解老化的常用生物学理论及其代表性观点。
3. 能力目标　运用老化相关知识指导护理实践。

案例 2-1

王爷爷，72 岁。退休前是某局局长，现已退休多年。有多种慢性病，身体状况一般，一直不服老，晚年生活一直不开心，偶尔参加老年大学，很反感小区那些悠闲的老年邻居们，觉得他们在浪费生命，他自己还想去社会上工作，再大干一场。

问题： 1. 请分析王爷爷目前的状况。

2. 试着用老化的生物学、心理学和社会学理论解释该老年人的情况。

3. 请问您如何使用老化理论指导王爷爷的晚年生活？

衰老又称老化，是指生物体生长发育到成熟期后，随着年龄增长，其形态结构和生理功能发生退行性变化，导致机体功能逐渐丧失，最终趋向死亡的不可逆转的现象。衰老是所有生物种类在生命延续过程中的一种生命现象，具有积累性、普遍性、渐进性、内生性和危害性。衰老受自然规律、环境和生物等多种因素影响，不同理论从多个角度阐述了人体老化的机制。

第 1 节　老化的生物学理论

老化的生物学理论重点研究老化过程中人体器官生理改变的特点和原因。护士可依据生物老化理论，结合不同个体的生理心理表现、生活经历及教育水平，指导老年人正确面对衰老和死亡。在疾病护理及健康教育过程中，解释老年人生理改变及疾病发生的原因。老化生物学理论可分为随机老化理论和非随机老化理论两大类。

一、随机老化理论

随机老化理论认为，老化的发生是随机损伤和积累的过程。随机老化理论具有代表性的是基因突变理论、分子串联理论、自由基理论等。

（一）基因突变理论

老化是因为体细胞突变或细胞 DNA 复制出现错误引起损伤，造成老年人体内细胞功能与特性逐渐发生变化，从而使细胞功能受到影响。细胞的退行性变化使老年人的心智功能、行为特质不同于成年人，如记忆力减退、适应新事物的能力下降等。

（二）分子串联理论

分子串联理论也称交联理论，是指串联的分子成分附着于 DNA 分子的单链上，对其造成损害，生物体内的胶原纤维、弹性纤维、酶等都可以发生串联。正常状态下，人体的防御机制可以修复这些损害，但增龄后人体防御功能逐渐减弱，串联的分子结构损害后不能修复，细胞不能运输电子和排泄废物，胶原纤维失去弹性，最终导致组织和器官功能的丧失。

（三）自由基理论

细胞在代谢过程中会不断产生自由基，这些自由基可直接或间接地发挥强氧化剂的作用，从而损害生物体的大分子和多种细胞的成分。人体可产生防御自由基损害的抗氧化剂和抗氧化酶，但随着年龄增长，人体自身合成此类物质的能力逐渐降低，对自由基的防御能力下降，从而加速衰老进程。主要表现为细胞膜、DNA、RNA 和蛋白质结构被破坏，造成染色体畸变、细胞突变，导致恶性肿瘤；胶原蛋白交联变性，导致骨质疏松、血管硬化、皮肤皱缩等。

二、非随机老化理论

非随机老化理论认为，与年龄相关的分子和细胞水平的变化受基因程序控制。主要包括免疫理论、基因程控理论、神经-内分泌理论、端粒-端粒酶假说等。

（一）免疫理论

老化不是被动耗竭而是由免疫系统介导的主动自我破坏。一方面，随着个体年龄的增长，机体对抗原的精细识别和精确调控能力减弱，出现免疫应答紊乱、低效和无效，使免疫系统的防御、自稳和免疫监视 3 大功能失调或减弱，最终机体难以抵御有害物质的侵害，导致感染和癌症的患病率增加；另一方面，老化与自身免疫有关。随着年龄的增长，T 细胞功能低下，不能有效抑制 B 细胞，产生过多自身抗体，机体自我识别功能产生障碍，不能准确地识别自己和非己，从而使自身免疫性疾病的发病率上升，加速组织老化。

（二）基因程控理论

生物体的老化犹如计算机程序控制一样，在基因控制下按照预定程序进行。体内细胞基因有固定生命期限，细胞分化次数决定个体寿命，同一物种基因结构有很多相似之处，因此有大致相同的平均寿命和最高寿命。反之，不同的物种基因结构不同，其老化速度不同，寿命长短也不同。该理论可用来解释不同种类的生物有不同的寿命。对家庭成员预期寿命相似的研究，支持了基因程控理论的观点。

（三）神经-内分泌理论

机体在神经-内分泌系统控制下，完成生长、发育、成熟、衰老乃至死亡过程。神经元和内分泌腺体的功能消耗是衰老的重要因素。下丘脑作为神经内分泌的调节中枢，在衰老过程中起着重要作用。随着年龄的增长，下丘脑发生明显的老化性改变：细胞受体数量减少、反应减退、与神经调控有关的酶合成减少、神经递质含量及代谢改变，这些改变影响内分泌腺的功能和机体的代谢，从而使机体新陈代谢减慢、生理功能减退，最终引起机体衰老和死亡。老年人的忧郁、多疑、孤独、失控等与其中枢神经系统功能衰退也有密切关系。

（四）端粒-端粒酶假说

端粒学说认为细胞在每次分裂过程中都会由于 DNA 聚合酶功能障碍而导致染色体不能完全复制，DNA 序列在复制中可能会丢失。因此，细胞有丝分裂每进行一次，就有一段端粒细胞丢失，当端粒缩短到一定长度时，便不能维持染色体的稳定，细胞就开始衰老甚至死亡。许多研究发现，基因突变、肿瘤形成时，人体端粒可表现出缺失、融合或序列缩短等现象。在一些癌细胞中，端粒酶活性增高，癌细胞分裂增多。某些特定的癌细胞，如果可以阻止端粒酶，端粒就会变短，癌细胞就会死亡。端粒及端粒酶作用机制的进一步研究将在细胞学、医学等多个领域的应用中起到重要的作用。

第 2 节　老化的心理学理论

老化的心理学理论主要有人的需求理论、人格发展理论等。某些认知理论也有较好阐释作用。老化的心理学理论可以帮助护士理解老年人的心理特点和行为表现，有助于心理护理。

一、人的需求理论

人的需求理论以马斯洛的“人类基本需要层次理论”最具代表性。马斯洛将人的基本需要按其重要性和发生的先后次序分为 5 个层次，分别为生理的需要、安全的需要、爱与归属的需要、自尊的需要及自我实现的需要。老年人对各种层次的需要均有所追求，对高层次的需要更为迫切。只有这些需求得到满足后他们才能保持良好的功能状态，才能达到成功老化。

二、人格发展理论

考点：人格发展理论的主要内容

人格是一个人先天所拥有的及其在后天社会化过程中所形成的独特的、持久的、稳定的心理特质和倾向。人格发展理论是阐述人格的结构、形成和发展的理论学说，经典的有埃里克森的人格发展理论。埃里克森创造性地提出了人格终身发展的观点，他将人生发展分为 9 个主要阶段：婴儿期、幼儿期、学龄前期、学龄期、少年期、青年期、成年期、晚年期和超越老龄期。他认为老年期的任务是发展自我整合，否则会出现绝望。自我整合也是接纳生命的意思，表示能以成熟的心灵和威严，不畏惧死亡的心态来接纳自己，肯定自我，也意味着不懊悔过去发生的事情，对未来生活充满乐观和拥有进取的心态，学习面对死亡。在埃里克森理论基础上，佩克提出“自我完整感任务”，认为自我完整感要求老年人超越自己的职业、身体和与之分离的同一性，他认为埃里克森关于自我完整的表述主要包括以下三方面。

1. “自我分化”对“工作角色专注”　在职业上投入过多的老年人，退休后应通过家庭、朋友和社区中的角色来重新确定自我价值，以此获得像职业生涯那样的满足感。

2. “身体超越”对“身体专注”　老年人的容貌、体能和对疾病的抵抗力衰退，他们必须通过认知、情绪和社会性补偿来超越身体的局限。

3. “自我超越”对“自我专注”　面对生活中相继失去的配偶、兄弟姐妹、朋友，老年人需要通过放眼未来找到面对死亡的方法，而非专注自我。

三、认知老化理论

认知老化理论认为未患有严重的躯体和精神疾病的正常老年人认知功能（记忆、抑制控制、推理能力等）随年龄增长而下降。认知老化限制了老年人工作活动能力，降低了生活质量，同时易导致老年痴呆。自 20 世纪 70 年代以来，学界对认知老化机制提出诸多理论假说，主要包括加工资源理论、感觉功能理论、执行功能减退假说等。加工资源理论从个体完成加工任务时所需信息加工资源角度解释认知能力年龄差异，其中以索尔特豪斯（Salthouse）提出的加工速度理论影响最大，该理论认为许多认知任务都受少数一般加工限制因素的影响，加工速度是年龄相关的关键性的一般加工限制因素，增龄可导致信息加工速度变慢。感觉功能理论把认知老化归于老年人各种感觉器官功能的衰退。执行功能减退假说强调，相对于其他一般认知能力，执行（额叶）功能随年龄增加的衰退速度更快，同时执行功能的衰退也是引起人们日常认知功能（记忆、推理、视觉空间能力）衰退的主要原因。

第 3 节　老化的社会学理论

老化的社会学理论主要研究解释社会互动、社会期待、社会制度与社会价值对老化适应过程的影响。

其中与护理活动关系较为密切的有隐退理论、活跃理论、持续理论、次文化理论等，可帮助护士从社会关系视角看待老年人，了解老年人所在的社会对他们的影响。

考点：老化社会学理论的主要内容

一、隐 退 理 论

老年期不是中年期的延续，有其自身的特殊性，老年人逐步走向以自我为中心的生活，生理、心理及社会等功能逐步丧失，与社会要求渐行渐远。因此，此理论认为对老年人最好的关爱应该是让其在适当的时机以适当的方式从社会中逐渐脱离，不再像青年期或中年期那样奋斗。此外，一个社会要保持持续发展，就必须不断地进行新陈代谢。进入老年期就应从社会角色中隐退，把在社会中担当的角色交给青年人。原来的社会功能性角色逐渐被家庭情感性角色取代。此理论可用于指导老年人适应退休带来的各种生活改变，有助于社会和谐，但容易使人将老年人等同为无权、无能、无力的人，使社会对老年人的漠视合情化。

二、活 跃 理 论

参与社会活动是生活的基础，也是老年人重新认识自己，适应老年生活，重新获得社会角色，寻求生活意义，提高晚年生活质量的主要途径。尽管老年人有生理、心理、健康状况的减退，但他们仍然渴望能积极参与社会活动，维持原有角色功能，以证明自己的生存价值。积极的社会活动有益于身心健康，让老年人积极参与社会活动，帮助他们寻找新角色、新关系、新爱好以取代已经丧失的原有角色功能，使他们重新有机会为社会贡献自己的才能，有助于老年人顺利适应老年生活，增加生活自信心，从而提高晚年生活质量。活跃理论和我国目前强调的积极老龄观一致。不过，应用活跃理论时，需要注意低龄老年人与高龄老年人的差别，这两个年龄组的人在活动能力和活动愿望上差别很大，不可一概而论，应因人而异。

三、持 续 理 论

持续理论以对个性老化的研究为基础，重点探讨老年人在社会文化约束其晚年生活时，在生理、心理、人际关系等方面的调适。一个人的人格及行为特征是由环境影响与社会增强结果所塑造出来的，个体在成熟过程中会将某些喜好、特点、品位、关系及目标融入自己的人格。人格会随年龄的增长而持续地动态改变，个体如能适时改变人格，适应人生不同阶段的生活，则能较为成功地适应老化过程。因此老年时期只要延续中年时期的爱好、习惯，或者寻找一些替代性活动则有助于成功的老化。

四、次文化理论

老年人是社会团体中的非主流人群，他们有自己特有的文化特质，形成了独特的老年次文化团体。在这个次文化团体中，个人社会地位的认定由过去的职业、受教育程度、经济收入、健康状态或患病情况等决定。随着老年人口的增加，该文化团体的社会影响也将增强，因而许多相关的组织亦随之设立。如美国的退休协会、我国各层级的老龄委员会、老年大学、老年活动中心等。同一次文化团体中，群体间的相互支持和认同与适应老化过程呈正相关，老年次文化在一定程度上可以唤起社会对老年群体的关注，但如果过分强调老年次文化，也可能会将老年人进一步从主流社会中推开，加剧老年人与主流社会的疏离感。

五、年龄阶层理论

年龄阶层理论运用阶层、社会化、角色等社会学理论，围绕年龄的形成和结构等方面研究和探讨老化期的发展变化，是一个新近发展的社会学理论。它按一定年龄间隔将人群分成不同的年龄阶层，主要观点如下。

1. 同年代出生的人不仅有相似的年龄，而且有相似的生理特点、心理特点和社会经历。

2. 新的年龄层群体不断出生，他们的社会环境不同，对社会、历史的感受也不同。

3. 社会成员根据不同的年龄及其所属的角色被分为不同的阶层。

4. 每个人都有属于自己的年龄群体，而且伴随他的成长将不断进入新的年龄群体。与此同时，社会对不同年龄群体所赋予的角色、所寄托的期望也在发生相应的变化，个人的行为必然会随着自己所属年龄群体的改变而发生相应的变化。

5. 人的老化与社会变化之间动态联系。同一年龄阶层的老年人会相互影响其老年社会化过程，因而使老年群体拥有某些特定的普遍性行为模式。

年龄阶层理论可以解释不同年龄层之间的差异，但对于同一年龄层中不同个体所表现出的个体间的差异缺乏解释力。

六、生命历程理论

生命历程理论萌发于20世纪20年代。该理论把人置于历史生活背景和当时的生活阶段来考察，强调生活事件发生的不同时机和个体之间的相互联系，重视个体角色在塑造他们自体生活中的作用。包括宏观层面的时空配置和时间性（如年龄、时期、队列），以及微观层面的相互联系的生命和个体主观能动性。该理论将宏观层面上的社会结构变迁和个人层面的日常生活进行了有机的关联，不仅有助于解决复杂的老年问题，对老龄政策的制定也有一定的启示。主要包括以下方面。

1. 个人的生命历程嵌入了历史的时间和他们在生命岁月中所经历的事件，同时也被这些时间和事件所塑造着。

2. 一系列的生活转变或生命事件对于某个个体发展的影响，取决于它们什么时候发生于这个人的生活中。

3. 生命存在于相互依赖的关系中，社会和历史影响经由这一共享关系网络表现出来。

4. 个体能够通过自身的选择和行动，利用所拥有的机会，克服历史与社会环境的制约，从而建构他们自身的生命历程。

七、健康社会决定因素理论

健康影响因素不仅和个体有关，还跟社会因素有关。健康社会决定因素理论阐释了健康社会影响因素，被认为是决定人们健康和疾病的“原因的原因”，WHO将其定义为：“在那些直接导致疾病的因素以外，由人们的社会地位和所拥有资源所决定的生活和工作环境，以及其他对健康产生影响的因素”。健康社会决定因素包括了人们从出生、成长、生活、工作到衰老的全部社会环境特征，主要包括生物遗传因素、个体生活方式、社会支持网络、社会经济地位、其他社会结构（工作环境、城市化进程、社会心理、保障政策等）、宏观社会与经济、文化和环境等因素。健康社会决定因素理论中的核心价值理念是健康公平。因此WHO建议各个国家从以下方面采取措施。

1. 改善人们的日常生活环境。WHO特别提出需要改善生活和工作环境，制定社会保护政策，关注老年人生活健康。

2. 全球各国家和地方政府应特别关注形成日常生活环境的社会结构性因素，解决权力、财富和社会资源分配不公平的问题。

3. 注重测量和收集证据，评估行动效果，不断充实在健康社会决定因素领域的知识基础，并通过宣传教育，提高公众对健康社会决定因素的认识。

自 测 题

A_1/A_2 型题

1. 以细胞分化次数解释老年人寿命的老年生物学理论是
   A. 基因程控理论　B. 免疫理论
   C. 分子串联理论　D. 脂褐质与游离放射理论
   E. 长寿和衰老理论
2. 下列哪个理论解释了老年人常出现多疑、忧郁、孤独、失去自我控制能力等心理特征
   A. 免疫理论　B. 角色理论
   C. 神经-内分泌理论　D. 长寿和衰老理论
   E. 持续理论
3. 有关老年期的社会角色关系，下列哪项说法**不正确**
   A. 老年群体相互支持、认同影响个体角色
   B. 积极老龄观下，社会期望老年人主动积极参与各类老年团体或老年群体
   C. 老年人理想的晚年生活首先取决于成功的角色转变
   D. 老年期的角色是社会功能性角色取代家庭情感性角色
   E. 老年期行为改变和所处的社会环境的改变有关
4. “同一群体间的相互支持和认同能促进成功适应老化”是下列哪个理论的观点
   A. 活跃理论　B. 次文化理论
   C. 持续理论　D. 隐退理论
   E. 年龄阶层理论
5. 下列**不属于**老化社会学理论的是
   A. 人格发展理论　B. 隐退理论
   C. 活跃理论　D. 持续理论
   E. 次文化理论
6. 关于生命历程理论的描述**不正确**的是
   A. 该理论把人置于历史生活背景和当时的生活阶段来考察
   B. 包括宏观层面的时空配置和时间性
   C. 包括微观层面的相互联系的生命
   D. 将宏观的社会结构变迁和个人日常生活进行了有机关联
   E. 该理论没有关注个体主观能动性

（邓露露）

第3章 老年人的日常生活护理

学习目标

1. 素质目标　树立“以人为本”的服务理念，培养尊老、爱老、助老情怀。

2. 知识目标　掌握与老年人沟通的技巧，掌握老年人皮肤护理、饮食护理、排尿与排便护理、睡眠护理的方法，熟悉老年人的营养需求特点、睡眠特点、饮食原则、活动量判断标准，了解老年康复辅助器具在日常生活中的应用。

3. 能力目标　能够正确实施老年人饮食护理、排尿与排便护理、睡眠护理、活动安排。

第1节　概　　述

随着年龄的增加，老年人逐渐出现生理功能、心理功能、社会适应功能的减退，健康受损，罹患各类慢性疾病的比例增加，严重影响日常生活活动能力甚至导致失能。据报道，我国60岁及以上老年人口的失能率达2.95%，且呈逐年递增趋势。因此，日常生活护理是老年护理的重要组成部分，其目的是帮助老年人在健康状态下独立、方便地生活，或是在疾病、功能障碍的状态下保持或恢复基本的生理功能，使其适应日常生活，提高生活质量。

老年人日常生活活动包括3个层次的内容：一是基本日常生活活动（basic activity of daily living，BADL），指基本的自我照顾活动，包括日常生活中所必须完成的吃饭、穿衣、如厕、上下床活动等内容，反映老年人的日常生活自理能力；二是工具性日常生活活动（instrumental activity of daily living，IADL），指复杂的自我照顾活动，包括做饭、洗衣、购物、旅游等内容，反映老年人社会适应能力；三是高级日常生活活动（advanced activity of daily living，AADL），反映老年人的智能能动性和社会角色功能。根据老年人的个体需求，从三个层面给予老年人日常生活护理，提高老年人的生活质量。

然而，传统的照护模式主要是对老年人退化的机能进行更多的替代性护理，导致老年人的身体机能更加退化，护理对失能老人功能发挥的正面效应逐渐减弱。20世纪80年代，日本提出自立支援照护，鼓励老年人在可动范围内，挖掘潜在机能，利用现有的能力完成日常起居；同时照护人员结合老年人身体机能、老年心理学等多方面、全方位专业知识和技能对老年人进行提升自理能力的护理。通过提升老年人日常生活自理能力，增进老年人对生活的自信心，维护老年人的生命尊严，提高生活质量。同时还可减轻照护人员在身体和精神等方面的相关压力，提升照护价值，家属也因此减轻压力，这是可以让照护关系中的所有人都受益的照护方式。可以理解为传统的照护服务是对被照护者做“减法”，针对退化的机能进行更多的替代性照护，而现代的照护服务是对被照护者做“加法”，针对退化机能或将要退化的机能进行有计划的训练，让老年人自己能够继续完成日常生活活动。

第2节　老年护理中的沟通

案例3-1

李爷爷，80岁，老伴已去世，子女在外地工作，近日李爷爷被送来康养中心居住。护理人员小张负责接待李爷爷，在做评估的时候，发现李爷爷身体基本情况良好，但情绪低落，少言寡语，不愿意搭理小张。

问题：作为护理人员，应如何与李爷爷进行沟通？

一、概　　述

（一）概念

沟通是指两个或两个以上个体和（或）群体间，通过语言、动作姿态、表情或其他信号等方式，相互分享与交换信息、意念、感情与态度，以使双方能够相互理解。沟通包括了语言沟通和非语言沟通。

（二）沟通的要素

1. 发出信息者　是信息的来源，负责发出完整、准确的信息，可以是个体或机构。

2. 接收信息者　是信息沟通的对象，既可以是个体，也可以是机构。

3. 传递的信息　是信息发出者希望传递的意见、观点、思想、感情等。

4. 传递途径　是信息传递所需要的渠道，包括有声语言渠道和无声非语言渠道。

5. 反馈　是沟通的对方在接收信息后的反应，包括心理变化、面部表情及语言回应等。

（三）衰老对沟通的影响

随着年龄的增长，老年人的生理、心理和社会文化等方面都发生了较大的变化，对老年人的沟通产生了明显的影响。

1. 生理特点的影响　老年人的生理功能明显减退，主要包括认知障碍、听力障碍、视力障碍，给老年人的沟通带来了不便。

2. 心理特点的影响　老年人因年老退休、社会角色的变化，其心理也产生了较大的变化，出现紧张、焦虑、自卑、孤独等不良心理反应，会给沟通带来一定的困难。

除此之外，影响老年人有效沟通的还有周围环境、社会文化、个体性格差异等方面的因素，护理中应给予重视。

二、沟 通 技 巧

护理人员在和老年人沟通的过程中，需要根据其生理、心理的变化，使用必要的沟通技巧，以达到有效的沟通。

1. 语言沟通的技巧　语言沟通有口语与书面两种形式。口语沟通主要包括面对面交谈、视频交谈等。书面沟通的方式有文本、信件等。口语沟通能更清楚、快速、精练地将信息传达给沟通对象。在沟通中要注意考虑沟通对象的个体差异，针对性强。

（1）注重老年人的语言沟通特点　一般而言，口语沟通方式适合外向的老年人，而书面沟通更适合内向的老年人。随着年龄渐长，活动能力减弱，老年人较少参与社会活动，往往变得比较内向。护理人员应给予充分的耐心，提供足够的社交与自我表达的机会，创造良好的沟通环境，鼓励老年人主动地沟通交流。

（2）适当采用电话或视频谈话　随着通信技术的发展，电话及视频交流变得更为便利，对行动不便或者空巢的老年人来说更加便捷有效。可鼓励儿女和亲友固定轮流地跟老年人通话或是视频沟通，给予老年人关怀及情感支持。

2. 非语言沟通技巧　对因渐进性的认知障碍而逐渐无法表达和理解谈话的老年人而言，非语言沟通显得更为重要。常用的非语言沟通技巧有触摸、面部表情、身体姿势和倾听。

（1）触摸　是非语言交流的特殊形式，通过各种不同形式的触摸，如握手、抚摸身体的适当部位，能传递各种不同的信息，使老年人感到被关怀和慰藉。已有研究证明，触摸是老年人与外界沟通的最佳途径。

在运用触摸时要适当，否则会引起老年人的反感。应注意以下几点：①选择适当的部位：最易被接受的部位是手，握手是最没有威胁感的触摸。其他易接受的部位有肩膀、前臂和上臂。需要特别注意的是，大部分老年人忌讳被人触摸头部。②选择适当的方式：稳定有压力地触摸才具有保护和安抚的效果，“轻触”是刺激性的，要注意避免。触摸时不要拉扯和用力摩擦老年人的皮肤，以免对其皮肤造成伤害。③选择适当的时机：只要是活动和工作中有握手的机会，尽可能给予老年人关怀型的触摸。要让老年人提前知悉你的行动，尽量选择从功能良好的健侧接触老年人，杜绝突然从背后或患侧触摸，以免惊吓到老年人。④注意观察老年人对触摸的反应：如果老年人被触摸后显得放松或舒服，说明触摸被有效接受。相反，老年人在触摸后出现不悦、肌肉紧张、闪躲等表情和姿势，是触摸不被接受的反应。⑤根据不同的情况采取不同的触摸形式：相同的触摸方式在不同的情景下，可能产生相反的效果。如老年人处于悲痛的情绪中时，触摸其手臂可起安慰的作用，而老年人处于愤怒的情绪中时，触摸手臂可能导致老年人的反感。

（2）倾听　是一种有效的沟通技巧，有利于沟通双方良好关系的形成与发展，倾听时要注意：①专心：集中精神，耐心倾听，不要随意插话打断老年人的发言，以表示对老年人的重视和关注。②澄清：如出现含糊不清的问题，应通过进一步的询问，澄清问题。③及时反应：可根据实际情况及时做出恰当的反应，以表示理解和支持，如微笑、点头、用简单的语言进行回应等。

考点：与老年人沟通的技巧

第 3 节　皮肤清洁与衣着卫生

案例 3-2

张奶奶，76 岁。脑血栓后右侧肢体瘫痪，长期卧床。张奶奶退休前是一名大学教师，工作能力强，爱美、爱干净，自尊心强。时值夏季，天气炎热，虽然活动能力受限，头发已稀疏花白，张奶奶仍希望能保持自身外形的整洁美观，要求每天清洁皮肤，隔天洗一次头，并希望能多做一些自己力所能及的事情。

问题：1. 作为护理人员，应如何为其做好皮肤护理？

2. 结合张奶奶的实际情况，应如何为其做好头发护理？

一、概　　述

1. 老年人皮肤特点　皮肤是人体的第一道防线。老年人的皮肤经过多年的外界刺激，逐渐老化，变薄、松弛和出现皱纹，干燥、粗糙和多屑，皮肤的触觉、温度觉、痛觉功能也逐渐减弱，抵抗力下降，易发生皮肤瘙痒、老年性湿疹等皮肤疾病。

2. 皮肤清洁与保护　老年人皮肤清洁时要特别注意皱褶部位，如腋下、乳房下、外阴和肛门等。可根据季节和皮肤的脏污情况进行洗浴，使用 40℃左右的温水。老年人的足部也要清洁，注意保暖，定期修剪趾甲及脚垫。

老年人的头发应根据发质特点定期清洗，皮脂分泌较多者可使用温水及中性洗发液清洁头皮和头发。头皮和头发干燥者，洗发不可过于频繁，可用滋润型的洗发液清洗。保持身体清洁，有利于维持良好的心情。

二、皮肤护理与衣着卫生

（一）皮肤瘙痒及护理

老年瘙痒症是一种常见的皮肤病，尤其是在干燥的秋冬季节。随着年龄的增长，老年人的皮肤分泌功能减弱，角质的含水量及皮脂减少，故皮肤更为干燥，易诱发或加重老年瘙痒症，严重时夜不能寐。为减轻皮肤瘙痒，应注意做到以下几点。

（1）选择滋润度足够的护肤品。

（2）应尽量避免搔抓皮肤，勤剪指甲，避免抓破皮肤。

（3）贴身的内衣内裤要柔软，质地以全棉为宜。衣服适当宽松，不要穿毛织品。

（4）洗澡不应太勤，每周洗澡 1～2 次即可，避免使用对皮肤有刺激的碱性清洁用品，使皮肤 pH 在 5.5 左右。在气候干燥时，浴后可用润肤油、润肤露保持皮肤湿润。

（5）补充水分，选择清淡、易消化的饮食，老年人宜多食富含维生素 C 的蔬菜和水果，保持大便通畅，不吃易引起过敏或刺激性的食物，戒烟酒，不喝咖啡、浓茶。

（6）积极防治原发疾病。老年人如有糖尿病、尿毒症、肝病等原发疾病应积极治疗，以祛除加重皮肤瘙痒的病因。

（二）衣着卫生

老年人在选择服装时，一要考虑其实用性，二要考虑是否有利于健康与易于穿脱，三要便于清洗，保证衣物卫生。

1. 衣料选择　选择柔软、吸水性好、不刺激皮肤、耐洗、质地优良的衣料，首选棉制品。老年人体温中枢调节功能下降，尤其对寒冷的抵抗力变差，在冬季要特别注意衣料的保暖性。

2. 款式　尊重老年人习惯，选择适合不同场合的款式；应注意衣服款式要能促进老年人的自理，设计成不妨碍日常活动、便于老年人自己穿脱和变换体位的样式；衣着色彩柔和、不易褪色；选择合适尺码，衣服肥大容易被绊倒，瘦小则影响血液循环。

3. 衣物清洁　及时换洗衣物，保持衣物整洁、卫生、舒适，经常晾晒。

第 4 节　饮食与排泄

案例 3-3

陈爷爷，85 岁。近期随儿子从北方迁到南方生活，儿子、儿媳因工作繁忙，无法照顾老年人，将陈爷爷送到了老年公寓。最近，护理人员小王发现陈爷爷不能适应南方的饮食，每天进食量少，体重有所减轻。同时，还出现了便秘，更让陈爷爷身体不适，心情低落。

问题：1. 作为护理人员，应如何为其做好饮食护理？

2. 结合陈爷爷的实际情况，应如何为其解决便秘的问题？

一、概　　述

合理的营养是维持生命基本需要，减少疾病发生，延长人类寿命的基本条件。饮食是提供人体所需营养的最主要途径。老年人的饮食护理，是日常生活护理的重要组成部分。

1. 老年人营养需求的特点　随着年龄的增长，老年人器官老化，活动量减少，基础代谢下降，合成代谢降低，分解代谢增高，脂肪组织增加，细胞数量下降，体内水分减少，骨组织中矿物质减少，多重用药等都会影响身体对营养素的利用。

（1）糖类　老年人由于基础代谢下降、体力活动减少、体内脂肪组织比例增加，热能的消耗也相应减少。糖类（碳水化合物）供给能量应占总热能的 55%～65%，过剩的热能可使体重超标，从而诱发一些老年慢性疾病。老年人摄入的糖类以多糖为佳，如含丰富淀粉的谷类和薯类，在摄入多糖的同时，还可补充维生素、膳食纤维等营养素。老年人糖耐量低，易发生血糖升高，因此老年人不宜摄入含糖高的食品。

（2）蛋白质 老年人的分解代谢大于合成代谢，易出现负氮平衡，同时由于体内的胃蛋白酶分泌减少，摄入过多的蛋白质可加重老年人消化系统和肾脏的负担。因此，一般情况下老年人蛋白质摄入量应为 1.0～1.2g/（kg·d），占总热量的 20%。进行抗阻运动时可适当增加，蛋白质摄入量≥1.2～1.5g/（kg·d），其中优质蛋白质如肉、蛋、奶等应占摄取蛋白质总量的 50%以上。

（3）脂肪 老年人体内的脂肪组织随年龄增长而逐渐增加，此外，胆汁酸分泌减少，脂酶活性降低，对脂肪的消化和利用也变得缓慢。虽然膳食中脂肪过多对心血管系统、消化系统有害，但适量的脂肪有助于一些脂溶性维生素的吸收。脂肪供给占总热量的 20%～25%，尽量选用含不饱和脂肪酸较多的植物油，如花生油、豆油、玉米油等。

（4）矿物质 对钙、铁摄入不足和吸收利用能力下降，老年人可出现骨质疏松症、缺铁性贫血。根据中国营养学会推荐，成人每日膳食钙供给量为 800mg，铁每日 12mg。含钙高的食物有奶类和奶制品、豆腐、海产品等，含铁高的食物有瘦肉、猪血、黑木耳、海带等。

（5）维生素 老年人由于生理功能减退，食物摄入量减少，易出现各种维生素缺乏。可增强机体抵抗力的维生素有维生素 A、维生素 B_1、维生素 B_2、维生素 C，其中 B 族维生素能增加食欲。蔬菜和水果可增加维生素的摄入，又能有效地缓解老年人便秘问题。

（6）膳食纤维 主要包括淀粉以外的多糖，存在于谷、薯、豆、蔬果类、粗粮等食物中。膳食纤维虽然不被人体所吸收，但是能增加肠蠕动，帮助老年人通便，也可改善肠道菌群，使食物容易被消化吸收。膳食纤维尤其是可溶性纤维对血糖、血脂代谢都起着改善作用，膳食纤维还有利于心脑血管疾病、糖尿病、癌症等疾病的预防。

（7）水 是人体的重要组成成分，占体重的 50%～60%，人体失水 10%会影响机体功能，失水 20%即可威胁生命。老年人对缺水所产生的口渴反应不太敏感，容易发生脱水。长期慢性脱水可引起脑缺血、心律失常等疾病。另外，水分不足，很容易发生便秘，严重时还可发生水、电解质平衡失调。建议老年人每日饮水量至少 1500ml 为宜。

2. 老年人饮食原则

（1）食物新鲜多样 食物的选择要新鲜且种类丰富，做到高蛋白、高维生素、低脂肪。

（2）饭菜可口 注重色、香、味、形的调配，提高老年人的就餐兴趣。

（3）清淡易消化 老年人消化功能减弱，咀嚼能力下降，烹煮食物应做到细、软、松，易于咀嚼消化，避免油炸、过甜、过腻的食物。

（4）温度适宜 食物以温热为宜。生冷食物或过烫的食物都不利于健康。

（5）良好的饮食习惯 根据老年人的生理特点，应形成少吃多餐、细嚼慢咽的饮食习惯，避免暴饮暴食或过饥过饱。遵循“早餐吃好，午餐吃饱，晚餐吃少”的原则。

二、饮食护理

1. 餐前准备 为老年人准备清洁、整齐、空气新鲜、气氛愉快的就餐环境。饭前半小时开窗通风，移除便器、污染物，去除异味；协助老年人洗手及漱口，提醒老年人做好精神准备，“准备就餐”；根据身体状况，尽量取坐位或半坐位。鼓励家属陪同就餐，可促进老年人的食欲。

2. 餐中护理 生活能自理的老年人，应鼓励其自己进餐。对自理能力缺陷的老年人，应给予必要的协助，可用一些自制的或特殊餐具，如偏瘫老年人专用的叉和勺，鼓励老年人尽量维持自己进餐的能力。对进餐完全不能自理的老年人，应喂餐，喂食时，照护人员应尊重老年人的进餐习惯和喜好，掌握适当的速度，与老年人互相配合。对于不能经口进食的老年人，应配合医护人员，采用鼻饲法、肠道高营养法及全肠道外营养等方法，为老年人提供食物和营养。

3. 餐后整理　及时撤去餐具，清理周围环境。提醒或协助老年人洗手、漱口，为有需要的老年人做口腔护理。评价和记录老年人的进食情况，如有异常，及时上报并采取相应救护措施。

三、排泄护理

排泄是维持生命的基本需求，保持正常的排泄是维持人类尊严的重要影响因素。随着人体的衰老，机体调节功能减弱，自理能力下降，或者因为疾病导致老年人出现排泄异常，如尿频、尿急、排尿困难、腹泻、便秘甚至大小便失禁等。排泄问题常给老年人造成很大的生理、心理压力，照顾者应妥善处理，维持其尊严和社会自立。

1. 排尿护理　①对于能自理的老年人，应合理安排饮食饮水，白天应适当地多饮水，晚餐后要限制饮水，睡前排空膀胱，以减少夜尿，避免影响睡眠。②对于排尿困难的老年人，首先要安抚其紧张忧虑的情绪，并针对疾病做相应处理，尽可能让无关人员暂时离开，为老年人创造舒适隐秘的环境，排尿时不催促，以免老年人紧张。③对于尿潴留的老年人，首先采取诱导（听流水声或是用温水冲洗会阴）、热敷、按摩、针灸等方法帮助其排尿，尽量避免留置导尿，以防泌尿系统感染。④对于小便失禁的老年人，神志清楚的老年人用所需的男性或女性便壶接尿，注意检查便壶口完整性，可以用质地柔软的手纸或布类垫在与皮肤接触处，以保护皮肤。神志不清、躁动不安的老年人，男性可选用尺寸合适的尿具固定在阴茎上，注意保持引流通畅，防止由引流不畅造成尿液浸泡龟头导致糜烂，翻身时注意防止脱落，每日取下清洁，晾干后再用。女性老年人可用兜尿布。对于顽固性尿失禁的老年人，由医护人员给予留置导尿管，后续定期做好会阴部护理，每日更换集尿袋，以防止感染。指导老年人不憋尿，有尿意应及时排尿，并教会其进行盆底肌功能训练。

2. 排便护理　①便秘的老年人，对其做好安慰解释工作，调整饮食，增加富含纤维的食物。病情允许的情况下，增加饮水量，可养成晨饮一杯白水或蜂蜜水的习惯。鼓励老年人适当活动，可顺时针方向反复自我按摩腹部，促进结肠蠕动，鼓励老年人在有便意的时候排便，避免因为憋忍大便造成便秘。如果便秘严重，可使用开塞露、灌肠润滑粪便，促进排便。如果发生粪便嵌顿，可人工取便。②对于大便失禁的老年人，心理护理至关重要，应给予尊重和心理安慰，同时做好皮肤的护理，尤其是大腿内侧、臀部、肛周皮肤的护理，要及时更换尿垫，用温水清洗后擦干皮肤，保持局部皮肤的清洁干燥。必要时，在肛周涂抹油膏或消炎药膏，以保护皮肤、预防压力性损伤。③注意做好心脑血管疾病老年人的排便护理，根据病情，可备好硝酸甘油、氧气等急救物品，以防发生意外。④对于卧床老年患者，如果情况允许床边排便，可使用移动坐便椅和坐厕椅，病情较重不能下床者，可尽量将床头抬高，或取半卧位，模拟正常的排便姿势，在床上使用便器。

医者仁心

85后护士呵护温暖百余位老人，用“青春”搀扶“夕阳”

王洋从吉林职工医科大学毕业后来到了长春市绿园区至爱老年医疗护理院，看到长年卧床的老年人，情感的天平有些倾斜了，每天所要面对的就是这样的人吗？当初决定来到护理院，是不是自己感情用事呢？父母的鼓励坚定了王洋的信心，让她沉闷的心开始思索，并很快从彷徨中走出来，投入了为老年人服务的工作中。她每天6点起，晚10点睡，每天巡房三百多间，喂老年人吃饭，陪老年人聊天，给老年人擦身、换洗衣物，甚至抠屎、端尿……这些都是她每天要重复做的事；她不嫌脏、不嫌累，热情、开朗、善良、有耐心是百余位老年人及同事们对她的评价。几年来，王洋用青春搀扶“夕阳”，让理想在侍奉病榻老年人的一粥一饭中闪光。2016年她入选中国好人榜，再一次肯定了她对这份工作的执着与热爱。

第 5 节　休息、活动

案例 3-4

何奶奶，70 岁。入住养老中心已经一年余，平素喜爱运动，尤其是登山活动。最近 1 个月，何奶奶出现双下肢膝关节酸软疼痛，并逐渐加重，活动超过 15 分钟便需要停下休息，严重影响了何奶奶的活动计划。为此，她担心自己以后都不能正常活动，觉得生活没有意思，晚上难以入睡，且入睡后易醒，夜间睡眠时间由以往的 6 小时缩短到 3 小时。

问题：1. 作为护理人员，应如何改善其睡眠？

2. 结合何奶奶的实际情况，应如何为其做好活动安排？

一、概　　述

1. 老年人休息　休息是指一段时间内，相对地减少活动，使人从生理、心理上得到松弛并使体力、精力得到恢复。老年人的休息方式可有卧床或是静坐、听音乐、看电视、闭目养神等。休息并不意味着不活动，变换一种活动方式也可以休息。

2. 老年人睡眠　睡眠是深层次的休息，是休息的最好方式。睡眠是人类生存的基本需求，是帮助人恢复精力、消除疲劳，获得健康的重要条件。

老年人随年龄的增长，由于中枢神经系统结构和功能的改变，睡眠的质量也随之下降，其特点为：睡眠时间缩短，夜间睡眠时间一般为 6～7 小时，入睡困难，睡眠浅，中途觉醒次数增多。老年人的睡眠常常受到疾病的影响，如癌症晚期的老年人，常因难以忍受的疼痛引起入睡困难。某些药物的不良反应对睡眠产生影响，如降压药可能引起多梦而影响睡眠质量。环境的改变，也常常影响老年人的睡眠，如刚住进养老机构的老年人，因不能适应新的睡眠环境，如温度、湿度、灯光、噪声等，出现入睡困难、觉醒的时间过早等。

3. 老年人活动　老年人活动是指老年人的身体运动、社交互动和日常生活活动等，通过保持活动，可以满足老年人的生理、心理和社交需求，促进其健康、减少社交孤立，延缓衰老进程、预防疾病，提高生活质量和幸福感。应让老年人主动持续参与日常生活活动，并给他们提供多样化、个性化的社会活动。促使他们过上积极、健康和有意义的生活。

二、护 理 措 施

（一）睡眠护理

1. 积极治疗原发病　积极治疗影响老年人睡眠质量的原发病，是改善睡眠的根本。如呼吸道感染老年人根据医嘱进行抗感染治疗，减少夜间咳嗽引起的睡眠不适；心功能不全老年人采取半坐位以减轻呼吸困难症状。护理人员通过采取各种措施，最大限度减少疾病给老年患者带来的不适感，以减轻对其睡眠的影响。

2. 提供良好的睡眠环境　老年人的起居室要定时通风，保证室内空气清新无异味；晚上关大灯，开地灯或是夜灯；保持舒适的温度：冬季室温 18～22℃，夏季室温 26～30℃，相对湿度应在 50%～60%；护理人员进出房间动作要轻，保持室内安静。

3. 养成良好的睡眠习惯　提倡早睡早起和午睡；入睡前勿大量饮水、咖啡、酒、浓茶等，以免影响睡眠；提醒老年人睡前排空大小便；睡前可用 40℃左右的温水泡脚，按摩足部，可起到促进睡眠的作用。

4. 鼓励适当运动　指导老年人规律运动，较为适合的运动方式包括散步、打球、骑车、打太极、练气功等。

5. 保持良好的情绪　情绪对睡眠质量的影响很大，应理解老年人的痛苦，疏导其不良情绪。可指导其采用音乐、放松、冥想等方法放松身心。

6. 遵医嘱使用镇静药　睡眠障碍严重的老年人，可遵医嘱服用镇静药。

（二）活动护理

活动能力是老年人日常生活的基础，通过适当的活动，能促进身体健康，提高老年人的生活质量。护理人员应正确评估老年人的活动能力，为其选择适合的活动方式和活动量，提高老年人的生活质量。

1. 老年人的活动原则　老年人的活动应遵循因人而异、循序渐进、持之以恒、动静结合、自我监测、安全有效的原则。

2. 老年人活动的种类　老年人的活动可分为四种：日常生活活动、家务活动、职业活动、娱乐活动。对于老年人而言，日常生活活动和家务活动是最基本的活动，职业活动是属于发展自己潜能的有益活动，娱乐活动则可以促进老年人的身心愉悦健康。根据老年人的生理特点，比较适合老年人娱乐活动的项目有散步、慢跑、游泳、球类运动、跳舞、太极拳及气功等低、中等强度的有氧运动。

3. 老年人活动的强度　老年人的身体素质有较大的个体差异，因此，判断活动量是否合适，不能一概而论。最简便的监测方法是以运动后的心率作为衡量标准。对一般老年人来说，运动后最适宜心率（次/分）=170–年龄。其中身体强壮者，最高心率（次/分）=180–年龄。此外，老年人的主观感受也是判断的标准。运动量适宜的标准：运动后达到最适宜心率，3～5 分钟内恢复到运动前心率，全身有热感、微微出汗，感觉精力充沛，食欲佳。运动量不足的表现：运动时身体不发热或无出汗，脉搏次数无明显改变，心率在运动结束后 3 分钟内恢复到运动前心率。运动量过大的表现：运动后虽然达到了最适宜心率，但运动结束后需 10 分钟以上才能恢复到运动前心率，且运动后感到疲劳、头晕、心悸、气促、睡眠不良。为老年人进行活动安排，要从个体情况出发，活动结束后要进行全面的评价，及时调整活动计划。

考点：老年人活动强度的注意事项

第 6 节　老年康复辅助器具在日常生活中的应用

老年人身体功能下降后会影响日常生活，导致生活不便，康复辅具的使用可以帮助他们在一定程度上补偿下降的功能，提高生活质量。常见的辅具如手杖、拐杖、步行器和轮椅等（详见第 9 章），视力、听力下降后可以使用老花镜、助听器等，此处重点介绍老花镜和助听器。

（一）老花镜

老花眼者需要佩戴合适的凸透镜，俗称老花镜，可弥补调节力降低的不足。老花镜分为两种：一种是单眼或单焦点眼镜，适用于以前是正视力的老年人，主要在读书、做精细工作时佩戴，进行日常活动或做一般家务时不需要戴。另一种是双光眼镜或双焦点眼镜，适用于原有近视眼、远视眼或散光的老年人，眼镜上半部用于看远处物体，下半部用于阅读或看近处物体，将看近物和远物的镜片合为一体，省去了老年人需要更换眼镜的麻烦。需要特别注意的是，有些老年人佩戴眼镜，在上下楼梯或骑自行车时感到不便，反而容易出现危险。因此，老花镜一定要根据老年人的年龄、职业、居住环境等特点，在专业人士的指导下进行选择。

（二）助听器

老年性聋已成为中国社会乃至全球重大公共卫生问题。研究表明，老年性聋的危害不仅局限于听力障碍，老年人听力不好，沉默寡言，会导致理解力下降，造成或加重老年人群的心理及生理疾病，也是导致阿尔茨海默病的风险因素之一。让耳聋老年人重新听到正常的环境声和语声，对老年人的身心健康和生活质量大有裨益。

助听器的工作原理是将声音信号放大，使听力障碍的人听到原来听不到的声音。老年人是否需要佩戴助听器，佩戴何种助听器，应由医生经过检查后决定。佩戴助听器需要有一个适应的过程，刚开始可先在短时间佩戴，适应后再逐渐增加佩戴时间。常用的助听器有盒式、耳背式和耳内式等类型。

自 测 题

A_1/A_2 型题

1. 老年人每日适宜的饮水量最少以多少为宜
   A. 1000ml　B. 1200ml
   C. 1500ml　D. 1800ml
   E. 2000ml
2. 老年人能量来源的三种主要营养物质是
   A. 糖类、蛋白质、脂肪
   B. 无机盐、维生素、脂肪
   C. 脂肪、膳食纤维、水
   D. 糖类、蛋白质、水
   E. 蛋白质、脂肪、矿物质
3. 陈爷爷，88 岁，排便不受自己意识控制，经常不自主地排出粪便。这种排便异常是
   A. 腹泻　B. 大便失禁
   C. 粪便嵌塞　D. 便秘
   E. 肠胀气
4. 预防老年人便秘可采用的护理方法**不正确**的是
   A. 改善环境　B. 心理护理
   C. 腹部按摩　D. 合理膳食
   E. 大量运动
5. 以下对老年人睡眠特点描述**错误**的是
   A. 健康老年人睡眠时间平均为 4～5 小时
   B. 老年人受外界因素的影响夜间容易觉醒
   C. 老年人的浅睡眠期增多，深睡眠期减少
   D. 老年人年龄越大，睡眠越浅
   E. 老年人的睡眠趋向早睡早起

（谭　瑜）

第4章 老年健康保健

学习目标

1. 素质目标　树立“以人为本”的服务理念，培养尊老、爱老、助老情怀。

2. 知识目标　掌握老年保健的概念、原则；熟悉老年保健的重点人群，我国老年健康服务体系的发展方向；了解国内外照护服务模式。

3. 能力目标　能依据老年保健原则及重点人群特点为老年人制订个性化的保健计划，并能有效开展保健指导。

第1节　概　述

案例 4-1

张爷爷和王奶奶是一对空巢老夫妻，均为退休教师，有一个儿子在国外工作。张爷爷，73岁，患有高血压、糖尿病，行动不便；王奶奶，71岁，患有高血压，喜欢在安静的环境中读书、看报，不喜欢活动，外出也有困难。近期王奶奶肺部感染住院，张爷爷自我照顾能力有限，非常担忧两人未来生活如何安排。

问题：1. 老年保健的重点人群有哪些？

2. 从老年保健的角度如何解决这对老夫妻现存的和潜在的健康问题？

3. 面对张爷爷的担忧，您如何指导他们？

一、老年保健概念、原则与重点人群

随着老龄化社会的到来，老年人的健康问题成了社会的重要问题，做好老年人的健康保健工作，建立与老年保健重点人群相匹配的照护服务模式，使老年人身心等各方面尽可能长久地保持良好的状态，提高老年人的幸福指数，使老年人健康地走完人生，是健康老龄化背景下老年健康保健发展的必然趋势。

（一）老年保健概念

老年保健（health care in elderly）是指在平等享用卫生资源的基础上，充分利用现有的人力、物力，以维护和促进老年人健康，提高老年人的生活质量，延长健康期望寿命为目的，发展老年保健事业，使老年人得到基本的医疗、护理、康复、保健等服务。

老年保健事业是以维持和促进老年人健康为目的，为老年人提供疾病的预防、治疗、功能锻炼等综合性服务，促进老年保健和老年福利发展的事业。

（二）老年保健原则

1. 全面性原则　老年保健是多维度、多层次的。为了使各种保健组织机构提供的社会服务能够更好地适应老年人身体、心理和社会三方面的健康需求，需要为老年人制订一个统一的、全面的老年保健计划。

全面性原则包括：老年人的躯体、心理及社会适应能力和生活质量等方面的问题；疾病和功能

障碍的治疗、预防、康复及健康促进。因此，建立全面、统一的老年保健计划是非常有利于老年人健康的。

2. 区域化原则 老年保健的区域化原则是以一定区域为单位建立老年保健服务平台，提供以社区为基础的方便、快捷的老年保健服务。社区老年保健的工作重点是针对老年人独特的需要，确保在要求的时间、地点，为真正需要服务的老年人提供社会援助。因此，培养能够胜任老年健康保健的专业人员是非常重要的。

3. 费用分担原则 为满足老年人日益增长的保健需求和缓解财政支持的压力，老年保健的费用应采取多渠道筹集社会保障基金的办法，即政府承担一部分、保险公司的保险金补偿一部分、老年人自付一部分。这种"风险共担"的原则越来越为大多数人所接受。

4. 功能分化原则 随着老年保健的需求增加，在老年保健的计划、组织和实施及评价方面给予其多层次性的充分认识和各个层面的足够重视。如老年人可能会存在特殊的生理、心理和社会问题。因此，既要有从事老年医学研究的医护人员，还应有精神病学家、心理学家和社会工作者参与老年保健，在老年保健的人力配备上也显示明确的功能分化。

5. 个体化原则 老年保健实施的个体化体现在采用多学科的不同方法，对老年人的健康进行多方面、个体化的综合评估，并在此基础上提出适合老年人健康的个体化治疗和长期监护计划。

6. 防止过分依赖原则 对老年人的保健护理，须在全面健康评估的基础上，充分调动老年人的主观能动性，依靠其自身力量维护健康和促进康复。由于传统文化的影响，社会中大多数人包括老年人群体本身，习惯性地把老年与弱者联系在一起，生活中过度提供照顾和保护，忽视了老年人的主观能动性，使老年人容易对医护人员或家人产生依赖，影响了老年人机体正常功能和能力的开发，最终导致功能失用。

（三）老年保健重点人群

1. 高龄老年人 高龄老年群体多数有慢性疾病，且常多种疾病并存。随着年龄增长，老年人的健康状况不断退化，同时心理健康状况也令人担忧。因此，高龄老年人对医疗、护理、健康保健等方面的需求加大。

2. 独居老年人 随着社会人口流动加大、家庭结构小型化，只有老年人组成的家庭比例逐渐增高。特别是我国农村，青年人外出打工的比例越来越大，导致老年人独居现象更加严重。独居老年人很难外出看病，对医疗保健的社区服务需求量增加。因此，帮助老年人购置生活必需品，定期巡诊、送医送药上门，提供健康咨询和开展社区老年保健服务具有重要意义。

3. 丧偶老年人 丧偶老年人数量随年龄增高而增加，丧偶对老年人的生活影响很大，所带来的心理问题也非常严重。丧偶使多年的夫妻生活，所形成的互相关爱、互相支持的平衡状态突然被打破，使夫妻中的一方失去了关爱和照顾，常会使丧偶老年人感到生活无望、乏味，甚至积郁成疾。据世界卫生组织报道，丧偶老年人的孤独感和心理问题发生率均高于有配偶者，严重危害健康。

4. 患病的老年人 老年人患病后，身体状况差，生活自理能力下降，需要全面系统的治疗，因而加重了老年人的经济负担。为缓解经济压力，部分老年人会自行购药、服药，易导致延误诊断和治疗。因此，应做好老年人健康检查、健康教育、保健咨询，配合医生治疗，促进老年人的康复。

5. 新近出院的老年人 因疾病未完全恢复，身体状况差，常需要继续治疗和及时调整治疗方案，如健康指导不到位，疾病极易复发甚至导致死亡。因此，从事社区医疗保健的人员，应根据老年患者的情况，定期随访，遵医嘱提供必要的照护。

6. 精神障碍的老年人 老年人中的精神障碍患者除了常规精神疾病患者外，其他主要是认知障碍老年人。随着老年人口和高龄老年人的增多，认知障碍老年人数量逐渐增加。他们所需要的医疗和护理服务明显多于其他人群，应引起全社会的重视。

二、老年健康照护服务相关政策

近年来，我国陆续发布了较多关于老年人健康照护服务的相关政策。强调积极老龄化和健康老龄化，构建养老、孝老、敬老政策体系和社会环境，推进医养结合，加强老龄事业和产业发展。以下为近年来我国部分政策文件中的相关内容。

2018 年，国家卫健委增设老龄健康司，组织拟定并协调落实应对老龄化的政策措施，拟定医养结合政策、标准、规范，建立和完善老年健康服务体系：健康教育、预防保健、疾病诊治、康复护理、长期照护及安宁护理，承担全国老龄工作委员会的具体工作。

2021 年 11 月《中共中央 国务院关于加强新时代老龄工作的意见》指出加强党对老龄工作的全面领导，坚持以人民为中心，将老龄事业发展纳入统筹推进“五位一体”总体布局和协调推进“四个全面”战略布局，实施积极应对人口老龄化国家战略，把积极老龄观、健康老龄化理念融入经济社会发展全过程。

2022 年 2 月国务院印发《“十四五”国家老龄事业发展和养老服务体系规划》。围绕推动老龄事业和产业协同发展、推动养老服务体系高质量发展，明确了“十四五”时期的总体要求、主要目标和工作任务。提出了“十四五”时期的发展目标，即养老服务供给不断扩大，老年健康支撑体系更加健全，为老服务多业态创新融合发展，要素保障能力持续增强，社会环境更加适老宜居；并明确了养老服务床位总量、养老机构护理型床位占比等 9 个主要指标。

2022 年 3 月，国家卫健委等 15 部门联合印发《“十四五”健康老龄化规划》。文件提出，到 2025 年，老年健康服务资源配置更加合理，综合连续、覆盖城乡的老年健康服务体系基本建立，老年健康保障制度更加健全，老年人健康生活的社会环境更加友善，老年人健康需求得到更好满足，老年人健康水平不断提升，健康预期寿命不断延长。其提出七项工作指标及九项基本任务。

2022 年 7 月国家卫健委、国家发改委等 11 部门印发《关于进一步推进医养结合发展的指导意见》，核心内容从发展居家社区医养结合服务、推动机构深入开展医养结合服务等 6 方面提出 15 条具体措施。

2022 年 10 月党的二十大报告中指出：推进健康中国建设，把保障人民健康放在优先发展的战略位置，完善国民健康促进政策。实施积极应对人口老龄化国家战略，发展养老事业和养老产业，优化孤寡老人服务，推动实现全体老年人享有基本养老服务。

2023 年，健康中国行动推进委员会办公室印发《健康中国行动 2023 年工作要点》，指出开展老年心理关爱等专项行动，推动实施老年健康管理、老年健康与医养结合管理服务等基本公共卫生服务项目，组织实施社区医养结合能力提升行动。

系列性的老年健康相关政策为健康养老照护服务提供了良好的社会环境，而一系列具体的创新性的照护服务活动也需要有政策的保障。

第 2 节　照护服务模式

一、国内照护服务模式

我国目前主要养老服务模式是居家为基础、社区为依托、机构为补充、医养相结合的养老服务模式。医养结合养老的重点是居家和社区。

（一）居家照护模式

居家照护模式是由家庭及社区对居住在家中的老年人提供支持性服务的照护模式。居家照护是老年长期照护最主要的一种方式，也是解决我国人口老龄化问题的有效途径。其既可以节约照护服务费用，还可满足老年人的心理或社会需求。医院或社区的医生、护士、社工和志愿者等均可以为居家的老年人提供上门服务。居家照护服务内容主要包括以下 5 个方面。

1. 个人照护 帮助老年人从事日常生活活动，如行动、洗澡、洗头和更换衣服等。

2. 家务劳动 如购物、清洁环境、整理庭院和清洗衣服等。

3. 心理照护 提供精神抚慰，交流沟通，耐心倾听，解答问题，开导老年人。

4. 饮食照护 提供家中烹调或送餐服务，提供喂饭或其他方式的餐饮服务。

5. 健康照顾 由医务人员提供上门的医疗、康复和护理服务。

（二）社区照护模式

社区照护模式是指社区对居家老年人提供支持性服务的照护模式。以居家养老为基础，通过新建、改造、租赁等方式，提升社区养老服务能力，着力发展街道（乡镇）、城乡社区两级养老服务网络，依托社区发展以居家为基础的多样化养老服务。地方政府负责探索并推动建立专业机构服务向社区、家庭延伸的模式。街道社区负责引进助餐、助洁等方面为老服务的专业机构，社区组织引进相关护理专业机构开展居家老年人照护工作；政府加强组织和监督工作。政府要培育为老服务的专业机构并指导其规范发展，引导其按照保本微利原则提供持续稳定的服务。充分发挥社区党组织作用，探索“社区+物业+养老服务”模式，增加居家社区养老服务有效供给。

社区老年的中长期照护模式有多种类型，如由社区卫生服务机构或其他养老机构对居家的老年失能患者进行管理，由其生活照护人员或医护人员提供定期的上门服务或特殊情况下的随诊服务；或是在社区卫生服务机构设置老年长期照护病房，为住院的老年失能患者提供养老服务。

链 接 上海市社区嵌入式养老模式

社区嵌入式养老是上海从2013年开始为适应超大城市养老服务发展需求的创新探索，是指“在社区内围绕老年人生活照料、康复护理、精神慰藉等基本需求，嵌入相应的功能性设施、适配性服务和情感性支持，让处于深度老龄化的社区具备持续照料能力，让老年人在熟悉的环境中、在亲情的陪伴下原居安养”。其中的关键词“嵌入”，可以从三个维度来理解：一是把设施嵌入在老年人家门口的社区，二是把服务嵌入在老年人现实的需求中，三是把老年人的个体行动嵌入到社会关系网络中。该模式使得养老服务围着老年人需求转，老年人离家不离社区，仍然能够参与社区生活、融入社会，有助于延缓其心理和生理上的衰退。

（三）机构照护模式

机构照护模式，是指将老年人安置在居家以外的场所提供照护的模式。养老机构在提供照护时，要针对老年人对照护服务的需求进行综合评估，判断能力等级，设计适合老年人的护理服务内容，确定实施的方法及提供服务的人员，包括护士、养老护理员、助理护士及其他相关辅助人员，以达到护理人力资源的合理利用。同时，根据护理服务的内容制订相应护理方案和流程，包括护理评估、安全防护、生活照护、心理支持、社会功能训练、康复护理、健康指导、安宁护理及特别护理9个项目。

1. 护理评估 包括入住评估、机构内评估、护理和治疗效果的评估、各种危险因素的评估，以及病情评估，以便及时发现问题。

2. 安全防护 以预防为主，采取适当的安全措施，达到避免或减少对老年人伤害的目的。安全防护包括提供安全设施、使用保护性约束用具、采取安全预防措施、控制机构内部感染和成立感染控制小组。

3. 生活照护 为老年人提供持续性生活照顾，以确保其享有舒适、清洁的日常生活。老年人个人生活照护包括个人清洁卫生、穿衣、修饰、饮食起居、口腔清洁、皮肤清洁、压力性损伤预防、排泄、活动等。

4. 心理支持 包括提供探视机会、心理咨询服务，护理人员经常与老年人交谈，提供服务时应注意保护老年人的隐私权，提供必要的服务场所，制订心理社会支持评估体系，以便及时发现老年人的心理问题。

5. 社会功能训练 是指组织各种文娱活动、体育活动和各种社会活动，以丰富老年人精神文化生活，帮助其建立新的社会关系，努力营造大家庭色彩，满足其社会交往和社会情感的需要。

6. 康复护理 对日常生活活动中重度依赖的老年人提供日常生活活动能力训练指导；对进行康复治疗的老年人，护理人员遵照医嘱协助、指导其进行康复，督促老年人持续自我训练；为长期卧床老年人提供康复训练。

7. 健康指导 为老年人提供医疗、护理、康复等的咨询，定期对老年人进行疾病相关知识的指导与教育。

8. 安宁护理 包括减轻临终期老年人的疼痛，提高临终期老年人的生活质量；做好临终期老年人的心理护理、死亡教育和家属的心理支持。

9. 特别护理 根据老年人入住养老机构评估中存在的健康问题以及病情情况，有针对性地提供与疾病相关的病情观察，如遵照医嘱及时、准确地观察老年人的意识状态、生命体征、心理状态、特殊检查和治疗的情况，完成与疾病相关的给药护理及预防感染和并发症的发生等护理工作。

考点：我国常见的老年照护服务模式

二、国外照护服务模式

各国针对不同的目标群体，通过整合协调不同的服务提供者，以不同的途径实现服务供给，呈现出各具特色的发展模式。本节选取三个典型、较为成熟的国外老年整合照护模式进行介绍。

1. 英国的“先锋”新照护模式（new care model “vanguards”） 该模式是针对英国国家医疗服务（NHS）设计的多方面、多层次的整合照护计划。英国全国共有 50 个地区被选为“先锋”，覆盖约 500 万人。“先锋”计划的主要目的是降低体弱老年人的医院利用率，促进老年人的医疗、护理和康复服务的协调。该模式专注于以新的服务方式改善护理效果，打破家庭医生与社会之间在护理服务提供方面的障碍，为当地老年人提供综合、协调性服务，促进人口健康。其主要特点包括将专科护理从医院转移到社区，以及识别高风险患者。

2. 美国的老年人全面照护计划（the program of all-inclusive care for the elderly，PACE） 为应对人口老龄化趋势下老年健康服务需求的增加，20 世纪 70 年代 PACE 首次被提出，这一计划采用一种全方位、个性化、团队化的方式为老年人提供服务。该计划目标是为 55 岁及以上且居住在服务范围内、符合入住养老院条件但希望留在社区的老年人提供包括预防、急性护理和长期护理在内的综合服务，以满足老年人复杂的照护需求。

3. 日本地域综合照护模式（community-based integrated care，CIC） 地域综合照护模式的目标是在控制社会保障成本的同时，全面、综合地照顾患有慢性疾病或残疾的老年人，强调尽可能确保老年人依然可以生活在一直居住的地方，并根据老年人的能力来支持其生活自立的综合体制，包括医疗、预防、生活支持等。该模式不仅提升了老年人的生活质量和尊严，而且降低了社会保障支出总成本。

第 3 节 我国老年健康服务体系

一、背景及现状

老年健康服务体系是从全人群、全生命周期的角度为老年人提供健康服务的体系，涉及经济、社会、文化发展等多个领域。传统的老年健康服务强调医疗卫生部门提供的服务，随着经济社会的发展和老年人健康需求的变化，老年健康服务体系的总体战略设计、政策措施和实施路径需要根据经济社会发展的特征进行动态优化调整。

中国老年健康服务的发展，始于大城市对老年医疗保障服务的关注，随着人口老龄化进程不断加速和经济发展水平的不断提高，逐步拓展到建立健全覆盖城乡的基本医疗保障制度、加快老年健康服务设施建设、深入推进医养结合、建立健全长期护理保险和照护保障制度、强化老年健康服务人才培养等各领域。自 2016 年全国卫生与健康大会后，中国老年健康服务的发展进入体系化的快速发展和全面系统构建阶段。党的十九大以来，老年健康服务的顶层设计不断完善，政策框架体系不断健全，体制机制逐渐理顺，党委领导、政府主导、社会参与、全民行动的格局逐步形成，敬老、孝老、养老的社会文化氛围加快构建，老年人的获得感、幸福感、安全感明显增强。

当前中国老年健康服务体系建设中存在的突出问题随着时代的发展产生了深刻变化，中国老年健康服务体系建设在“补短板、还旧账”的同时，还面临一些新情况、新问题，整体而言，中国老年健康服务体系建设中存在的问题突出表现在以下几方面。①体系的公平可及性不足，城乡差距和地区差距并存；②老年健康服务能力不足与分布不均并存；③从事老年健康服务的人员不足与配置不均衡并存；④体系的综合连续性不足，供需对接的结构性矛盾凸显；⑤体系的韧性和弹性不足，资源配置的公平和效率均有待提高。

二、发展方向

为解决老年健康服务体系不健全，有效供给不足，发展不平衡不充分的问题，建立完善符合我国国情的老年健康服务体系，满足老年人日益增长的健康服务需求，2019 年 10 月，国家卫健委等 8 部门联合印发《关于建立完善老年健康服务体系的指导意见》。以维护老年人健康权益为中心，以满足老年人健康服务需求为导向，大力发展老年健康事业，着力构建包括健康教育、预防保健、疾病诊治、康复护理、长期照护、安宁疗护的综合连续、覆盖城乡的老年健康服务体系，努力提高老年人健康水平，实现健康老龄化，建设健康中国。

进一步加快中国老年健康服务体系的建设，必须突出重点、突破难点、把握好着力点，优化实施路径。既要充分考虑老年群体更替带来的新的健康服务需求变化，也要充分考虑如新冠疫情等突发公共卫生事件带来的健康治理模式变化，不断提高老年健康服务的公平性、可及性、综合性、连续性，进一步增强我国老年健康服务体系的韧性和安全性，提高抗风险能力。具体可从以下方面优化：①着力完善评价考核，推进老年健康公平；②着力转变观念，在全社会树立主体性健康观；③着力优化资源配置，提高体系的韧性和抗风险能力；④着力强化社区居家服务，实现供给与需求的精准对接；⑤着力加快人才培养，夯实可持续发展的基础；⑥着力强化科技支撑，形成创新驱动发展的格局。

中国老年健康服务体系建设是一项立足于全人群、全生命周期的社会系统工程。需要从评价考核机制、资源配置机制、供需精准对接机制、强化人力供给和科技支撑等方面，不断优化中国老年健康服务体系的建设。

自 测 题

A_1/A_2 型题

1. 以下关于老年保健的原则说法**不正确**的是
   A. 全面性原则　B. 区域化原则
   C. 功能分化原则　D. 费用分担原则
   E. 依赖原则
2. 目前我国老年人养老的主要方式是
   A. 自我独立　B. 居家养老
   C. 社会福利机构　D. 社会保险养老
   E. 机构养老
3. 关于国外照护服务模式的说法，**不正确**的是
   A. “先锋”新照护模式最初起源于美国
   B. 英国实行“轮换住院制度”
   C. PACE 是美国的典型照护服务模式
   D. 日本主要实施介护保险
   E. 居家养老是日本最主要的照护模式

（李海莲）

第5章 老年综合评估

学习目标

1. 素质目标　能在老年综合评估中善于倾听、观察，以老年人为中心进行评估。

2. 知识目标　掌握老年综合评估的原则、注意事项、躯体功能状态评估方法、认知功能评估方法；熟悉老年人心理健康评估方法；了解老年人社会状况评估方法。

3. 能力目标　能使用老年综合评估技术全面收集和评估老年患者资料。

案例5-1

王大爷，78岁，独自在某小区楼房3层的一个两居室居住。有一女儿工作较忙，偶尔来看望，半年前老伴因病去世。王大爷患高血压10年，冠心病5年，骨关节炎6年且伴随明显疼痛。因为需要爬楼梯，外出购物困难，有时候让邻居帮忙买菜。王大爷不善交际，最近半年一直感到情绪低落，血压血糖控制不佳，担心无人照料，给别人造成负担。

问题：1. 请问如何对王大爷进行老年综合评估？

2. 请说出王大爷目前存在的照护问题。

3. 对王大爷进行护理评估时有何注意事项？

老年期健康问题众多，不仅有疾病引起的问题，而且有一系列老年综合征，以及躯体功能状态、心理和社会方面的问题，因此除了普通的健康评估，针对老年人往往进行综合全面的评估，称为老年综合评估（comprehensive geriatric assessment，CGA）。

第1节　概　　述

一、老年综合评估的概念及内容

（一）概念

老年综合评估是专门针对老年患者的多层面、多学科的评估干预过程或模式，采用多维度、多学科综合的方法评估老年人的躯体情况、功能状态、心理健康和社会状况等，并据此制订照护计划以维持和改善老年人功能状态，最大限度提高老年人的生活质量。

与传统的医学评估对比，老年综合评估可改善老年人日常生活活动能力和认知功能，提高生活质量，降低医疗需求和费用，节约医疗卫生资源。近年来，国内外关于老年综合评估的研究发展迅速，其已成为老年医学、老年护理学和健康管理领域的重要研究方向之一。

（二）内容

老年综合评估主要包括老年人的一般医学评估、躯体功能状态评估、认知与心理健康评估、社会状况评估和老年综合征的评估等，老年综合征的评估可纳入一般医学评估，也可作为独立的项目开展。一般医学评估主要包括疾病、老年综合征的诊断及老年疾病用药评估。躯体功能状态的评估主要包括日常生活活动能力评估、平衡与步态的评估；认知评估包括记忆力、定向力、语言能力、运算能力及注意力等认知方面的评估；心理健康评估主要是对老年人抑郁及焦虑的评估。社会状况评估主要包括社会环境评估、生活环境评估、家庭状况评估等内容。

二、评 估 原 则

（一）了解全老年期不同阶段老年人的身心变化轨迹

全老年期包括活力期、衰弱期、失能期和临终期，随着老年人年龄和内在能力的变化，不同阶段的老年人健康状态也不断变化，即使同一时期老年人异质性也较大。护士应了解不同阶段老年人生理病理、心理及社会特点，全面完整地采集老年人健康状况信息，为个体化的护理方案提供客观依据。

（二）加强躯体功能状态和社会状况的评估

随着个体内在能力的变化，老年人的躯体功能状态也会发生变化，改变以疾病为中心的照护方式，最大限度维持功能是针对老年人的重要照护理念。躯体功能状态的评估包括基本日常生活活动能力、工具性日常生活活动能力、高级日常生活活动能力三个层次等，其中高级日常生活活动能力的评估尤其容易被忽视。社会状况包括社会支持、经济状况、人际关系等。良好的社会状况有利于增强老年人的适应能力，不良的功能状态和社会状况将明显影响老年人的整体健康。因此应加强对老年人的躯体功能状态和社会状况的评估。

（三）正确解读实验室检查结果

实验室检查结果有 3 种可能：①疾病引起的异常改变；②正常老年期的变化；③服用某些药物对老年人的影响。关于老年人实验室检查结果标准值的资料较少，其检查标准值（参考值）可通过年龄校正可信区间或参照范围的方法确定，但对每个临床病例都应个别看待。应妥善运用实验室的检查结果，确定是否发生了病理生理的改变，避免延误病情。

考点：老年综合评估的原则

三、评估注意事项

（一）环境适宜

老年人感觉功能、视力、听力都有不同程度的下降，因此，评估环境应该保持在 22～24℃，灯光柔和，环境安静，注意保护老年人的隐私。护士应坐在老年人和家属的斜前方，避免老年人产生压迫感，距离约为伸手可触及的位置。

（二）时间充足

老年人由于各器官的老化，反应较慢，行动较迟缓，思维能力有所下降，加之老年人可能患有多种慢性疾病，容易感到疲劳。评估时，应根据具体情况，安排足够时间对老年人进行评估，每次控制在 30 分钟以内或分次进行。

（三）方法得当

当对老年人进行评估时，应选择适当的体位，避免其过度疲劳，重点检查易于发生破损的部位，如长期卧床的老年人，检查容易发生压力性损伤的部位。检查口腔时，要取下义齿；检查耳部时，要取下助听器。有些老年人部分触觉功能消失，需要较强的刺激才能引出体征，在进行感知觉检查，特别是痛觉和温觉检查时，注意不要损伤老年人。

（四）使用恰当的沟通技巧

与老年人交流过程中，说话音量高低要适当，言语清晰，使用倾听、触摸、停顿、重复等技巧，尤其当面对听力下降老年人时语速应缓慢，提高音量，帮助老年人正确使用助听器、眼镜等。与认知障碍老年人交流时，要正面、直接、简单，信息不确定时可邀请照护者参与。

（五）资料真实

老年人反应迟缓，记忆力和理解力会有不同程度的减退，所以须注意周围环境对老年人评估过程的影响，通过直接观察其进食、穿衣、如厕等行为进行评估，以避免主观判断出现偏差。也要避免出现霍桑效应，即人在做某项活动时，因周围人的观察，刻意表现得很出色而掩盖了平时的状态。

（六）评估全面

护士通过对老年人细致、全面而有重点的体格检查，运用多种评估方法，从躯体、行为、认知、心理、社会及环境因素等方面进行评估，以取得全面的资料，更好地了解其身体状况，为进一步形成护理诊断、制订护理计划提供依据。

考点：老年综合评估注意事项

第 2 节　躯体功能状态评估

案例 5-2

患者，男，75 岁。因左侧肢体无力 1 天入院。既往有高血压病史 12 年，高血脂病史 5 年，糖尿病病史 6 年，生活规律，无吸烟、饮酒史。入院检查：T 36.4℃，P 62 次/分，R 19 次/分，BP 175/85mmHg，神志清楚，双肺呼吸音清，心律齐，无杂音，腹平软，肝脾肋下未扪及，双下肢未见水肿。诊断为急性脑梗死。住院 2 周后出院回家，需搀扶下床。

问题：1. 如何评估患者的躯体功能状态？

2. 如何评估患者的平衡与步态功能？

3. 通过评估您觉得患者有何护理问题？

通过准确的躯体功能状态评估，使护士了解老年人的身体健康状况，为确定护理级别、护理诊断，以及制订相应的护理计划提供可靠的依据。内容包括健康史的采集、日常生活活动能力评估、平衡与步态的评估等。

一、健康史的收集

（一）基本资料收集

1. 基本情况　包括老年人的姓名、年龄、性别、民族、文化水平、婚姻状况、居住方式、照护者、家庭住址、联系方式、宗教信仰、医疗费支付方式、入院及记录日期等。

2. 现病史　包括目前疾病躯体症状、起病时间、严重程度，对日常生活活动能力和社会活动的影响等。

3. 既往史　包括既往的疾病史、手术史、外伤史、饮食、药物过敏史，参与日常生活活动和社会活动的能力等。

4. 家族史　有无遗传性疾病，亲属死亡的原因和年龄，家庭成员对其支持照顾情况。

（二）体格检查

老年人应 1～2 年进行一次体格检查了解其健康情况。

1. 生命体征

（1）体温　70 岁以上的老年人感染后症状常不典型，应注意测量体温，与基础体温进行比较，差值≥1℃应考虑为发热。

（2）脉搏　测量老年人脉搏的时间应≥30 秒，测量期间注意有无脉搏的不规则搏动。

（3）呼吸　老年人正常呼吸频率为 16～25 次/分，评估老年人呼吸时注意呼吸频率与节律、有无呼吸困难、有无伴随其他症状和体征。

（4）血压　测量血压时应注意体位、时间、活动、进餐、情绪、季节或温度等因素。

2. 身高、体重　老年人身高随增龄而下降，体重随增龄而减轻，体重指数也随之降低。

3. 各系统状况

（1）呼吸系统　年龄增加导致老年人呼吸系统功能逐渐老化，摄氧和运输氧至内脏器官和组织变得相对困难。气管和支气管纤毛活动度降低，导致呼吸道清理能力下降，易发生肺部感染。由于肺部结构老化、胸廓前后径加大呈桶状，使胸廓硬度增加，肺组织质量减轻，肺泡数目减少，肺部扩张力减退，容易出现肺通气不足，肺内气体不易排出。肺动静脉血管老化，肺动脉压增高，肺灌注量减少，使血氧饱和度降低，肺部的气体交换功能受损。

（2）循环系统　老年人心脏体积变小，心肌细胞数量减少，脂肪增加，瓣膜变硬，左心室壁增厚，导致左心室不能泵出大量血液，每分心输出量降低。老年人血管硬化，管壁狭窄，收缩压增高，阻力增加使组织灌流量减少，与回流量相比，排出量相对增加，心脑血管得不到有效灌注。由于神经调节功能衰退，心肌酶活性降低，老年人容易发生心功能不全。

（3）消化系统　老年人牙齿脱落，口腔黏膜萎缩、干燥、血管减少；唾液分泌量明显减少，口腔自洁作用减弱；味蕾的退化和唾液的减少使味觉减退；食管、胃肠蠕动功能下降，消化吸收功能减弱，易发生营养不良、胃食管反流、消化不良、便秘，药物吸收也受到影响。评估口腔时，注意有无义齿、牙龈有无出血或肿胀、牙齿有无松动和断裂、有无经久不愈的黏膜白斑和癌变的征象。

（4）泌尿生殖系统　老年人肾功能退行性变化，导致肾小球滤过率下降，尿素氮、肌酐、尿酸、药物排出减少，肾小管细胞重吸收能力减弱，导致水电平衡丢失。膀胱平滑肌功能减弱，增加了尿潴留和感染的危险。

（5）血液系统　随着年龄的增长，老年人有造血功能的骨髓逐渐减少，60 岁以后骨髓造血细胞数目减少一半。老年人血细胞比容增加，血液黏稠度增加，红细胞柔性、渗透性和抗机械性降低，容易破裂发生溶血。白细胞数随年龄增长而减少，容易发生感染。

（6）代谢与内分泌系统　随着年龄的增长，头发变成灰白色，发丝变细，头发稀疏，并有秃发。秃发从前额或额顶部开始，逐渐扩展到颞部、枕部。进入老年后，生长激素释放减少，老年人肌细胞减少，脂肪增多，容易产生疲劳现象，需要防止跌倒坠床的发生。

（7）神经系统　随着年龄的增长，老年人神经系统功能逐渐降低，运动神经和交感神经传导速度变慢，对刺激反应时间延长，活动能力下降，反应变慢、动作僵硬、动作不协调、决策变慢，生理睡眠缩短等。

（8）运动系统　老年人肌张力下降，导致颈部脊柱和头部前倾，椎间盘退行性变使脊柱后凸。关节退行性改变及炎症等损害，致使关节活动受限。评估脊柱时应观察老年人站立、坐、卧时脊柱形态，评估四肢时，应检查各关节及其活动范围、肿胀及动脉搏动情况，注意有无疼痛、畸形、运动障碍。

（9）感觉器官　老年人皮肤弹性下降、干燥粗糙、散热慢、御寒能力下降，指甲较粗、较厚。老年人触觉减退导致温度识别能力下降，手眼协调精细动作也受限。感觉疼痛的能力降低。老年人眼窝内的脂肪组织减少，眼球凹陷；瞳孔缩小，反应缓慢；泪腺分泌减少，容易出现角膜干涩、疼痛；角膜周围有类脂性浸润，易出现灰白色云翳；老年人屈光力发生改变导致远视，光适应能力减弱。老年人听力随年龄的增加逐渐减退，听力下降多呈双耳对称性进行性下降，以高频为主的感觉性神经聋。

（10）生殖系统　老年女性由于雌激素水平降低、腺体分泌减少，阴道壁干燥苍白，皱褶不明显。评估时注意阴道分泌物情况。男性外阴改变与雄激素水平降低相关，表现为阴毛稀疏灰白，阴茎、睾丸变小。前列腺增生的组织引起排尿阻力增大，导致下尿道梗阻，出现排尿困难。评估时注意前列腺有无增生、炎症等情况。

考点：老年人躯体功能状态评估的主要内容和方法

二、日常生活活动能力评估

日常生活活动（activity of daily living，ADL）是指人们为满足生活需要每天必须反复进行的必要活动，也是人们开展衣、食、住、行等的基本条件。下述基本日常生活活动（BADL）能力和工具性日常生活活动（IADL）能力的评估。

（一）基本日常生活活动能力

基本日常生活活动能力是老年人最基本的自理能力，是老年人自我照顾和从事每天必需的日常生活活动的能力。如果这一功能受限，将影响老年人基本生活需要的满足。因此，日常生活活动能力不仅是评估老年人躯体功能状态的指标，也是评估老年人是否需要补偿服务或评估老年人残疾率的指标。对于医院和长期照护机构的老年人来说，多采用巴塞尔（Barthel）指数评定量表（表 5-1）。

巴塞尔（Barthel）指数评定量表由美国弗洛伦斯·马奥尼（Florence Mahoney）和多萝西·巴塞尔（Dorothy Barthel）设计并应用于临床，是国际康复医学界常用的 ADL 能力评估方法。包括进食、洗澡、修饰、穿衣、大便控制、小便控制、如厕、床椅转移、平地行走、上下楼梯等 10 项内容。该量表可由医生、护士、家属或老年人本人进行应用。居家老年人根据需要可随时评估，住院老年人可在入院、病情变化、手术和出院时进行评估。评估时可自评也可他评，可通过与被测试者或家属交流或被测试者自填问卷完成，约需要 5 分钟。总分 100 分，得分越高，独立性越好，依赖性越小。总分 100 分为日常生活活动能力良好；61～99 分为轻度功能缺陷，41～60 分为中度功能缺陷，≤40 分为重度功能缺陷。

表 5-1　Barthel 指数评定量表

项目	评分标准
进食 （指用合适的餐具将食物由容器送到口中，包括用筷子、勺子或叉子取食物、对碗/碟的把持、咀嚼、吞咽等过程）	10 可独立进食（在合理的时间内独立进食准备好的食物）
	5 需部分帮助（前述某个步骤需要帮助）
	0 需极大帮助或完全依赖他人；鼻饲；禁食
洗澡	5 准备好洗澡水后，可自己独立完成
	0 在洗澡过程中需他人帮助
修饰 （包括洗脸、刷牙、梳头、刮脸等）	5 可自己独立完成
	0 需他人帮助
穿衣 （包括穿/脱衣服、系扣子、拉拉链、穿/脱鞋袜、系鞋带等）	10 可独立完成
	5 需部分帮助（能自己穿或脱，但需他人帮助整理衣物、系扣子、拉拉链、系鞋带等）
	0 需极大帮助或完全依赖他人
大便控制	10 可控制大便、造口老年人自行更换造口袋
	5 偶尔失控、造口老年人部分依赖护士更换造口袋
	0 完全失控、造口老年人完全依赖护士更换造口袋
小便控制	10 可控制小便
	5 偶尔失控
	0 完全失控、导尿
如厕 （包括擦净、整理衣裤、冲水等过程）	10 可独立完成
	5 需部分帮助（需他人搀扶、需他人帮忙冲水或整理衣裤等）
	0 需极大帮助或完全依赖他人
床椅转移	15 可独立完成
	10 需部分帮助（1 人）（需他人搀扶或使用拐杖）
	5 需极大帮助（2 人）（较大程度上依赖他人搀扶和帮助）
	0 完全依赖他人

续表

项目	评分标准
平地行走	15 可独立在平地上行走超过 45m
	10 需部分帮助（需他人搀扶或使用拐杖、助行器等辅助用具）
	5 需极大帮助（行走时较大程度上依赖他人搀扶，或坐在轮椅上自行在平地上移动）
	0 完全依赖他人
上下楼梯	10 可独立上下楼梯 15～20 级台阶
	5 需部分帮助（需扶楼梯、他人搀扶，或使用拐杖等）
	0 需极大帮助或完全依赖他人
总分	

注：总分为条目各项得分之和。

（二）工具性日常生活活动能力

工具性日常生活活动能力是指老年人在家中或机构内进行自我护理活动的能力，是表示其独立生活能力的重要指标。目前主要采用劳顿和布罗迪研发的 Lawton-Brody 工具性日常生活活动能力评估量表（表 5-2）对老年人进行评估。主要包括购物、做家务、理财、准备食物、外出乘车、使用电话、洗衣、服药 8 个方面。适用于社区老年人。可由医生、护士、家属或其本人进行评定。在实施评估时，让老年人挑选最符合自身一个月内实际情况的答案，根据每一项的得分计算总分。其中购物、做家务、准备食物、洗衣、外出乘车 5 项中有 3 项以上需要协助，即为轻度失能。分值范围为 0～24 分，得分越高，提示老年人工具性日常生活活动能力越强。

表 5-2　Lawton-Brody 工具性日常生活活动能力评估量表

项目		评分	得分
购物	独立完成所有购物需求	3	
	独立购买日常生活用品	2	
	每一次上街购物都需要人陪伴	1	
	完全不上街购物	0	
做家务	能做比较繁重的家务（如搬动沙发、擦地板、擦窗户）	4	
	能做比较简单的家务，如洗碗、铺床、叠被子	3	
	能做家务，但不能达到可被接受的整洁程度	2	
	所有家务都需要他人协助	1	
	完全不能做家务	0	
理财	可独立处理财务	2	
	可以处理日常的购物，但需要他人协助处理与银行的往来事务	1	
	不能处理财务	0	
准备食物	能独立计划、烹煮和摆设一顿适当的饭菜	3	
	如果准备好一切的佐料，会做一顿适当的饭菜	2	
	会将已做好的饭菜加热	1	
	需要他人把饭菜做好、摆好	0	
外出乘车	能自己搭乘大众交通工具或自己开车、骑车	4	
	可搭计程车或大众交通工具	3	
	能自己搭计程车但不会搭乘大众交通工具	2	
	当有人陪伴时可搭乘计程车或大众交通工具	1	
	完全不能出门	0	

续表

项目		评分	得分
使用电话	独立使用电话，含查电话簿、拨号等	3	
	仅可拨熟悉的电话号码	2	
	仅会接电话，不会拨电话	1	
	完全不会使用电话或不使用	0	
洗衣	自己清洗所有衣物	2	
	只清洗小件衣物	1	
	完全依赖他人洗衣服	0	
服药	能自己负责在正确时间用正确的药物	3	
	需要提醒或少许协助	2	
	如果事先准备好服用的药物分量，可自行服用	1	
	不能自己服药	0	
总分		24	

三、平衡与步态的评估

平衡和步态评估对老年人躯体功能恢复程度和预测跌倒风险具有重要意义。评估方法较多，此处介绍常用的站立静止平衡、坐下-起立计时、6 米行走计时及下蹲计时评估方法。

（一）评估方法

1. 站立静止平衡　为常用的静平衡测试方法。①受试者双脚并拢站立，坚持 10 秒以上；②半串联站立：一只脚的脚后跟放在另一只脚的大脚趾旁边坚持 10 秒以上；③串联站立：一只脚的脚后跟放在另一只脚的前边坚持 10 秒以上；④单腿站立：一条腿抬起坚持 5 秒以上。

2. 坐下-起立计时　让受试者坐在直背座椅上（椅坐高为 45cm），双臂在胸前交叉，以尽可能快的速度站立、坐下 5 次，当第 5 次完成时停止计时。

3. 6 米行走计时　让受试者站在起点线上，听到指示后以较快的速度向前走 3m 后转身返回起点，当越过起点线时停止计时。

4. 下蹲计时　在距受试者利手侧约 30cm 的地面放置 1 枚硬币，告诉受试者在命令开始之后以尽可能快的速度从地面捡起硬币并站起，被试者站立时停止计时。

（二）评估规则

每项动作评分采用 5 个等级（0～4 分），总分为 0～16 分。站立静止平衡测试中双脚并拢站立、半串联站立、串联站立和单腿站立，每完成 1 项计 1 分，不能完成计 0 分；坐下-起立计时、6 米行走计时和下蹲计时的评分根据研究人群的用时进行四等分，根据从慢到快分别计 1～4 分，不能完成者为 0 分（表 5-3）。

表 5-3　坐下-起立计时、6 米行走计时、下蹲计时测试等级评分标准

项目	等级评分标准（秒）				
	0 分	1 分	2 分	3 分	4 分
坐下-起立	无法完成	＞15.0	12.1～15.0	9.1～12.0	≤9.0
6 米行走	无法完成	＞11.0	9.1～11.0	7.1～9.0	≤7.0
下蹲	无法完成	＞4.0	3.1～4.0	2.1～3.0	≤2.0

（三）注意事项

6米行走计时可使用支持工具，其他测试不能借助任何帮助；站立静止平衡测试时受试者可自由选择哪只脚在前边或作为支撑脚；每个动作可允许重复1次，选择最好的结果记录。

第3节 认知与心理健康评估

案例5-3

患者，男，58岁。4年前无明显诱因逐渐出现记忆力减退、做事积极性下降，近半年多出现行动缓慢，体检：T 36.3℃，P 80次/分，R 18次/分，BP 118/82mmHg，记忆力减退（延迟3个词，可回忆起1个词），时间定向力异常（不能正确说出现在的日期和季节），计算力异常（100−7=93，93−7=？）、视空间能力正常，理解力、判断力、执行能力正常，阅读、命名、书写、复述能力正常。实验室检查：血常规、维生素B_{12}、叶酸、甲状腺功能、血生化正常。

问题： 1. 患者认知障碍的主要表现是什么？

2. 如何确定患者的智力状态？

一、认知功能评估

认知功能对老年人能否独立生活及生活质量有重要影响，是医院、养老机构和社区中老年人的重要评估指标之一。认知包括记忆、语言、视空间、执行、计算和理解判断等方面。认知障碍是指认知功能中的一项或多项受损。注意与老年人正常老化的忘事相区别。临床上常用的操作简便的认知功能测验有简易智力状态检查（mini-mental state examination，MMSE）量表、蒙特利尔认知评估（Montreal cognitive assessment，MoCA）量表。

（一）简易智力状态检查量表

简易智力状态检查量表由美国福尔斯坦（Folstein）于1975年编制（表5-4）。该量表是最具有影响力的认知功能筛查工具，在国内外被广泛使用，筛查范围包括定向力（10分）、记忆力（3分）、注意力和计算力（5分）、回忆能力（3分）、语言能力（9分）五个部分。适用于医院、机构和社区的老年人，可由接受过培训的医护人员完成评估。采取提问式，正确计1分，错误不计分。

表5-4 简易智力状态检查量表

项目		错误	正确
Ⅰ定向力	现在我要问您一些问题，请您认真回答		
（10分）	1. 现在是哪一年	0	1
	2. 现在是什么季节	0	1
	3. 现在是几月份	0	1
	4. 今天是几号	0	1
	5. 今天是星期几	0	1
	6. 咱们现在是在哪个省市	0	1
	7. 咱们现在是在哪个区县	0	1
	8. 咱们现在是在什么街道或乡	0	1
	9. 现在是在哪家医院	0	1
	10. 这里是第几层楼	0	1

续表

项目			错误	正确
Ⅱ记忆力（3分）	现在我告诉您三种东西的名称，我说完后请您重复一遍（回答出的词语正确即可，顺序不要求）			
	11. 皮球		0	1
	12. 国旗		0	1
	13. 树木		0	1
Ⅲ注意力和计算力（5分）	现在请您算一算，从 100 中减去 7，然后从所得的数算下去，请您将每减一个 7 后的答案告诉我，直到我说“停”为止（依次减 5 次，减对几次给几分，如果前面减错，不影响后面评分）			
	14. 100–7=93		0	1
	15. 93–7=86		0	1
	16. 86–7=79		0	1
	17. 79–7=72		0	1
	18. 72–7=65		0	1
Ⅳ回忆能力（3分）	现在请您说出刚才我让您记住的是哪三种东西			
	19. 皮球		0	1
	20. 国旗		0	1
	21. 树木		0	1
Ⅴ语言能力（9分）	命名能力	22.（检查者出示手表）请问这是什么	0	1
		23.（检查者出示铅笔）请问这是什么	0	1
	复述能力	24. 请您跟我说“四十四只石狮子”	0	1
	三步命令	我给您一张纸，请您按我说的去做，现在开始“右手拿着这张纸，用两只手把它对折起来，放在您的左腿上”		
		25. 右手拿纸	0	1
		26. 双手对折	0	1
		27. 放到左腿上	0	1
	阅读能力	请您念一念这句话，并按这句话的意思去做（如老年人为文盲，该项评为 0 分）		
		28. “请闭上您的眼睛”	0	1
	书写能力	29. 请您写一个完整的句子，句子要有主语、谓语，能表达一定的意思（如老年人为文盲，该项评为 0 分）	0	1
	结构能力	30. 请您按照这个样子把它画下来（*两个五边形的图案，交叉处有一个四边形） 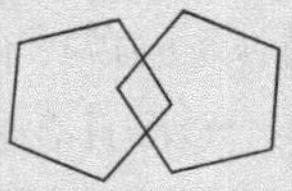	0	1
总分				

注：认知功能障碍参考值为文盲（未受教育）≤19 分；小学（受教育年限≤6 年）≤22 分；中学或以上（受教育年限>6 年）≤26 分。

评估时注意以下操作事项：①11～13 题和 19～21 题，“皮球”“国旗”“树木”每个词语用一秒钟读出，可以重复，最多 6 遍，但只记录第一遍得分。延迟回忆时间为 5 分钟内。②14～18 题，告知受试者计算：100 减去 7，所得的数再减 7，一直算下去，将每次的得数说出，直到评定员说“停”为止，每一个正确答案计 1 分，如果上一个错了，如 100–7=90，下一个对，如 90–7=83，第二个仍计分。③28 题，受试者念对并有闭眼睛的动作计 1 分，仅念出或仅有闭眼动作均不计分。④30 题，必须画出 10 个角，2 个五边形交叉，交叉图形呈四边形方能计分，线条不平滑可以忽略。

（二）蒙特利尔认知评估量表

蒙特利尔认知评估量表包括注意与集中、执行功能、记忆、语言、视空间结构技能、抽象思维、计算和定向力等 8 个认知领域。与 MMSE 相比，蒙特利尔认知评估量表评价的认知领域更多并且更加复杂，更强调了对执行功能和注意力方面的认知功能评估（表 5-5）。该量表应由经过训练的评定员进行评定，评定员向受试者提出问题，受试者独自回答，正确计 1 分，错误不计分。

表 5-5　蒙特利尔认知评估量表

视空间与执行能力　　　　　　　　　　　　　　　　　　　　　　　　　　　　　　得分

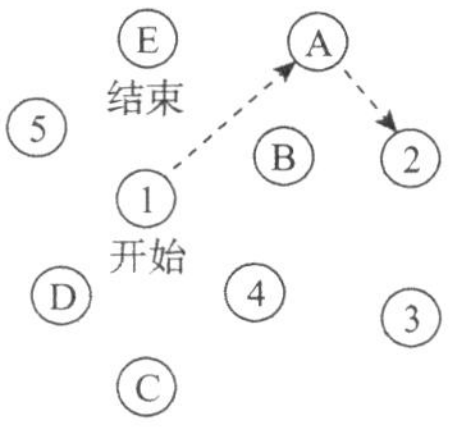

[　]

复制立方体

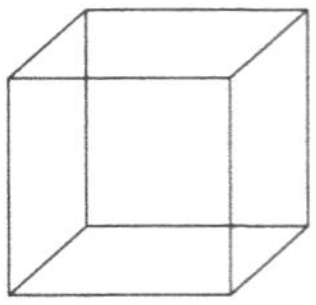

[　]

画钟表（11 点过 10 分）（3 分）

轮廓[　]　指针[　]　数字[　]

__/5

命名

[ ]

[ ]

[ ]

__/3

记忆	读出下列词语，然后由老年人重复，上述过程重复 2 次，5 分钟后回忆		面孔	丝绸	学校	菊花	红色
		第一次					
		第二次					不计分

注意　现在我阅读一组数字（每秒 1 个）　顺背[　]　21854　倒背[　]　742　__/2

下面我要读出一系列数字，请注意听。每当我读到 1 的时候，您就敲打一下桌子。当我读其他数字时，不要敲（错误数大于或等于 2 个不给分）　[　]52139411806215194511141905112　__/1

100 连续减 7

连减：4 或 5 个正确得 3 分，2 或 3 个正确得 2 分，1 个正确得 1 分，0 个正确得 0 分　[　]93　[　]86　[　]79　[　]72　[　]65　__/3

语言　重复：“我只知道今天张亮是来帮过忙的人”[ ]。“狗在房间的时候，猫总是躲在沙发下面”[ ]　__/2

流畅性：在 1 分钟内尽可能多地说出动物的名字。[ ]______________（N≥11 名称）　__/1

抽象　词汇语相似性：香蕉-桔子=水果

[ ]火车-自行车

[ ]手表-尺子

延迟回忆	回忆时不能提醒	面孔 [　]	丝绸 [　]	学校 [　]	菊花 [　]	红色 [　]	仅根据非提示记忆得分	__/5
	分类提示							
	所选提示							

定向　哪一年[　]　几月份[　]　几号[　]　星期几[　]　地点[　]　城市[　]　__/6

总分　__/30

注：认知障碍参考值为文盲≤13 分；小学≤19 分；中学及以上≤24 分。

二、心理健康评估

案例 5-4

患者，女，69 岁。平素性格开朗，近半年自觉记忆力下降明显，情绪容易激动，日常生活多依赖丈夫照顾。近日开始失眠，担心害怕，不敢独处，烦躁气急，坐立不安，心悸胸闷，悲观绝望，厌食消瘦，反应迟钝，不愿与人交往。既往高血压病史 20 年，无家族精神疾病病史。患者在家属陪同下就诊，诊断：高血压病 3 级，极高危组；脑动脉硬化伴脑内多发缺血灶；老年抑郁症（血管性抑郁）。经规范抗抑郁药物治疗一月后症状明显缓解，一年后患者失眠、情绪激动、口干、厌食等症状完全缓解，药物逐渐减量至停药，平素继续服用降压及改善循环药物。

问题： 1. 请问可对该老年人使用何种方法进行心理健康评估？

2. 心理健康评估时注意事项有哪些？如何护理？

（一）焦虑的评估

老年人焦虑常用的评估量表有汉密尔顿焦虑量表（Hamilton anxiety scale，HAMA）和焦虑自评量表（self-rating anxiety scale，SAS）。

1. 汉密尔顿焦虑量表　由汉密尔顿（Hamilton）于 1959 年编制，是精神科中应用较为广泛的由医生评定的量表之一（表 5-6）。HAMA 包括 14 个项目，条目评分等级为 0～4 分，共 5 级，0 分为无症状，4 分为症状极重，数字越大表示症状越重。总分超过 29 分，可能为严重焦虑；超过 21 分，肯定有明显焦虑；超过 14 分，肯定有焦虑；超过 7 分，可能有焦虑；如小于 7 分，便没有焦虑症状，一般划界，HAMA14 项版本分界值为 14 分。

表 5-6　汉密尔顿焦虑量表

项目	说明	评分
（1）焦虑心境	担心、担忧，感到有最坏的事将要发生，容易激惹	0　1　2　3　4
（2）紧张	紧张感、易疲劳、不能放松、情绪反应，易哭、颤抖、感到不安	0　1　2　3　4
（3）害怕	害怕黑暗、陌生人、一人独处、动物、乘车或旅行及人多的场合	0　1　2　3　4
（4）失眠	难以入睡、易醒、睡得不深、多梦、夜惊、醒后感疲倦	0　1　2　3　4
（5）认知功能	或称记忆、注意障碍，注意力不能集中，记忆力差	0　1　2　3　4
（6）抑郁心境	丧失兴趣、对以往爱好缺乏快感、抑郁、早醒、昼重夜轻	0　1　2　3　4
（7）躯体性焦虑：肌肉系统	肌肉系统：肌肉酸痛、活动不灵活、肌肉抽动、肢体抽动、牙齿打战、声音发抖	0　1　2　3　4
（8）躯体性焦虑：感觉系统	感觉系统：视物模糊、发冷发热、软弱无力感、浑身刺痛	0　1　2　3　4
（9）心血管系统症状	心动过速、心悸、胸痛、血管跳动感、昏倒感、心搏脱漏	0　1　2　3　4
（10）呼吸系统症状	胸闷、窒息感、叹息、呼吸困难	0　1　2　3　4
（11）胃肠道症状	吞咽困难、嗳气、消化不良（进食后腹痛、腹胀、恶心、胃部饱感）、肠动感、肠鸣、腹泻、体重减轻、便秘	0　1　2　3　4
（12）生殖泌尿系统症状	尿意频数、尿急、停经、性冷淡、早泄、阳痿	0　1　2　3　4
（13）自主神经症状	口干、潮红、苍白、易出汗、起鸡皮疙瘩、紧张性头痛、毛发竖起	0　1　2　3　4
（14）会谈时行为表现	①一般表现：紧张、不能松弛、忐忑不安，咬手指、紧紧握拳、摸弄手帕，面肌抽动、不宁顿足、手发抖、皱眉、表情僵硬、肌张力高，叹气样呼吸、面色苍白。②生理表现：吞咽、打嗝、安静时心率快、呼吸快（20 次/分以上）、腱反射亢进、震颤、瞳孔放大、眼睑跳动、易出汗、眼球突出	0　1　2　3　4

注：0，无症状；1，轻微；2，中等；3，较重；4，严重。

本量表应由经过训练的两名评定员进行联合检查，采用交谈与观察的方式，检查结束后，两评定员各自独立评分。若需比较治疗前后的症状和病情的变化，则于入组时评定当时或入组前1周的情况，治疗后2～6周，再次评定进行比较。本量表，除第14项需结合观察外，所有项目都根据老年人的口头叙述进行评分；同时特别强调受检者的主观体验；分数高低可作为病情进展与否的标准。

2. 焦虑自评量表（表5-7） 主要用于疗效评估，不能用于诊断。该量表由美国杜克大学教授宗（William W.K. Zung）编制，是心理咨询师、心理医生、精神科医生最常用的心理测量工具之一。评估内容包括20个条目，每个条目采用1～4级评分，评定近1周内症状出现的频次。适用于有焦虑症状的老年人。由能够配合的、具有阅读和理解能力的被试者本人完成。其中5个条目（5、9、13、17、19）是反向计分。正向计分题A、B、C、D按1、2、3、4计分；反向计分题（标注*的题目）进行分值转换后（A→4、B→3、C→2、D→1）计分，将20个条目的得分相加，即得到粗分；用粗分乘以1.25后取整数部分，得到标准分。粗分≥40分或标准分≥50分为有焦虑存在，得分越高，焦虑倾向越明显。其中，标准分50～59分为轻度焦虑，60～69分为中度焦虑，≥70分为重度焦虑。

表5-7 焦虑自评量表

条目	评分级别	条目	评分级别
1. 我觉得比平时容易紧张或着急	A B C D	11. 我因为一阵阵头晕而苦恼	A B C D
2. 我无缘无故地感到害怕	A B C D	12. 我有晕倒发作，或觉得要晕倒似的	A B C D
3. 我容易心里烦乱或感到惊恐	A B C D	*13. 我吸气呼气都感到很容易	A B C D
4. 我觉得我可能将要发疯	A B C D	14. 我的手脚麻木和刺痛	A B C D
*5. 我觉得一切都很好	A B C D	15. 我因为胃痛和消化不良而苦恼	A B C D
6. 我手脚发抖打战	A B C D	16. 我常常要小便	A B C D
7. 我因为头疼、颈痛和背痛而苦恼	A B C D	*17. 我的手脚常常是干燥温暖的	A B C D
8. 我觉得容易衰弱和疲乏	A B C D	18. 我脸红发热	A B C D
*9. 我觉得心平气和且容易安静坐着	A B C D	*19. 我容易入睡并且一夜睡得很好	A B C D
10. 我觉得心跳得很快	A B C D	20. 我做噩梦	A B C D

注：A，没有或很少时间；B，小部分时间；C，相当多时间；D，绝大部分或全部时间。

（二）抑郁的评估

抑郁是老年人最常见的精神症状，其发生与社会、心理因素有着密切的关系。可表现为抑郁情绪，严重者表现为抑郁症。抑郁情绪是一种症状，而抑郁症是一种疾病，危害性更大。均可借用量表进行评估。

1. 老年抑郁量表（geriatric depression scale，GDS） 由美国心理学家布林克（Brink）和夜沙夫基（Yesavage）于1982年编制，被广泛用于测量老年人的抑郁水平。1986年谢赫（Sheikh）和夜沙夫基在30个项目的标准版本基础上设计出包含15个项目的简版老年抑郁量表（GDS-15），由于其简短和易于操作，得到临床工作者和心理学研究者的广泛应用（表5-8）。该量表评估最近1周以来老年人的抑郁状况，主要测试老年人的情绪低落、活动减少、易激惹、退缩痛苦的想法，对过去、现在和未来的消极评价，量表共15个条目，每一句话代表一个条目，要求受试者回答"是"或"否"，"是"计1分，"否"计0分，1、5、7、12条目为反向计分，最高分为15分，分数越高，表示抑郁症状越明显。＜5分为正常，5～9分为有抑郁倾向，≥10分为抑郁。

表 5-8　简版老年抑郁量表

项目	是	否	项目	是	否
1. 您对生活基本上满意吗			9. 您是否希望待在家里而不愿去做些新鲜事		
2. 您是否已放弃了许多活动与兴趣			10. 您是否觉得记忆力比以前差		
3. 您是否觉得生活空虚			11. 您是否觉得像现在这样活着毫无意义		
4. 您是否常感到厌烦			12. 您是否觉得生活充满活力		
5. 您是否大部分时间精力充沛			13. 您是否觉得您的处境已毫无希望		
6. 您是否害怕会有不幸的事落到您头上			14. 您是否觉得大多数人比您强得多		
7. 您是否大部分时间感到幸福			15. 您是否感到自己没什么价值		
8. 您是否常感到孤立无援			—		

2. 抑郁自评量表（self-rating depression scale，SDS）　由被试者本人或医护人员完成。根据老年人的需要，评估老年人最近 1 周的感受（表 5-9）。该量表共有 20 个条目，每个条目采用 1～4 级评分，正向计分题 A、B、C、D 按 1、2、3、4 计分；反向计分题（标注*的题目，题号：2、5、6、11、12、14、16、17、18、20）按 4、3、2、1 计分。总分乘以 1.25 取整数，即得标准分。标准分低于 50 分者为正常；50～60 分者为轻度抑郁；61～70 分者为中度抑郁，70 分以上者为重度抑郁。

表 5-9　抑郁自评量表

条目	评分级别	条目	评分级别
1. 我觉得闷闷不乐，情绪低沉	A B C D	*11. 我的头脑跟平常一样清楚	A B C D
*2. 我觉得一天之中早晨最好	A B C D	*12. 我觉得经常做的事情并没困难	A B C D
3. 我一阵阵哭出来或想哭	A B C D	13. 我觉得不安而平静不下来	A B C D
4. 我晚上睡眠不好	A B C D	*14. 我对将来抱有希望	A B C D
*5. 我吃得跟平常一样多	A B C D	15. 我比平常容易生气激动	A B C D
*6. 我与异性密切接触时和以往一样感到愉快	A B C D	*16. 我觉得作出决定是容易的	A B C D
7. 我发觉我的体重在下降	A B C D	*17. 我觉得自己是个有用的人，有人需要我	A B C D
8. 我有便秘的苦恼	A B C D	*18. 我的生活过得很有意思	A B C D
9. 我心跳比平时快	A B C D	19. 我认为如果我死了别人会生活得更好些	A B C D
10. 我无缘无故地感到疲乏	A B C D	*20. 平常感兴趣的事我仍然照样感兴趣	A B C D

注：所有题目均共用答案，请在 A、B、C、D 下面画“√”，每题限选一个答案。A，没有或很少时间；B，小部分时间；C，相当多时间；D，绝大部分或全部时间。

考点：老年人心理健康评估的主要内容与方法

第 4 节　社会状况评估

案例 5-5

张大爷，61 岁，曾经是国家公务员，现离休一年。年轻时为人热情开朗健谈，工作表现突出，连连升级，多次获得“劳动模范”“先进个人”等荣誉称号。儿女在国外定居，他与妻子共同生活，去年退休后不久，老伴突发心肌梗死离世，张大爷以后便不愿意出门，很少与人沟通、聊天，常常独来独往。

问题： 1. 张大爷出现了什么问题？

2. 如何对张大爷进行评估？

社会状况评估是指对老年人的社会健康状况和社会功能进行评定，包括社会环境、生活环境、家庭状况等。这些内容与躯体、心理健康息息相关。

一、社会环境评估

社会环境包括经济状况、文化水平、生活方式、社会关系、社会支持等，都与健康密切相关。

1. 经济状况 经济基础是满足基本需要及享受健康服务的物质基础。因此，在社会环境因素中，对老年人的健康及其角色适应影响最大的是经济因素。老年人退休、收入减少、给予经济支持的配偶去世等所带来的经济困难，可导致失去家庭、社会地位或生活的独立性。护理人员可通过询问下列问题了解老年人的经济状况：①您的经济来源有哪些？原单位工资福利如何？您目前的收入是否足够支付食品、生活用品和部分医疗费用？②家庭是否有失业、待业人员？家庭有无经济困难？③是哪种医疗费用的支付形式？

2. 文化水平 评估主要目的是了解老年人的文化差异，制订符合其文化背景的具有个体特色的护理措施。主要包括价值观、信念和信仰、习俗的评估，其中习俗是文化的核心要素，与健康密切相关，决定着人们对健康、疾病、老化和死亡的看法及信念。

3. 生活方式 包括人们的衣、食、住、行、活动、工作、休息、娱乐、社会交往、待人接物等物质生活和价值观、道德观。通过交谈或直接观察等方式，评估饮食、睡眠、活动、娱乐，以及有无吸烟、酗酒等问题，并了解该问题带来的影响。

4. 社会关系与社会支持 评估老年人是否有支持性的社会关系网络，如家庭关系是否稳定、家庭成员之间是否相互尊重，与邻居、老同事的关系是否融洽，家庭成员对老年人的态度及物质帮助能力。现介绍常用的社会支持评定量表。

社会支持评定量表（social support rating scale，SSRS）有 10 个题目（表 5-10），包括客观支持（2、6、7）、主观支持（1、3、4、5）、支持利用度（8、9、10）3 个维度。适用于所有老年人。该量表可由医生、护士、家属或者老年人本人进行评定。将 10 个题目得分相加，得到社会支持总分；将第 2、6、7 题得分相加，得到客观支持分；将第 1、3、4、5 题得分相加，得到主观支持分；将第 8、9、10 题得分相加，得到支持利用度分。总分越高，表明社会支持程度越高。

表 5-10 社会支持评定量表

评估内容	评分细则	分值	得分
1. 您有多少关系密切，可以得到支持和帮助的朋友（只选一项）	一个也没有	1	
	1～2 个	2	
	3～5 个	3	
	6 个或 6 个以上	4	
2. 近一年来您（只选一项）	远离家人，且独居一室	1	
	住处经常变动，多数时间和陌生人住在一起	2	
	和同学、同事或朋友住在一起	3	
	和家人住在一起	4	
3. 您和邻居（只选一项）	相互之间从不关心，只是点头之交	1	
	遇到困难可能稍微关心	2	
	有些邻居很关心您	3	
	大多数邻居很关心您	4	
4. 您和同事（只选一项）	相互之间从不关心，只是点头之交	1	
	遇到困难可能稍微关心	2	
	有些同事很关心您	3	
	大多数同事很关心您	4	

续表

评估内容	评分细则	分值	得分
5. 从家庭成员得到的支持和照顾（在合适的框内画“√”）	A.夫妻（恋人）	每项从无/极少/一般/全力支持分别计1～4分	
	B.父母		
	C.儿女		
	D.兄弟姐妹		
	E.其他成员（如嫂子）		
6. 过去，在您遇到急难情况时，曾经得到的经济支持和解决实际问题的帮助的来源	无任何来源	0	
	下列来源（可选多项）：A. 配偶；B. 其他家人；C. 亲戚；D. 朋友；E. 同事；F. 工作单位；G. 党团工会等官方或半官方组织；H. 宗教、社会团体等非官方组织；I. 其他（请列出）	有几个来源就计几分	
7. 过去，在您遇到急难情况时，曾经得到的安慰和关心的来源	无任何来源	0	
	下列来源（可选多项）：A. 配偶；B. 其他家人；C. 亲戚；D. 朋友；E. 同事；F. 工作单位；G. 党团工会等官方或半官方组织；H. 宗教、社会团体等非官方组织；I. 其他（请列出）	有几个来源就计几分	
8. 您遇到烦恼时的倾诉方式（只选一项）	从不向任何人倾诉	1	
	只向关系极为密切的1～2个人倾诉	2	
	如果朋友主动询问您会说出来	3	
	主动诉说自己的烦恼，以获得支持和理解	4	
9. 您遇到烦恼时的求助方式（只选一项）	只靠自己，不接受别人帮助	1	
	很少请求别人帮助	2	
	有时请求别人帮助	3	
	困难时经常向家人、亲友、组织求援	4	
10. 对于团体（如党团组织、宗教组织、工会、学生会等）组织活动，您（只选一项）	从不参加	1	
	偶尔参加	2	
	经常参加	3	
	主动参加并积极活动	4	
评定总分	评分结果　　评估者签名	评估日期	

注：量表计分方法为第1～4，8～10条，每条只选一项，选择1、2、3、4项分别计1、2、3、4分，第5条分A、B、C、D、E五项计总分，每项从无到全力支持分别计1～4分，第6、7条如回答“无任何来源”则计0分，回答“下列来源”者，有几个来源就计几分。总分即十个条目计分之和，分数越高，社会支持度越高，一般认为总分小于20分，为获得社会支持较少，20～30分为具有一般社会支持度，超过30分为具有满意的社会支持度。

二、生活环境评估

老年友好生活环境是促进健康老龄化的重要因素。生活环境评估包括物理环境评估和老年友好型社区环境评估。通过对环境进行评估，能够更好地去除妨碍生活行为的不利因素，创造发挥补偿机体缺损功能的有利因素，提高老年人生活质量。

（一）物理环境评估

1. 居家环境安全评估　物理环境是指一切存在于机体外环境的物理因素的总和。评估时应了解其生活环境中的特殊资源及其对目前生活环境的特殊要求，其中居家环境安全因素是评估的重点（表5-11），通过家访可获得这方面的资料。

表 5-11 老年人居家环境安全评估表

评估项目	评估要素
居室一般情况	
光线	是否充足
温度	是否适宜
地面	是否平整、干燥、无障碍物
地毯	是否平整、不滑动
家具	放置是否稳固、固定有序，有无阻碍通道
床	高度是否在老年人膝盖下、与其小腿长基本相等
电线	安置如何，是否远离火源、热源
取暖设备	设置是否妥善
电话	紧急电话号码是否放在易见、易取的地方
厨房	
地板	有无防滑措施
燃气	“开”“关”的按钮标志是否明显可见
浴室	
浴室门	门锁是否内外均可打开
地板	有无防滑措施
便器	高低是否合适，有无扶手
浴盆	高度是否合适，浴盆底部是否垫防滑胶垫
楼梯	
光线	是否充足
台阶	是否平整无破损，高度是否合适，台阶是否设置了颜色差异标识
扶手	有无扶手

2. 居室方位 以朝南的房间为佳，冬暖夏凉，如同“天然空调”。而朝北的房间“冬冷夏热”，由于老年人周身循环和体温调节机制较差，住在朝北的房间，对健康不利。

3. 居室条件 老年人住在宁静的单人间。如果住房条件差的话可用布帘、屏风隔开，制造一个“老年人生活角”，并做适当布置，尽可能使老年人感到舒适。

4. 居室功能 由于老年人血液循环差，新陈代谢过程慢，既不耐热又不抗寒，居室的温度不能太冷，也不能太热。以 22～24℃为宜。

5. 居室空气质量 居室要经常通风，保持室内空气流通。空气不通畅会使老年人终日感到胸闷、压抑。

6. 居室噪声 噪声能损伤听觉，使听力下降；刺激神经系统，引起头晕、头痛，烦躁不安；影响心血管系统，使心跳加速，血压升高。因此收音机、录音机、电视机的音量要适度，不要大声说话等。

7. 居室色彩 对老年人来说，以中性色调为主，稍偏暖色，不适合大红大绿等强烈对比的颜色。

8. 居室装饰 小装饰品可点缀环境、平衡房间布局、协调色彩、活泼气氛，可增强生活气息使人赏心悦目。为此，室内可陈设一两盆花卉，如文竹、水仙或盆景等。

9. 气候条件 老年人生理功能下降，对抗外界恶劣环境的能力亦明显下降，因此应尽量避免处于雨、雪、冰雹等恶劣气候环境中。

10. 建筑物 应尽可能让老年人居住在布局合理、视野开阔、规律有序的社区里。

（二）老年友好型社区环境评估

健康老龄化强调老年友好型社区建设，老年友好型社区是指针对老年人需求创建、面向老年群体的友好型社区，是积极应对人口老龄化的重要举措。具体评估方法，可参考国家卫健委（全国老龄办）2021 年印发的《全国示范性老年友好型社区评分细则（试行）》，其采用百分制，分为城镇社区和农村社区两类，创建领域均包括居住环境安全整洁、出行设施完善便捷、社区服务便利可及、社会参与广泛充分、孝亲敬老氛围浓厚、科技助老智慧创新、管理保障到位有力等七项共 40 个指标，以及特色亮点等，其中，城镇与农村指标分值侧重各有不同。该文件为老年友好型社区设立了一个较好的建设和评估标准。

三、家庭状况评估

家庭状况评估包括家庭成员基本资料、家庭类型与结构、家庭成员关系、家庭功能与资源，以及日常生活照顾、精神支持功能及家庭压力等多个方面。常用量表为 APGAR 家庭功能评估表（表 5-12），包括 5 个部分：适应度 A（adaptation）、合作度 P（partnership）、成长度 G（growth）、情感度 A（affection）、亲密度 R（resolve），可帮助了解有无家庭功能障碍及障碍程度。该量表可由医生、护士、家属或者老年人本人进行评定。“经常”得 2 分，“有时”得 1 分，“很少”得 0 分。总分 7～10 分家庭功能无障碍，4～6 分家庭功能轻度障碍，0～3 分家庭功能严重障碍。

表 5-12　APGAR 家庭功能评估表

项目	经常	有时	很少
1. 当我遇到困难时，可以从家人处得到满意的帮助			
2. 我很满意家人与我讨论各种事情及分担问题的方式			
3. 当我希望从事新的活动或发展时，家人能接受并给予支持			
4. 我很满意家人对我表达感情的方式及对我情绪的反应			
5. 我很满意家人与我共度时光的方式			

考点：老年人的社会状况评估的主要内容

自　测　题

A_1/A_2 型题

1. 关于老年人身体各系统的变化描述**不正确**的是
   A. 气管和支气管纤毛活动度降低，呼吸道清理能力下降，易发生感染
   B. 老年人血管硬化，管壁狭窄，容易导致收缩压增高
   C. 味蕾和唾液没有明显变化
   D. 老年人肾小球滤过率下降
   E. 老年人触觉减退导致温度识别能力下降
2. 老年人基础体温比成年人低，主要因为其体温调节功能随年龄增长而逐渐下降。70 岁以上的老年人感染后症状不典型，发热表现可为体温高于自身正常体温
   A. 1.5℃　　B. 1℃
   C. 2℃　　D. 3℃
   E. 0.5℃
3. 王护士询问刚入院的李阿姨能否独立完成日常基本生活，这是哪项老年综合评估的内容
   A. 躯体功能状态　　B. 行为能力
   C. 认知功能　　D. 心理功能
   E. 社会环境因素
4. 老年人由于视力、听力下降，护士在与其沟通时，保持音量适中，语速平缓，时刻观察老年人给予的反馈，这个做法符合以下哪项评估注意事项
   A. 评估全面　　B. 资料真实
   C. 时间充足　　D. 使用恰当的沟通技巧
   E. 环境安全
5. 下列哪项是老年人常用的静平衡测试方法
   A. 站立静止平衡　　B. 坐下-起立计时
   C. 6 米行走计时　　D. 下蹲计时
   E. 以上都是
6. 关于老年人认知功能评估，描述**不正确**的是

A. 认知包括记忆、语言、视空间、执行、计算和理解判断等
B. MMSE 是临床上常用的操作简便的认知功能测验
C. MMES 评估时，非专业人员也可以使用
D. MMES 评估结果因文化程度不同而不同
E. MoCA 评价的认知领域更多并且更加复杂

7. 日常生活活动能力是指人们实现生活需要每天必须进行的反复性的基本动作，一般评估
A. 基本日常生活活动能力，工具性日常生活活动能力
B. 基本日常生活活动能力，行为日常生活活动能力
C. 工具性日常生活活动能力，社交日常生活活动能力
D. 工具性日常生活活动能力，情感日常生活活动能力
E. 社交日常生活活动能力，行为日常生活活动能力

8. 关于 GDS-15 描述**不恰当**的是
A. 被广泛用于测量老年人的抑郁水平
B. 其简短并易于操作
C. 该量表评估最近 1 周以来老年人的抑郁状况
D. 各条目使用五级评分
E. 分数越高，表示抑郁症状越明显

9. 根据一般划界，汉密尔顿焦虑量表（HAMA）14 项版本分界值为
A. 13 分　　B. 14 分
C. 15 分　　D. 16 分
E. 17 分

10. 对老年人的社会健康状况和社会功能进行评定属于下列哪项评估内容
A. 躯体功能状态评估
B. 心理健康评估
C. 功能评估
D. 角色评估
E. 社会状况评估

11. 使用社会支持评定量表评估时的注意事项，描述**不确切**的是
A. 包括客观主持、主观支持、支持利用度
B. 适用于所有老年人
C. 该量表可由医生、护士、家属或者老年人本人进行评定
D. 总分越高，表明社会支持程度越高
E. 总分小于 10 分时，为获得社会支持较少

12. 对老年人进行居家环境安全评估时，设置描述**不恰当**的是
A. 光线充足
B. 室内温度在 24～26℃
C. 地面平整、干燥、无障碍物
D. 床高度在老年人膝盖下、与其小腿长基本相等
E. 紧急电话号码放在易见、易取的地方

13. APGAR 家庭功能评估表共包括几个维度
A. 4　　B. 5
C. 6　　D. 7
E. 8

14. 老年评估时的文化水平评估的主要目的是
A. 评估老年人能够承担的角色
B. 评估老年人可以付出的方向
C. 了解老年人的文化差异,制订符合老年人文化背景的具有个体特色的护理措施
D. 了解老年人对不同文化理解的水平
E. 了解老年人喜爱阅读的书籍

（肖树芹）

第6章 常见老年综合征的护理

学习目标

1. 素质目标　遵循“以人为本，服务至上”的老年护理理念，培养学生人文关怀意识。

2. 知识目标　掌握衰弱、营养不良、慢性疼痛、认知症、睡眠障碍、晕厥、谵妄、焦虑、抑郁、吞咽障碍、视力障碍、听力障碍、尿失禁、便秘、跌倒、压力性损伤等老年常见综合征的概念、评估内容、治疗要点、护理诊断、护理措施及健康指导；熟悉常见老年综合征的病因和护理评估。

3. 能力目标　能全面评估和收集常见老年综合征患者资料，准确提出护理诊断，制订护理计划和实施，并能开展有效的健康指导。

第1节　衰弱患者的护理

案例 6-1

患者，女，77 岁，身高 160cm，独居。经常自言自语，食欲差，常常头晕、头痛、怕冷、睡眠差，腿脚也越来越僵硬，走路都是颤颤巍巍的，因怕跌倒行走时用上了拐杖。近一年来体重下降 6kg，卧床近 5 天，近期反复感冒致重症肺炎而入院，测 T 37℃，P 90 次/分，R 20 次/分，BP 110/60mmHg，肌力 4 级。

问题： 1. 患者的护理诊断是什么？

2. 如何对患者进行护理？

3. 应对患者进行哪些健康指导？

一、概　　述

（一）概念

衰弱（frailty）是指患者生理储备降低和多系统功能失调使机体对应急事件的易感性增加，应对内外应激能力和维持内环境稳定能力降低的一种临床状态，这种状态增加了失能、跌倒、谵妄，甚至死亡等负性事件的发生率。

因衰弱评估方法的不同，各文献报道的患病率也不尽相同。65 岁以上社区老年患者衰弱发生率 10%～25%，85 岁以上社区老年人衰弱发生率 30%～45%，住院老年患者衰弱发生率大于社区老年患者，女性衰弱发生率大于男性。衰弱患者的致残率和死亡率均高于非衰弱患者，住院期间不良事件的发生风险高于非衰弱患者。

（二）病因

引起老年患者衰弱的原因需从多方面进行评估。

1. 社会人口学因素　高龄、女性、文化水平低、经济状况较差、未婚或丧偶、独居、社会支持差者更易发生衰弱。

2. 骨骼肌改变　出生时的体重、体内血管紧张素抑制剂的含量、蛋白质及热量等营养摄入不足、体力活动减少等都会导致增龄骨骼肌质量逐年下降，肌肉质量减少会伴随出现肌肉力量和（或）躯体功能的下降，衰弱发生的风险增高。

3. 神经-内分泌与免疫系统失调 基因表达改变、DNA 氧化损伤、端粒缩短、肌细胞衰老可能使体内神经内分泌和炎性介质失调，导致肌量减少，引起老年衰弱综合征。

4. 营养不良 衰弱与能量摄入少于 21kcal/（kg·d）和蛋白质摄入不足明显相关。

5. 疾病 慢性疾病通过炎症和（或）对心肺功能的影响诱发衰弱。

（三）分类

1. 原发性衰弱 衰弱的发生不与某种疾病相关，是内部生理性老化的结果。机体的储备功能不足，耐受应激能力下降，动脉硬化、潜在的慢性炎症等都会加重衰弱的过程。

2. 继发性衰弱 与某些已知的消耗性疾病如癌症、心力衰竭等相关。

二、护 理 评 估

（一）健康史

评估患者的一般情况，包括患者的性别、年龄、职业、生活方式、饮食习惯、体重指数等，是否存在引起患者衰弱的危险因素，了解患者的疾病史、多重用药史、家族史等。

（二）身心评估

1. 症状与体征 症状：虚弱，极易疲劳，活动量减少，厌食，不明原因体重下降，易感染，行动缓慢；也可出现波动性失能，患者可出现功能状态的急剧变化，常常表现为功能独立和需要人照顾交替出现。体征：骨骼肌肌肉减少，平衡差，失用性肌萎缩、营养不良。

2. 并发症 跌倒、谵妄、肌少症等。最主要的并发症是肌少症，与增龄相关的进行性、全身性的肌量减少、肌力减少和肌肉功能减退。

3. 心理-社会状况 患者因身体各项功能减退，活动量降低，参与的社会活动减少，可能会存在孤独、寂寞等不良的心理状态，进一步可能发展为焦虑、抑郁，严重影响患者的生活质量。应评估患者的不良情绪，对其进行心理疏导，并指导照护者给予其心理支持。

（三）环境评估

衰弱患者需要关注居家环境的安全性。包括居室、楼梯光线是否充足，温度是否适宜，地面是否平整、干燥、无障碍物，家具放置是否稳固，台阶高度是否合适、台阶之间是否有明显的色彩差异，浴室门是否内外均可打开，便器高低是否合适、有无扶手设施。

（四）辅助检查

目前对衰弱诊断的研究有很多，但缺少公认的“金标准”。

1. 衰弱筛查量表 营养与老化国际学院的老年顾问小组提出了快速、简易可行的筛查方法，即衰弱筛查量表（表 6-1），5 个问题中符合 1～2 条，考虑衰弱前期，满足 3 条考虑衰弱，其可供在基层医疗机构和养护机构中应用。

表 6-1 衰弱筛查量表

衰弱条目	询问方式
疲乏（fatigue）	您感到疲劳吗
阻力（resistance）	您能上一层楼梯吗
自由活动（aerobic）	您能行走一个街区的距离吗（500m）
疾病（illness）	您患有 5 种以上疾病吗
体重下降（lost）	您在最近 1 年内体重下降超过 5%了吗

2. 临床衰弱评估量表　计算衰弱指数比较准确，可靠且敏感，采用了临床参数、认知损伤和日常功能情况，从临床主观判断将患者分为 7 个等级（表 6-2）。

表 6-2　临床衰弱评估量表

衰弱分级	具体测量
非常健康	精力充沛、积极、动机明确，适应力强、规律运动，在同龄者中健康状况最好
健康	无活动性疾病，但健康程度略逊于第 1 类
维持健康	相比于第 4 类，临床症状控制良好
脆弱易损伤	无明显依赖，但常抱怨“行动变慢”或有疾病症状
轻度衰弱	IADL 部分依赖
中度衰弱	IADL 和 ADL 均有依赖
重度衰弱	ADL 完全依赖，或疾病终末期

考点：衰弱的评估方法

三、治疗要点

1. 预防　最好的干预就是预防。对高龄、共病的患者均应行老年综合评估，通过筛查发现衰弱患者，帮助他们确立治疗目标。

2. 药物治疗　纠正任何一种激素不足或任何一种系统缺陷，均不能预防或治疗衰弱。

四、主要护理诊断/问题

1. 自理能力下降　与增龄、多种疾病共存等有关。

2. 活动无耐力　与衰弱导致的疲劳感有关。

3. 营养失调：低于机体需要量　与日常能量摄入不足有关。

4. 有跌倒的危险　与平衡功能和步态受损有关。

五、护理措施

（一）一般护理

1. 环境与设施　室温应以 22～24℃为适宜，湿度为 50%～60%；注意室内的采光和照明，或在不妨碍睡眠的前提下安装地灯；居室内陈设简洁，家具转角处设计为弧形以免碰伤患者；浴室的地板应放置防滑垫，厕所内应设置扶手设施；浴室门里外均可打开，以便患者出现不适时可及时获得救治。

2. 饮食护理　营养干预能改善营养不良衰弱老年人的体重下降，降低病死率，但在非营养不良的衰弱人群中尚缺乏足够证据支持。

（1）调整膳食结构，增加营养补充剂，纠正不良饮食习惯等。

（2）日常饮食中，要注意荤素搭配，保证摄入足量优质蛋白质，肾功能正常的老年人蛋白质目标量为 1.0～1.5g/（kg · d），衰弱合并肌少症的患者需要 1.2g/（kg · d），应激状态时需要 1.3g/（kg · d）。特别是富含亮氨酸等必需氨基酸的乳清蛋白联合维生素 D 可以增加肌量和爬楼梯的能力。

（3）补充维生素 D，当患者血清 25-羟维生素 D 水平＜100nmol/L 时可考虑给予每天补充 800U 维生素 D，以改善下肢力量和功能。

（二）症状护理

1. 共病和多重用药　多病共存是衰弱的潜在因素，如抑郁、心力衰竭、认知障碍等，均可促进衰弱的发生与发展。应积极管理患者的现患疾病，尤其是重视处理可逆转的疾病。

2. 多学科团队合作　应以患者为中心，与多学科团队合作，老年长期照护和住院患者的急性照护均应以提高功能为目标。社区的衰弱患者，通过减少护理需求及跌倒，降低入住医疗机构风险及其他负性临床事件的发生。入住护理机构和住院的衰弱患者，采用针对性的康复训练改善患者的步行能力，减少活动受限。

3. 预防并发症 协助中、重度衰弱患者完成日常生活护理，对症护理，预防并发症。

（三）康复护理

运动有助于改善衰弱症状，提高躯体运动功能，改善认知状况和情绪，提高骨密度，降低跌倒发生率等。可指导患者根据个人兴趣、训练条件和目的选择运动方式、运动强度和运动频率进行自我锻炼。阻抗运动与有氧耐力运动是预防及治疗衰弱状态的有效措施，重度衰弱患者可选用被动运动的方式进行康复。采用运动处方（如抗阻力运动、有氧运动等）和传统中医运动疗法，有助于强壮筋骨，提高运动功能，促进患者平衡能力、肌肉力量的改善，减轻慢性疼痛。患者住院期间提供辅助性、适应性器具，以帮助患者早期活动。

（四）心理护理

减少患者社会经济和环境中的应激源，可延缓衰弱的进展。指导患者要对生活充满信心，积极寻找生活中的乐趣；根据身体条件，培养广泛的兴趣爱好；保持心胸开阔、情绪乐观。特别是独居患者，通过放松、参加社交活动等方式释放不良情绪，如焦虑、抑郁等。

链 接 基层医疗卫生机构在衰弱预防中的作用

社区卫生服务中心等基层医疗卫生机构应建立居民健康档案，组织居民健康检查、普及衰弱自我筛查、跌倒风险筛查、营养风险筛查、认知筛查等，建议将老年人快速综合评估作为其健康档案的必需部分，每年进行 1 次快速综合评估，发现老年人潜在问题，预防衰弱；开展社区老年人衰弱及其相关危险因素的健康教育，可充分发挥互联网、物联网优势，建设智能社区医疗服务；对伴有慢性疾病、多重用药的老年人定期门诊随访，规范药物处方；定期组织应对培训，增强社区医务人员对老年人衰弱预防的意识和能力；对伴有严重老年综合征等的老年人及时转往上级医院就诊。

六、健康指导

1. 指导患者有效控制慢性疾病，积极治疗原发病。有效控制自身慢性疾病是防治衰弱的重要措施之一。

2. 指导有条件的社区机构对患者定期进行家庭访视。家庭访视能够识别未满足的医疗护理和社会需求，并提供监督和支持，促进健康。

医者仁心

“国际成就奖”获得者章金媛

章金媛，做了 45 年的临床护士，1992 年退休后到各个医院里面去做评审员，发现医院的患者来来往往都是那些老患者，今天在这里治好了明天又来了，原来患者回家后不是药忘记了吃，就是家里人没有很好地照顾他们。就这样，本应颐养天年的章金媛又做起了熟悉的护理工作。2000 年，71 岁的章金媛和其他 16 名退休同仁自发成立“江西省红十字志愿护理服务中心”，将护理专业实践延伸到社区，为社区居民提供免费的健康教育、家庭护理等服务。截至 2023 年，她和团队志愿者服务时数共计十二亿两千零二十万个小时，受益者近 70 余万人。章金媛荣获 2023 年“国际成就奖”，这是全球护理界及健康领域最负盛名的奖项之一。章前辈一心为民，大爱无疆的精神为我们护理人员树立了榜样。

第 2 节　营养不良患者的护理

案例 6-2

患者，男，73 岁。血压高 10 余年，长期服用降压药。儿子在国外工作，每半年回来看望一次，身体状况良好，但老伴去年去世，患者目前独自一人生活，生活基本能够自理，但患者自老伴去世后活动减少，食欲下降，进食量减少，尤其肉制品摄入减少，口味偏重，吃得偏咸，血压也较之前增高，近一年来体重下降超过 5kg。

问题： 1. 患者在饮食方面出现了什么问题？

2. 如何对患者目前的症状进行饮食护理？

一、概　　述

（一）概念

营养不良（malnutrition）是指能量、蛋白质及营养元素缺乏或过剩。通常指的是摄入不足、吸收不良或过度损耗营养素所造成的营养不足，以及暴饮暴食或过度摄入特定的营养素而造成的营养过剩。

（二）病因

老年人营养不良的原因较为复杂，尚未完全阐明。

1. 生理因素　患者日常生活能力下降，体力、有氧活动减少；味蕾数量减少、视嗅听觉减退等，使患者感觉食物淡而无味，失去享受食物香味的愉悦感受和难以感受到食物颜色对食欲的刺激作用。

2. 疾病因素　某些慢性消耗性疾病的促炎细胞因子可激活身体炎性反应，作用于中枢神经，影响食欲，典型代表是恶病质，饥饿或疾病使食欲缺乏、乏力、贫血和全身衰竭。

3. 进食功能异常　患者经口摄入的功能异常，与口腔相关的功能异常，都会影响其营养吸收。

4. 饮食习惯　患者由于长期摄入的饮食种类单一，饮食结构不合理，热量和蛋白质的摄入过少，均会出现摄入营养素失衡。

5. 药物因素　患者多病共存长期服用多种药物，或一种疾病需要长期服用多种类型的药物，服药期间会出现恶心、味觉和嗅觉下降，口腔干燥使食欲减退，脂肪性腹泻，蛋白丢失，维生素缺乏，水盐代谢紊乱等直接或间接地妨碍营养物质的吸收。

6. 心理社会因素　患者营养知识缺乏、自理依赖、家庭照护不足、经济条件差等因素，以及焦虑、抑郁、亲人丧失、恐惧、偏执、痴呆等因素，导致营养摄入减少。

（三）分类

1. 干瘦型或单纯饥饿型　多见于能量摄入不足的慢性疾病或长期饥饿的患者。

2. 低蛋白血症型或急性内脏蛋白消耗型　长期蛋白摄入不足，常见于严重的外伤、感染、大面积烧伤等引起的炎症反应。

3. 混合型　蛋白质和能量均摄入不足所致，为最严重的一类营养不良，常发生在疾病终末期。

4. 营养过剩　是机体摄入能量远超过机体消耗的能量，造成的能量储备现象。过多的能量往往是以脂肪的形式储存在皮下组织、内脏器官的周围，以及腹部网膜上。

二、护 理 评 估

（一）健康史

评估患者的一般情况，包括性别、年龄、职业、受教育程度、婚姻状况、体重、生活方式等。询问患者的进食能力，如食欲、饮食嗜好、咀嚼功能、味觉、嗅觉有无改变，注意有无牙齿松动或脱落、口腔炎、舌炎、水肿、腹水、恶病质，伤口愈合等情况。关注其基础疾病的性质、种类和严重程度。评估是否正在服用引起食欲减退的药物。

（二）身心评估

1. 症状体征

（1）干瘦型或单纯饥饿型营养不良主要表现为严重的脂肪和肌肉消耗，皮褶厚度减少等。

（2）低蛋白血症型或急性内脏蛋白消耗型营养不良患者主要表现为脂肪储备和肌肉组织可在正常范围内，而生化指标明显异常，如血浆白蛋白值、内脏蛋白水平迅速下降，患者出现周身水肿，眼睑和身体低垂部位水肿，伤口愈合延迟，免疫功能下降等。

（3）混合型营养不良患者，本身能量储备少，在应激状态下，蛋白可急剧消耗，易出现感染、伤口不愈合等并发症，病情较严重。

上述三种类型均可出现头发干燥易脱落，萎靡不振，指甲脆弱有横沟，无食欲，肝大，常有腹泻和水样便。并都可伴有其他营养素缺乏的表现，如缺铁时出现疲倦、嗜睡、失眠、头疼、注意力分散等，缺 B 族维生素时出现情绪化、记忆力减退、眼睛干涩、溃疡等。

（4）营养过剩主要表现为肥胖，身材显得矮胖、浑圆，手指、足趾粗短，手背因脂肪增厚而使掌指关节突出处皮肤凹陷，骨突不明显，常伴随血压、血脂、血糖等的升高。

考点： 营养不良的主要症状体征

2. 并发症 营养不良导致患者的抵抗力下降，患感冒、感染性疾病的风险增加。同时，体内骨质的流失，患者易患骨质疏松，发生骨折的风险增加。营养过剩者活动时可出现轻度气促，睡眠时打鼾，过度肥胖者可伴随出现高血压病、糖尿病、痛风等。

3. 心理-社会状况 孤寂、人际交往减少等带来寂寞感和失落感、生活兴趣减少，进而影响进食。

（三）环境评估

评估患者进食时的气氛，同时评估食具选择是否恰当、桌面的大小高低是否适宜、周边的环境及设备对进食是否产生影响。

（四）辅助检查

1. 体格检查 评估患者头发、面色、眼唇、口舌、牙齿、牙龈、面部（水肿）、皮肤、指甲、心血管系统、消化系统和神经系统等情况。

2. 实验室检查 主要检测人血白蛋白（albumin，ALB）、前白蛋白、血清胆固醇等的水平，以及机体有无水肿和脱水的情况。

3. 人体测量方法 测量身高、体重、小腿围、上臂围、腰臀比、肱三头肌皮褶厚度、肩胛下皮褶厚度等。计算体重指数（body mass index，BMI），BMI=体重（kg）/身高（m）^{2}；BMI＜18.5kg/m^{2}判断为营养不良。

4. 营养不良筛查 筛查和评估的量表有很多,《老年患者肠外肠内营养支持中国专家共识》和《老年医学（病）科临床营养管理指导意见》均推荐应用微营养评估表或营养风险筛查 2002（NRS2002）量表。

（1）微型营养评定量表 包括近 3 个月是否由于消化功能、吞咽功能、咀嚼功能、食欲下降等原因导致进食减少，BMI，近 3 个月有无体重减轻，近 3 个月是否存在精神压力或疾病，活动能力和神经精神疾病等 6 个方面的简单问题（表 6-3）。如果不能获取患者的 BMI，可用小腿围（CC）来代替，CC＜30cm 记 0 分，＞30cm 记 3 分。12～14 分为营养状况正常；8～11 分为有营养不良风险，如果低于 7 分即具有营养不良，应尽早进行营养干预。评估过程仅需时不到 10 分钟。

表 6-3　微型营养评定量表

序号	项目	评分方法	得分
1	近 3 个月是否由于消化功能、吞咽功能、咀嚼功能、食欲下降等原因导致进食减少	0=严重的食物摄入减少 1=中度的食物摄入减少 2=食物摄入无改变	
2	近 3 个月有无体重减轻	0=体重减轻＞3 kg 1=不知道 2=体重减轻 1～3 kg 3=无体重减轻	
3	活动能力	0=只能卧床或坐轮椅 1=能离开床或椅子，但不能外出 2=可户外活动	
4	近 3 个月是否存在精神压力或疾病	0=是 1=否	
5	神经精神疾病	0=严重老年性痴呆或抑郁 1=轻度 2=无	
6	体重指数（BMI）（kg/m^2）	0=BMI＜19 1=19≤BMI＜21 2=21≤BMI＜23 3= BMI≥23	

（2）NRS2002 量表　是一个在住院患者中广为使用的营养风险筛查工具，包括疾病严重程度、营养状况指标和年龄三部分，其中疾病严重程度和营养状况指标评分均为 0～3 分。因无法站立或严重胸腹水而未得到准确 BMI 者，如无肝肾功能明显异常，用 ALB 代替 BMI。ALB＜30g/L 为 3 分。总评分＞3 分者，认为存在营养风险，需制订营养治疗方案，给予营养支持干预。总评分＜3 分，则认为暂时无营养风险，定期重新评估。

表 6-4　NRS2002 量表

项目	内容	得分
营养状况指标	正常营养状态	0
	3 个月内体重减轻＞5%，或最近 1 周进食量减少 25%～50%	1
	2 个月体重减轻＞5%，或 BMI18.5～20.5kg/m^2，或最近 1 周进食量减少 50%～75%	2
	1 个月内体重减轻＞5%，或 3 个月内减轻＞15%，或 BMI＜18.5kg/m^2，或人血白蛋白＜35g/L，或最近 1 周进食量减少 75%～100%	3
疾病严重程度	骨盆骨折或者慢性疾病合并有以下疾病：肝硬化、慢性阻塞性肺疾病、长期血液透析、糖尿病、肿瘤	1
	腹部重大手术、卒中、重症肺炎、血液系统肿瘤	2
	颅脑损伤、骨髓抑制、ICU 患者[急性生理学与慢性健康状况评分系统（APECH Ⅱ）＞10 分]	3
年龄	＜70 岁	0
	≥70 岁	1

三、治疗要点

患者的治疗管理重点坚持以下原则。

1. 尽早纠正低血容量，以及酸中毒、低钠、低钾等水、电解质及酸碱平衡紊乱。

2. 根据年龄、BMI、是否禁食、原发病及同一疾病的不同病程、引流量和是否伴随心、肺、肾脏疾病，选择合适的营养支持途径。给予适量的能量和营养物质，制订个体化的营养支持方案。

3. 患者严重营养不良时从半量开始，再逐步增至全量，防止发生再喂养综合征。

4. 在纠正营养不良的同时，积极治疗原发疾病。

四、主要护理诊断/问题

1. 营养不良：低于（或高于）机体需要量 与能量、蛋白质摄入不足（或过量）有关。

2. 有感染的危险 与免疫功能低下有关。

3. 有皮肤完整性受损的危险 与水肿或长期卧床有关。

4. 潜在并发症：低血糖等。

五、护 理 措 施

（一）一般护理

1. 饮食护理

（1）热量 在无特殊状况下 65 岁以上男性所需热量为 2400kcal/d，女性为 1800kcal/d；到 75 岁之后男性降为 2050kcal/d，女性降为 1600kcal/d。

（2）蛋白质 为维持健全的免疫系统及身体各系统的功能，患者对蛋白质的摄取尤为重要。患者每千克体重约需 1kg 蛋白质，并且动物蛋白质的摄取量占每日蛋白质总摄取量的 1/3。

（3）糖类 足够糖类的摄取可以避免身体利用蛋白质来提供热量，全根茎类食物除了含有丰富的糖类成分之外，还富含维生素、矿物质和膳食纤维，可作为主食。

（4）脂肪 动物性脂肪含较高比例的饱和脂肪酸和胆固醇，会导致动脉硬化、心血管疾病，因此应注意所摄取脂肪的来源、种类和摄取量。

（5）微量元素 由于胃部疾病或胃酸和内在因子分泌不足，维生素 B_{12} 吸收不足，应补充此种维生素。建议补充维生素 D 防止骨质疏松。

（6）摄入充足的食物 采用多种方法增加食欲和进食量，饮食应少盐、糖、油。

（7）制作细软食物，将食物切小切碎，或延长烹调时间。少量多餐，进餐次数可采用三餐两点制或三餐三点制。

（8）高龄和咀嚼能力下降者，饭菜应煮软，如制成软饭、稠粥、细软的面食等；对于有吞咽障碍者，可选择软食、半流质或糊状食物，液体食物应适当增稠。

（9）贫血、钙和维生素缺乏者，遵照营养师的指导，减少摄入影响营养素吸收的食物，如酒、浓茶、咖啡等。

（10）养成定时和主动饮水的习惯。告知患者正确的饮水方法是少量多次、主动饮水。每天的饮水量应以 1500～1700ml 为宜，首选温热的白开水。

（11）摄入含优质蛋白质的食物，如鱼类、乳类及大豆制品等。多吃富含 ω-3 多不饱和脂肪酸的海产品，如海鱼和海藻等。

2. 口腔护理 每天清洁口腔，可增进食欲，预防口腔感染。

3. 皮肤护理 长期卧床及认知障碍者应每日清洁皮肤，定时翻身防止局部受压，促进血液循环，皮肤干燥者可涂抹润肤乳。

（二）病情观察

观察患者每日的饮食情况，有无食欲减退、消化不良等情况。定期监测患者的体重变化，血白蛋白、胆固醇等血液指标的变化。使用量表定期评估患者营养不良的发生风险及营养干预的效果。观察患者感染、高血压、高血糖等并发症的发生情况。

（三）营养支持护理

1. 肠内营养　床头抬高 30°，监测胃内残留物，预防误吸和肺部感染。出现恶心、腹泻等胃肠道并发症时，可减慢输注速度，遵医嘱使用抗腹泻的药物。常规监测血糖、体重等预防代谢相关并发症的出现。定期冲洗防止喂养管堵塞，做好局部皮肤的护理，防止插管部位的感染和损伤。注意给药前后停止喂养 15 分钟左右，避免营养液与药物之间的相互作用。

2. 肠外营养　需每日监测生命体征、体重、导管等，观察血脂、肝肾功能状况。输注要缓慢，避免过多喂养，观察患者再喂养综合征的表现。定期冲洗导管，进行无菌护理，避免导管相关性感染及堵塞等。

（四）心理护理

在社区中应充分开展教育宣传工作，教育子女、亲属重视对患者的陪伴，加强患者与家人的沟通交流；建议其积极参加社区活动，改善情绪，避免孤独。

考点：营养不良的饮食护理

六、健 康 指 导

1. 积极参加户外活动　适量的户外活动能够让患者更好地接受紫外线照射，有利于体内维生素 D 合成，延缓骨质疏松和肌肉衰减的发展。一般情况下，每天户外锻炼 1～2 次，每次 30～60 分钟，以轻度的有氧运动为主。

2. 多学科联合制订营养计划　通过均衡的饮食来摄取适量的能量和营养素。应鼓励患者尽可能长期地保持均衡的饮食，及时做好口服补充、管饲补充及肠外营养工作。

3. 保持适宜体重　患者胖瘦要适当，体重过高或过低都会影响健康，患者的 BMI 宜不低于 20.0kg/m^2，最高不超过 26.9kg/m^2。

4. 鼓励积极交往　良好的沟通与交往是促进患者心理健康、增进食欲、改善营养状况的良方。患者应积极主动地参与到家庭和社会活动、主动参与烹饪，常与家人一起进餐，独居者可参与集体用餐或多与亲朋一起用餐和活动，以便摄入更多丰富的食物。

第 3 节　慢性疼痛患者的护理

案例 6-3

患者，女，63 岁。平素健康，近半年来出现活动后关节疼痛，上楼梯时加重，日常活动也出现四肢关节疼痛情况，去医院检查后，发现有关节炎合并关节退行性病变，骨密度严重下降，骨量减少等。

问题：1. 对患者采取的非药物缓解疼痛的方法有哪些？

2. 在对患者的关节疼痛护理过程中有什么注意事项？

一、概　　述

（一）概念

疼痛（pain）是由感觉刺激而产生的一种生理、心理反应及情感上的不愉快经历，包含痛觉和痛反应，是多种疾病的共有症状，被称为第五生命体征。慢性疼痛是指连续的或反复发作的持续性疼痛，疼痛持续时间超过 3～6 个月，或超过急性病一般的进展，或者超过受伤愈合的合理时间，并对患者的健康状况、功能水平和生活质量产生不利影响。慢性疼痛在65岁以上的患者中较常见，如头面痛、颈肩痛、腰背痛、骨骼肌肉软组织痛、内脏痛等。

老年慢性疼痛特点包括：①持续疼痛时间长，一般持续3个月以上；②原因复杂，常伴随多种基础疾病如骨关节痛、恶性肿瘤、糖尿病等；③通常有多种表现疼痛的方式，如表情、声音、走路姿势等；④缺乏典型交感神经症状；⑤除躯体疾病外，常伴有心理疾病；⑥需要综合治疗，单一治疗不能缓解疼痛；⑦受知识层次的影响，无法正确表达疼痛，容易延误疾病的诊断和治疗；⑧有很多疼痛病因不可治愈，如晚期恶性肿瘤；⑨老年人对疼痛治疗不积极，认为其为衰老的一种正常结局。

（二）病因

过冷或过热的温度刺激，强酸、强碱等化学刺激，刀切割、针刺、肌肉受压等物理损伤，疾病造成组织缺血缺氧等病理因素，焦虑、抑郁、恐惧等心理因素，都会刺激神经末梢而导致疼痛，除此之外，对疼痛的敏感度、个体的疼痛经验和态度、对疼痛的反应、社会支持系统，以及治疗和护理因素，都会对疼痛产生影响。

（三）分类

根据发生部位及传导途径分类。

1. 皮肤痛 皮肤受到一定强度理化刺激后产生，其特点是定位准确清楚。

2. 内脏痛

（1）真性内脏痛 内脏本身受到刺激时产生的疼痛。其特点是发生缓慢而持续，定位不够准确，对刺激的分辨力差，表现为钝痛、酸痛、烧灼痛。机械性牵拉、缺血痉挛和炎症刺激是导致内脏疼痛的常见原因，其对切割不敏感。

（2）体腔壁痛 指体腔的壁层受到刺激时产生的疼痛，如胸膜或腹膜受到炎症、牵拉等刺激时导致的疼痛。表现为剧烈的针刺样或刀割样痛，最大特点是体位变化、咳嗽时加剧。

3. 牵涉痛 内脏疾病可在体表的某一部位产生痛觉或痛觉过敏区。如胆囊炎可放射到右肩痛，心绞痛可出现左肩及左臂内侧疼痛。

4. 深部痛 指肌肉、肌腱、筋膜与关节疼痛。

二、护理评估

（一）健康史

1. 一般情况 评估患者的性别、年龄、职业、受教育程度、婚姻状况、体重、生活方式等。

2. 疼痛的评估

（1）询问患者现病史，动态评估疼痛强度、时间、部位、特点、伴随症状、与季节气候的关系，疼痛的规律，缓解疼痛的方式，影响疼痛的原因等。

（2）评估疼痛的性质，如针刺样、火烧样、刀割样、蚁走感、异物样。

（3）询问既往和目前用药物情况，意识、语言状态，能否合作，对日常生活的影响，痛觉敏感度，以及认知功能是否改变，了解疼痛感受。

（4）对认知障碍或语言受损的患者，应用非言语疼痛行为来评估。

（二）身心评估

1. 症状体征 疼痛可呈多元性相互交叉的表现，慢性疼痛的病因不同，其临床表现不同，与所患疾病的种类，病情的严重程度等有关。

2. 并发症 慢性疼痛首先会导致自主神经系统功能紊乱，如睡眠障碍、情绪紧张、心慌、易出汗、焦虑抑郁等；其次，患者食欲下降、恶心呕吐，逐渐消瘦，出现消化系统功能紊乱等。

3. 心理-社会状况　评估患者是否出现易激惹、抑郁等不良心理状态，如社会活动减少、焦虑、睡眠紊乱、食欲缺乏、记忆力衰退、内分泌功能障碍、情绪不佳等。

（三）环境评估

评估环境是否寒冷、潮湿，评估采光和通风情况。如风湿性疼痛在潮湿阴冷的环境中易发病或加重；颈椎病患者需要评估环境是否寒冷，是否因长期使用空调、风扇加重病情，评估枕头高低是否合适。评估患者的社会支持情况及其疼痛的缓解状况。

（四）辅助检查

1. 体格检查　通过视、触、叩、听、嗅等方法，明确体型、面色、营养，以及皮肤表面光滑度、温湿度及弹性情况，评估是否有肿瘤及其硬度和大小，分泌物和排泄物的异味等，明确疼痛原因及疼痛加重的诱因。除常规检查外还应结合疼痛的临床特点。

（1）神经系统检查　查找运动、感觉神经损伤的体征，是否存在感觉异常、感觉过敏、感觉减退等情况。

（2）四肢关节检查　应仔细观察关节活动范围、压痛等。

（3）表情和精神状态　应注意患者的神志与表情，疼痛剧烈时，表情痛苦，或伴面色苍白、出汗等，如果精神恍惚，神志出现异常，则提示为心理、精神因素所致的疼痛。

（4）体位和步态　应注意观察患者的步态和体位，如一侧下肢出现疼痛时呈减痛步态，坐骨神经痛时常有间歇性跛行，强迫俯卧位时常见脊柱或背部肌肉疾病，颈部活动受限多见于颈椎疾病后颈部肌肉病变，胃肠痉挛性疼痛发生在活动状态时，常表现为捧腹而行。

2. 疼痛强度评估工具

（1）视觉模拟评分（visual analogue scale，VAS）　为一条 10cm 长的水平线或垂直线，两端分别标有“无疼痛”和“最严重的疼痛”或类似的词，在线上标记出最能代表疼痛强度的点，测量 0 到标出点的距离即为疼痛强度评分值。VAS 可能不适用于文化水平较低或认知功能损害者。当抽象思维能力轻度受损者时，垂直型较水平型更好。

（2）数字分级评分法（numerial rating scale，NRS）　其要求患者从 0～10（或 0～5，0～20，0～100）中选择代表他们疼痛的数字，0 表示无痛，10（或 5，20，100）表示极痛。0～10 NRS 是临床最常用的量表，是老年疼痛评估的首选。

（3）面部表情量表　包括一系列进行性痛苦的面部表情，受试者选择代表其疼痛强度的面部表情。最常用的有面部表情疼痛量表（face pain scale，FPS）和 Wong-Baker 面部表情疼痛评定量表（Wong-Baker faces pain rating scale）。2001 年对 FPS 进行了修订，依次标有数字 0-2-4-6-8-10（或 0-1-2-3-4-5）以便于通用测量，自评或观察量表评分。适用于评估认知功能完整及轻至中度认知功能受损老年患者的疼痛强度。

考点：疼痛强度评估工具的使用方法

三、治 疗 要 点

1. 治疗原则　慢性疼痛治疗强调的是“多模式”方法，即药物和非药物结合。最佳治疗选择要考虑慢性疼痛和心理疾病的共存。

2. 非药物止痛方法

（1）物理治疗　包括热敷、冷敷、按摩等，刺激部位可在疼痛部位或非疼痛部位，时间常为 20～30 分钟（冰敷 10 分钟内）。按摩从心理和生理上起安慰和镇痛作用，最常见的按摩部位为背部和肩部，建议用温暖的润滑剂，动作缓慢而持久。

（2）认知疗法　包括分散注意力和放松疗法。分散注意力的策略包括与他人交谈、听音乐、看电视、唱歌等方法。简单的松弛技术包括深呼吸、腹式呼吸、打哈欠等。

（3）其他　室内给予适宜的光线和温度，环境安静，空气清新。帮助患者选择舒适的体位。进行心理干预，帮助减轻心理应激，使疼痛缓解进入良性循环。

考点：疼痛的非药物止痛方法

3. 药物止痛方法

（1）镇痛药用药原则　首先确定疼痛类型，应通过能缓解疼痛、侵入性最小、最安全的途径给药。其次药物应从小剂量开始，增幅一般为原剂量的25%～50%。下调时可每天减少25% ~ 50%，保证镇痛效果。出现不良反应时可先停药1～2次，再将剂量减少50%～70%，然后加其他镇痛药，逐渐停用原来的镇痛药。

（2）药物分类　镇痛药分为中枢抑制性镇痛药、解热镇痛药、抗炎镇痛药，以及平滑肌解痉药。

1）中枢抑制性镇痛药：如阿片生物碱类（吗啡、可待因）与人工合成品（哌替啶、阿法罗定、芬太尼、喷他佐辛等），对大脑痛觉中枢具有抑制作用，起到强大的镇痛效果。

2）解热镇痛药：如阿司匹林、对乙酰氨基酚、索米痛、赖氨酸阿司匹林等，可以抑制或减少前列腺素合成，起到镇痛作用。

3）抗炎镇痛药：如萘普生、布洛芬、氯芬那酸等，特点是消炎作用较强，镇痛效果显著。

4）平滑肌解痉药：能解除平滑肌痉挛，缓解平滑肌痉挛引起的各种内脏绞痛。

四、主要护理诊断/问题

1. 疼痛　与组织损伤、血管疾病等有关。

2. 焦虑　与担心治疗预后有关。

3. 睡眠型态紊乱　与疼痛有关。

4. 舒适改变　与疼痛有关。

五、护理措施

（一）一般护理

1. 促进患者舒适　协助取舒适体位，纠正慢性疼痛导致的不良姿势。为患者提供舒适、整洁的病室环境，确保所需物品能够伸手可及。鼓励患者诉说自我感受，协助患者寻找最佳舒适状况的方式。

2. 饮食与营养　慢性疼痛时，常引起食欲减退，引发营养不良，饮食上应注意加强营养，给予清淡易消化流质或半流质饮食，避免生冷、辛辣及油腻食物。

（二）病情观察

观察患者的生命体征，疼痛强度、时间、部位、特点、伴随症状、缓解的方式，影响疼痛的原因，观察患者的心理状态，以及用药的疗效和不良反应并记录，同时与以前的记录进行对比。

（三）症状护理

1. 颈椎病疼痛的护理　颈椎病多为椎体退行性改变，根治较难，主要为缓解症状，因此颈椎病的防护十分重要。

2. 牙痛的护理　应及时用温水漱口清除塞在牙缝里的食物，冷敷感觉疼痛的脸颊侧面，饮食上以软食为主，多注意日常口腔卫生和牙齿保健。

3. 关节疼痛的护理　如果是意外事故或跌落或感染之后发生关节疼痛，应立即就医治疗，同时注意观察有无骨折或创伤现象。避免关节长时间暴露在冷气房或寒冷的天气，以及过于潮湿的地方；每天做少量运动，洗热水浴，促进血液循环；关节疼痛有转移时需及时到医院接受治疗。

4. 腰椎间盘突出症的护理　腰椎间盘突出症是在退行性病变基础上的劳损所致，劳损又会加重椎间盘的蜕变，因此预防重点在于减少劳损，预防护理应注意保持良好的坐姿站姿，卧硬板床休息，适当进行功能锻炼，注意补钙和蛋白质营养均衡，肥胖者控制体重。

5. 三叉神经疼痛的护理　三叉神经疼痛呈周期性发作，周期可持续数周至数月，反复发作会越来越频繁，疼痛也会越来越剧烈，应帮助患者树立治疗疾病的信心。应注意避风寒，外出戴口罩，避免冷风直接刺激面部，暑天要避免空调、电扇直吹面部。

6. 癌症疼痛的护理

（1）家庭护理　非疼痛急性期时应进行体育锻炼增强体质，乙醇可以增加止痛药物的毒性，增加肝脏和肾脏的损害。因此，口服止痛药物前后不能饮酒。

（2）遵医嘱准确地给药　根据医嘱正确掌握药物的种类、剂量、服药时间和方法，观察用药后的效果和不良反应。

（四）用药护理

1. 给药前后须对疼痛程度进行评估，判断是否增加或减少药量，对中重度、持续性疼痛的患者，应 24 小时按时定量给药，同时可酌情按需给药。

2. 患者同时服用降压药物、抗凝血药物或其他药物时，应谨慎用量，减少副作用。

3. 服用中枢抑制性镇痛药时，尽量避免长时间使用，以免药物成瘾。

4. 服用解热镇痛药和抗炎镇痛药时，常出现胃痛、呕吐、哮喘、延长凝血酶原时间、抑制血小板凝集等，故患有胃、肝、血液等方面疾病，以及孕妇、过敏体质者不宜服用。

5. 服用平滑肌解痉药时，使用剂量过大时可出现口干、视物模糊、眩晕、排尿困难等副作用，凡是有青光眼、前列腺增生、幽门梗阻等疾病者应禁用，心功能不全者应慎用。

（五）心理护理

1. 保持友好温和态度，护理过程中使用礼貌、温暖的言语，并建立良好的互敬、互信的人际关系，使其保持平静舒适的心境。

2. 积极疏导情绪，引导其进行自我安慰，正确处理消极情绪，学会调节心理平衡，鼓励患者接受松弛、支持等心理治疗，进行心理疏导。

3. 鼓励多参加社会活动，培养广泛的兴趣爱好，分散疼痛的注意力。

4. 关注患者，给予心理安慰使其精神上摆脱恐惧，并教育患者及家属改变对止痛药物副作用及耐受性的错误认识，让患者从疼痛的痛苦中解脱出来。

六、健 康 指 导

1. 康复训练　帮助患者进行有针对性的功能锻炼，可有效减轻疼痛并且恢复、重建患者的生理功能和社会适应能力。

2. 知识介绍　向患者讲解疾病相关知识及疼痛的评估方法，进行疾病疼痛、镇痛药物的知识讲解和宣教，让其正确认识疼痛及其给身体带来的不良影响，正确对待镇痛药物，掌握评估方法，做到自我管理，从而有效控制疼痛。

3. 提高生活质量　帮助患者采取正确的体位，保证床单元舒适整洁，采光和通风良好，室内温度 22～24℃，鼓励患者听音乐、多关注周边事物，转移注意力，在病情允许情况下适当运动锻炼，采用太极拳、慢跑等相对缓和的运动项目，提高免疫力，提高生活质量。

链　接　你的疼痛我知道

统计数据显示，目前我国慢性疼痛患者已经超过 3 亿人，且以每年 1000 万至 2000 万的速度在增长。当慢性疼痛持续 1 到 3 个月以上，需要去进行治疗。《疼痛综合管理试点工作方案》指出，建立疼痛综合管理相关制度和流程，建立全院疼痛综合管理制度和流程，统筹各相关科室，充分运用信息技术手段，开展全院疼痛综合管理智慧化建设。医务人员在各医疗环节对患者原发疾病进行诊断及治疗的同时，应当提高疼痛管理意识，重视患者疼痛主诉，全面评估患者疼痛病情，规范开展疼痛诊疗。这对于疼痛诊疗的综合管理有着重要意义。

第 4 节　认知症患者的护理

案例 6-4

患者，男，64 岁。诊断为"阿尔茨海默病"，主要表现为记忆力、计算力下降，只能计算 10 以内加减法；记不住孩子刚说过的话，但对很久以前的事情记忆犹新；不能自行刷牙、洗脸，出现上衣下穿的情况；在家中不能找到卫生间；每到傍晚就要出门游走。因为怀疑保姆偷东西，经常发脾气。高中文化程度，简易智力状态检查（MMSE）：19 分，临床痴呆评定量表（CDR）：2 分，日常生活活动能力量表：55 分。

问题：1. 患者目前存在的护理问题有哪些？

2. 需要给予患者哪些护理措施？

一、概　　述

（一）概念

认知症是由多种致病因素导致大脑功能出现障碍，可从轻度认知功能障碍发展到中重度痴呆。本节重点以痴呆内容为例进行阐述。

轻度认知功能障碍（mild cognitive impairment，MCI）是指记忆力或其他认知功能进行性减退，但不影响日常生活活动能力，且未达到痴呆的诊断标准。痴呆（dementia）是一种以获得性认知功能损害为核心，并导致患者日常生活能力、学习能力、工作能力和社会交往能力明显减退的综合征。患者的认知功能损害涉及记忆、学习、定向、理解、判断、计算、语言、视空间功能、分析及解决问题能力等，在病程某一阶段常伴有精神、行为和人格异常。

对于既往智力正常，之后出现获得性认知功能下降（记忆、执行、语言或视空间能力损害）或精神行为异常，影响工作能力或日常生活，且无法用谵妄或其他精神疾病来解释的患者，可拟诊为痴呆。认知功能或精神行为损害可通过病史采集或神经心理评估客观证实，且至少具备以下 5 项中的 2 项：①记忆及学习能力受损；②推理、判断及处理复杂任务等执行功能受损；③视空间能力受损；④语言功能受损；⑤人格、行为或举止改变。

日常生活活动能力减退是痴呆的核心症状，对于不能完成神经心理评估者，可根据以下标准判断痴呆的严重程度：①轻度：主要影响近记忆力，但患者仍能独立生活；②中度：较严重的记忆障碍，影响到患者的独立生活能力，可伴有肛门括约肌障碍；③重度：严重的智力损害，不能自理，完全依赖他人照顾，有明显的肛门括约肌障碍。

（二）病因

痴呆是由直接和间接损害大脑的多种不同疾病或损伤引起的。阿尔茨海默病是最常见的形式，占所有痴呆类型的 60%～70%。痴呆也可能在卒中后或在某些感染（如艾滋病病毒感染）的背景下形成，或作为有害使用乙醇、大脑的重复性外力损伤（称为慢性创伤性脑病）或营养缺乏的结果。不同形式的痴呆之间界限并不分明，混合形式的痴呆常同时存在。

增加痴呆风险的因素包括：年龄、高血压、高血糖（糖尿病）、体重超重或肥胖、吸烟、饮酒过量、缺乏身体活动、与社会脱节、抑郁症。

（三）分类

痴呆按病变部位分为皮质性痴呆（阿尔茨海默病）、皮质下痴呆（血管性痴呆）、皮质下混合痴呆（路易体痴呆）和其他类型痴呆（脑外伤后）等，其中阿尔茨海默病最为常见，占所有痴呆类型的 60%～70%，血管性痴呆占 15%～20%，额颞叶变性占 5%～10%。

二、护理评估

（一）健康史

1. 一般情况 评估患者的性别、年龄、职业、受教育程度、婚姻状况、生活方式等。

2. 询问病史

（1）评估患者活动能力、语言能力、吞咽能力、排泄及睡眠状况。居家护理环境、社会支持情况及照护者的能力与需求。

（2）询问患者有无认知障碍的家族史、既往病史、现病史。

（二）身心评估

1. 症状体征

（1）认知障碍 是指认知功能受到不同程度损害的状态。认知障碍的临床表现为不同程度的记忆、语言及认知能力的下降，常常伴有人格、行为情感和精神的异常，这些障碍会引起社会功能和日常生活活动能力的改变，进而严重影响患者、家属及其照护者的生活质量。

1）记忆障碍：根据记忆时长划分，包括遗忘、记忆减退、记忆错误和记忆增强，其中遗忘又可分为顺行性遗忘、逆行性遗忘、选择性遗忘和暂时性遗忘等类型。可表现为忘记刚刚做过的事、吃过的饭、说过的话，早期远期记忆保留，后期远、近记忆均消失。

2）视空间障碍：由于对视觉获得的信息缺乏正确的识别和分析能力，造成对物体在空间的定位、定向、立体感及相互间方位等特性的认知障碍。

3）执行功能障碍：执行功能障碍是指难以制订、完善和执行计划以完成目标任务，难以处理或解决问题、转换定势，纠正错误能力降低，且不能进行创新性工作，不能对多件事进行统筹安排，不能根据规则进行调整。

4）计算力障碍：指计算能力减退，以前能做的简单计算无法正确算出，或者要经过长时间计算和反复更正。日常生活中，买菜购物不知道该付多少钱。

（2）日常生活活动能力下降 早期患者的基本生活活动能力不受限制，工具性日常生活活动能力部分受损，需要帮助维持和改善工具性日常生活活动能力，如处理财务、使用家电等；随着疾病进展，痴呆患者认知功能逐渐减退，基本日常生活活动能力降低，不能独立完成进食、清洁、排泄等事项，需要照料者给予提示执行步骤或帮助完成动作的部分步骤；疾病晚期，日常生活活动能力丧失，完全由照顾者完成。

（3）精神行为症状 患者除了记忆等认知功能损害之外，常常会出现感知觉、情感及思维行为的异常或紊乱，包括幻觉、错觉、妄想、抑郁、淡漠、易激惹、冲动行为及脱抑制行为等，这些统称为痴呆的行为和精神症状（behavioral and psychological symptom of dementia，BPSD），BPSD 不仅给患者本人带来痛苦，也加重了照料负担与疾病负担。

考点：痴呆患者的主要症状

2. 并发症 随着病情进展，患者逐渐丧失生活能力、活动能力，出现长期卧床、进食困难、尿便障碍等情况，可伴随吸入性肺炎、压力性损伤、深静脉血栓等并发症。

3. 心理-社会状况 评估患者的日常生活自理能力减退情况，基本的生理需求是否能够得到满足；照护者对病情的理解状况和支持照顾程度；照护者对患者理解程度及照顾护理的程度；家庭经济状况对治疗、护理和康复的承受能力；社区医疗服务对患者的服务程度等。

（三）环境评估

评估患者是否固定居住地点，是否容易识别。家中物品位置是否固定。家具是否有尖锐的转角，地面是否有防滑地垫，是否有帮助照明的光源，卫生间是否有扶手等。

（四）辅助检查

1. 实验室检查 血、尿常规，血生化检查均正常，脑脊液发现 $A\beta_{42}$ 水平下降，总 tau 蛋白和磷酸化 tau 蛋白增高。

2. 影像学检查 CT 检查见脑萎缩；头颅 MRI 检查显示双侧颞叶、海马萎缩。

3. 脑电图 阿尔茨海默病的早期脑电图改变主要是波幅降低和 α 节律减慢。晚期为弥漫性慢波。

4. 神经心理学检查 对阿尔茨海默病的认知评估领域应包括记忆功能、言语功能、定向力等多个领域。临床常用工具使用的量表如画钟试验、蒙特利尔认知评估量表、简易智力状态检查量表、临床痴呆评定量表、日常生活活动能力量表等。

5. 基因检查 有明确家族史的患者进行基因检测。

三、治 疗 要 点

1. 非药物治疗 预防和治疗脑血管病，有效地控制各种血管性危险因素是一项重要的治疗措施。通过认知刺激、认知康复等，改善患者的日常生活活动能力，减少非正式看护依赖，鼓励其参与各种社会活动，帮助照护者合理指导患者的生活，提高生活质量，减轻家属和社会负担。

2. 药物治疗

（1）认知功能障碍的药物治疗

1）胆碱酯酶抑制剂：增加突触间隙乙酰胆碱含量，是治疗轻、中度阿尔茨海默病的一线药物，在其治疗的 1～5 年内，可以延缓认知障碍衰退的进展，患者的认知功能和总体功能的下降程度减慢。

2）盐酸美金刚：是美国食品药品监督管理局（FDA）批准的第一个用于治疗中、重度痴呆的治疗药物，可以改善认知功能和精神行为症状，提高日常生活活动能力等各种能力。

3）银杏叶制剂：耐受性好，毒副作用弱，可以有效改善阿尔茨海默病患者的认知功能、日常生活活动能力及痴呆相关症状。

4）脑蛋白水解产物、奥拉西坦或吡拉西坦等：胆碱酯酶抑制剂、兴奋性氨基酸受体拮抗剂可作为协同治疗药物。

（2）精神行为症状的药物治疗 患者痛苦或伴随激越、冲动、攻击等行为，使自己和他人处于危险之中，是精神药物治疗的适应证。

1）抗精神药：利培酮、奥氮平和喹硫平等，副作用相对较少，安全性好。

2）抗抑郁药：帕罗西汀、氟伏沙明、氟西汀等。

3）抗焦虑及镇静催眠药：主要是苯二氮䓬类药物，如地西泮、氟西泮等长效制剂，劳拉西泮、氧西泮等中效制剂，以及咪达唑仑等短效制剂。

四、主要护理诊断/问题

1. 有走失的危险 与定向力和（或）视觉空间技能损害有关。

2. 有噎食/窒息的危险 与吞咽困难、注意力下降、进食过快有关。

3. 有跌倒/坠床的危险 与年龄、用药、步态异常、视觉空间损害有关。

4. 生活自理能力缺陷 与失认，理解力、执行力下降有关。

5. 感知觉改变 与年龄、视力下降、听力下降、理解力障碍、视觉空间功能损害有关。

6. 语言沟通障碍　与优势半球受损导致的失语有关。

7. 排尿（便）障碍　与自主神经功能受损、判断力下降有关。

8. 睡眠型态紊乱　与脑功能损伤、焦虑抑郁有关。

9. 冲动控制无效　与人格改变、幻视、幻听、妄想有关。

五、护 理 措 施

（一）病情观察

密切观察患者记忆力、执行力、视觉空间障碍等及精神行为异常的表现。患者由忘记近期发生的事情而记得远期发生的事情，发展到把远期发生的事情说成是近期发生的事情，或者远期记忆逐渐消失，自己的亲人和镜中的自己都不能认识时，提示病情加重。患者由原来可以自行进食，发展到不会使用任何工具如筷子和勺子时；由运动功能正常发展到动作幼稚笨拙，进行无效劳动和无目的的活动如翻箱倒柜、乱放东西时；由斤斤计较变为沉默，提示病情严重。患者诉说能够看到生动的不存在的物体，说明患者出现幻觉，提示出现异常精神症状。

（二）一般护理

1. 生活护理

（1）睡眠　日间促进患者参加社会活动，减少日间小睡的次数和时长，降低其喝茶或含有咖啡因的饮料的次数；晚间协助睡前泡脚或热水擦洗，睡前不要过量饮水，减少起夜的次数；房间保持适宜的温、湿度，调暗灯光，创造温馨舒适的睡眠环境，促进睡眠。

（2）穿衣　可以降低穿衣难度，为患者选择穿脱方便、款式简单、舒适的衣服，多选用套头上衣、松紧带裤子；穿衣失用的患者，使用明显标识区分衣裤。

（3）进食　协助患者每天在固定的时间、地点用餐，进餐时应关闭电视、收音机；选择其喜欢的食物、餐具以增加食欲；进食时出现饭菜遗撒的情况避免指责，多给予鼓励；照护者可给患者做示范，选择适宜的进食方式；反复进食者，告知吃饭的固定时间，展示吃过的饭菜，控制每次的进食量，少量多餐，保证每日正常的餐量，避免其反复进食；进食过快者，控制进食速度，避免食物干硬；吞咽功能异常者，可使用增稠剂改变食物性状，指导其根据情况采用点头等辅助姿势吞咽法；进食结束时检查口腔内是否有残留。

（4）如厕　按照患者生活习惯，养成定时排便的习惯；卫生间使用明显标识便于辨认，如厕困难者给予协助，便器放在易于拿取的地方；对于有二便障碍者，采取盆底肌训练、生物反馈等方法；根据需要使用集尿器、隔尿垫等。

（5）沐浴　简化沐浴步骤，沐浴前准备好所需物品，可以直接用洗发水洗头和身体；保证洗浴用具的充足，用具操作简单，可在洗浴用品上用简单易懂的图片代替文字说明。

2. 用药护理　协助患者服药，服药后要再次确认药物咽下后方可离开；指导照护者使用分装药盒摆药，不同时间的药物用不同颜色进行区分，便于发现患者漏服药或多服药；也可使用手机或服药日历记录服药情况；对于服药困难者，可将药物研碎化于水中服用。

（三）不同阶段的自力支援

痴呆早期，疾病进展相对缓慢，患者有较多机会改变和保持生活质量、参与治疗计划的制订，对将来生活计划的制订提供意见。应当关注早期痴呆患者的特定需求。帮助建立家庭护理系统，提供照料者疾病相关知识和信息。

1. 早期痴呆护理　可综合使用以下 2 种及以上非药物干预方法。

（1）躯体锻炼。在患者可耐受的范围内尽量进行关节锻炼，以提高患者的肌力、平衡和协调性。

（2）认知治疗以认知训练和记忆康复为首选。

（3）综合的娱乐性治疗（如艺术、写作、参与社交等）。

（4）参加支持性小组（持续、非时间限制）。

（5）积极改善睡眠。

（6）个性化的活动指导，提高患者的独立性（如电话的使用和兴趣爱好等）。

（7）各种提示物的使用，帮助患者维护现存功能。需要提示的是，如评估中患者病情或生活能力等状况急剧下降，应与患者的主要照料者或家属沟通。

2. 中度痴呆护理 痴呆中期，记忆力丧失、语言困难、失认、失用的症状，以及计划和决策能力的丧失均有所加重。精神行为改变在本阶段更加突出，随着疾病的进展还会出现行为和心理问题，针对行为心理问题，尽量创造安全的环境和规律的生活习惯，分散注意力、避免争执、保持耐心和理解。生活护理尽可能提供舒适环境，并以保证患者安全为第一位。根据评估结果帮助患者制订规律的生活计划，提供个性化护理；定时评估患者的安全和潜在危险。

潜在的危险如下。

（1）患者可能失去使用工具能力，而烤箱、火炉、咖啡壶、电动工具、割草机等成为潜在威胁患者安全的因素。

（2）管理好厨房用具，如刀、叉、剪刀等部分厨房用具应隐藏锁住，当不用烤炉等电器时应与插座断开。

（3）在患者可视范围内，保证摆放物品对患者安全。

（4）在某些区域关掉电、煤气。

（5）定期检测电路，在电源插座应加放电源封口。

（6）护理者可以通过一些实用的方法来帮助患者弥补认知缺陷，如设置提示物等。

（7）禁止患者单独外出，以免走失。

（8）护理人员应重视与患者的感情交流。运用包括语言、肢体语言和倾听等多种手段与患者沟通，帮助患者建立良好的社会支持系统。

（9）继续开展认知训练和躯体锻炼，此阶段虽然精神行为改变较为明显，仍应以非药物干预的方法控制、减少患者的异常行为，谨慎使用或不要使用身体约束。此时也应注意对家庭照料者进行训练，协助处理患者精神行为问题。

3. 重度痴呆护理 在重度痴呆阶段，患者生活不能自理、移动困难，失去部分认知、理解和语言能力。抑郁、激惹等精神行为问题突出。晚期护理应强调降低并发症，保证营养，预防压力性损伤，防止关节畸形和肌肉萎缩。

（1）针对痴呆患者进食障碍或厌食易致营养不良的情况，可使用营养监测量表进行监测，如应用微型营养评定量表、营养不良通用筛查工具等每月一次评估患者营养状况，防止营养不良的发生。

（2）吞咽障碍患者，进食要预防呛咳和呛噎，或予胃管进食，但胃管可能增加患者肺部感染的机会，因此应当与患者的家属充分讨论并参考患者以往的意见与计划酌情选用。

（3）保护患者的皮肤，预防压力性损伤。

（4）卧床患者应定时进行肢体关节的被动活动，保持肢体功能位置，防止关节畸形和肌肉萎缩。

（5）提供患者与家属的独处时间，使痴呆患者享有家庭生活。

（四）照护者支持

随着照护者年龄的增长，照护负担日益凸显，精力及体力的不足，让照护者感到身心疲惫。需通过多人轮流照护、提供常规的白天照料和假日照料，使照护者能够得到充分的休息。可采用科学技术支持改善患者的照护工作，减少对照护者依赖，如采用搬运设备帮助照护者移动无法行动的患者。鼓励照护者参与社会活动，如患者病友会等，学习照护知识的同时，交流照护过程中遇到的问题，缓解精神压力，减轻照护负担。

考点：痴呆患者的主要护理措施

六、健康教育

1. 宣传有关阿尔茨海默病的知识，加强对社区卫生护理人员有关痴呆发病危险因素知识的培训，对患者痴呆做到真正意义上的早期发现、早期治疗。

2. 健康干预应根据预防的需要提高社会人群对危险因素的认识，对于引起痴呆的可干预因素，如受教育程度、微量元素的缺乏、脑缺氧、高脂高盐饮食和中毒等，通过改变生活方式，培养广泛的兴趣爱好和开朗的性格等进行预防，彻底抛弃以往对痴呆的误解，对待患者一视同仁，使他们受到尊重，幸福满意地生活。

3. 告知照护者认知障碍各阶段可能出现的问题及解决方法。

4. 指导照护者设计适合认知障碍者的居家环境，使患者尽可能生活在自己熟悉的环境中，避免突然变换住所。定期检查家中不安全因素并指导照护者做好防跌倒、防走失、防压力性损伤、防冲动及防自杀等安全防护措施。

5. 教会照护者进行居家认知训练及日常生活活动能力训练的方法。教会照护者舒缓自身压力的技巧，提供相关的支持服务信息。

第 5 节　睡眠障碍患者的护理

案例 6-5

患者，女，65 岁。高血压 10 年余，退休前工作繁忙，是外资企业的财务经理，退休后半年，在家烦闷，总感觉关节疼痛，睡眠状态不佳，每天睡眠平均 3～4 小时，晨起精神萎靡，疲乏无力，食欲不佳。平时活动少，容易疲劳。

问题： 1. 影响患者睡眠的因素有哪些？
2. 促进患者睡眠的护理措施有哪些？

一、概　　述

（一）概念

睡眠障碍又称入睡和维持睡眠障碍，为各种原因引起的入睡困难、睡眠深度过浅或频度过短、早醒及睡眠时间不足或质量差。患者尽管有充足的睡眠条件和环境，却存在睡眠时间和质量的不足，并影响到白天社会功能的一种主观体验，无法入睡或无法保持睡眠状态，严重者可彻夜不眠等，影响患者的生活质量。

（二）病因

引起失眠的原因分为以下几种情况。

1. 生理性因素　患者由于新陈代谢减慢，大脑皮质功能减弱，体力活动减少，影响正常睡眠过程。随着年龄增长，入睡所需时间延长，睡眠深度变浅，早睡，睡眠节律改变等引起睡眠变化。

2. 心理性因素　患者因为营养水平下降、丧偶、独居、日常生活活动能力降低，以及对社会环境的适应能力下降，负性情绪增加，引起剧烈的情绪变化，如过度兴奋、悲伤、紧张、激动等，这些因素也会引起睡眠障碍。

3. 不良睡眠习惯 患者日间活动减少，白天睡眠时间过长，打乱正常的日夜睡眠节律，导致夜间的睡眠质量下降。睡前过度饮酒、吸烟、饮用含咖啡因饮料、剧烈活动、听激动的音乐等都会兴奋中枢神经系统而影响睡眠。

4. 躯体疾病

（1）脑部器质性疾病 患者脑动脉硬化程度逐渐加重，如伴有高血压、脑出血、脑梗死、痴呆、帕金森病等疾病的出现，可使脑部血流减少，引起脑代谢失调，产生睡眠障碍。

（2）全身性疾病 患者多有心血管疾病如冠心病、心功能不全等，呼吸系统疾病如肺气肿、肺心病等。

（3）年龄因素 随着年龄增长，对睡眠的调节能力减弱，入睡时间延长，深睡时间减少，失眠发生率高。

（4）精神疾病 患者出现精神性的疾病会导致其出现睡眠障碍，如抑郁症导致患者出现失眠的症状。

5. 医源性因素 合并用药影响患者睡眠质量，如中枢性降压药、抗帕金森病药、皮质类固醇药、内分泌激素和茶碱类药等。

（三）分类

患者常见睡眠障碍有以下几种类型，包括失眠症、睡眠呼吸暂停综合征、不宁腿综合征、快速动眼睡眠行为障碍、嗜睡症、周期性肢体运动障碍和心因性失眠等。按照临床表现的不同可分为入睡困难、夜间觉醒次数增加、睡眠时间缩短、早醒和日间疲劳，上述表现可混合存在。

二、护 理 评 估

（一）健康史

1. 一般情况 评估患者的性别、年龄、受教育程度、婚姻状况、体重、生活方式等。

2. 询问病史

（1）评估是否存在与患者睡眠障碍密切相关的疾病。

（2）询问患者是否患有精神疾病，如焦虑症、抑郁症等，以及引起认知功能下降的疾病。

（3）评估患者用药情况、有无药物依赖。

3. 影响因素

（1）睡眠习惯 评估患者睡眠质量，夜间睡眠有无间断及次数，有无睡前看电视、听音乐或者读书等可能影响入睡的睡眠习惯。

（2）外界因素 评估日常锻炼情况，平时喜好的睡眠姿势，卧室的睡眠环境，包括温湿度、通风和照明情况，睡前几小时的活动情况，是否服用镇静催眠药等。

（3）饮食习惯 有无睡前吃东西、吸烟、饮酒和喝咖啡等习惯。

（二）身心评估

1. 症状体征

（1）失眠症 是最常见的睡眠障碍，患者表现为入睡困难、夜间睡眠浅、入睡后觉醒次数增加、易醒、早醒、醒后再入睡困难等。

（2）睡眠呼吸暂停综合征 患者习惯性打鼾，睡眠中会出现呼吸暂停，每次呼吸暂停后会出现明显的打鼾，夜间睡眠多次短暂觉醒，白天嗜睡。

（3）不宁腿综合征 患者下肢难以忍受的不适感，表现为蚁走感、麻木、瘙痒感等，可导致各种睡眠障碍，如入睡困难、睡眠中觉醒次数增多、总睡眠时间减少，白天疲乏无力等。

（4）快速动眼睡眠行为障碍 患者表现为各种复杂的异常行为，如喊叫、大笑、哭泣等，这些通常与焦虑性、暴力性的梦境有关。

(5)嗜睡症　患者表现为日间出现不可抗拒的短暂性睡眠发作、猝倒发作、睡眠瘫痪和睡眠前出现幻觉四大主要特征。

(6)周期性肢体运动障碍　患者睡眠中部分肢体出现周期性的神经运动性障碍，其中以足踝部快速背缩弯、足拇指外展、膝盖和髋骨内弯最常见，可造成患者觉醒而不自知、睡眠质量下降、白天嗜睡、疲劳及易怒等。

(7)心因性失眠　指患者明显的个人心理因素引起的睡眠质量的变化，表现为入睡困难、易醒早醒、浅睡多梦甚至彻夜未眠。

考点：睡眠障碍的主要症状体征

2. 并发症　如烦躁、抑郁、警觉、活动能力下降、自主神经功能紊乱、消化功能障碍等，甚至会降低免疫功能，影响身体健康及工作效率，降低生活质量。

3. 心理-社会状况　睡眠障碍影响患者的心理状态，使其精神萎靡、情绪低沉、急躁紧张，记忆能力及思维的灵活性降低，长期的睡眠障碍会加重或诱导某些躯体疾病，甚至发生自杀行为，是威胁患者身心健康的重要影响因素。

(三)环境评估

评估睡眠环境灯光是否适宜、是否安静无噪声等。某些原因导致环境变化，或身体日渐衰弱等，不同程度地限制了患者的社交活动范围，可能使患者与社会疏远，产生抑郁情绪，焦虑不安，导致失眠。

(四)辅助检查

1. 体格检查　评估患者的疾病症状是否会影响患者的睡眠质量。

2. 客观测量

(1)多导睡眠图检测　患者睡眠过程中监测脑电图、心电图、肌电图、眼动图、血氧饱和度等生理信号，监测其睡眠生理及睡眠行为的变化。

(2)腕动记录器　需24小时佩戴在手腕上，连续记录1～2星期左右的睡眠情形，了解患者睡眠、清醒、活动的时间，以帮助确定诊断，评估失眠者的睡眠型态、治疗效果。

(3)多次小睡睡眠潜伏时间试验(multiple sleep latency test，MSLT)　是通过让患者白天进行系列小睡来判断其白天嗜睡程度的一种方法，该试验测试患者能够在多长时间入睡，是定量评价白天嗜睡严重程度最准确的电生理方法。

3. 量表评估　常用的量表有阿森斯失眠量表、临床心理学和神经心理学评估、艾普沃斯(Epworth)嗜睡量表、匹兹堡睡眠质量指数量表等，客观地评估睡眠的质和量，是睡眠障碍诊断的主要依据之一。

三、治疗要点

1. 一般治疗　进行睡眠卫生教育，培养良好的睡眠习惯，坚持规律的睡眠作息，营造良好的睡眠环境，改善或消除引起睡眠障碍的危险因素。

2. 病因治疗　积极探查和治疗引起睡眠障碍的原发疾病。

3. 药物治疗　主要包括苯二氮䓬类、褪黑素受体激动剂和具有催眠效果的其他药物。

4. 非药物治疗　认知治疗、行为治疗、放松治疗、光照疗法、中医药治疗、有氧锻炼和综合疗法等。

四、主要护理诊断/问题

1. 睡眠型态紊乱　与焦虑、抑郁、疾病困扰、不适当的刺激因素有关。

2. 焦虑 与入睡困难、正常生活受干扰等因素有关。

3. 有活动无耐力的危险 与睡眠不足、老年疾病干扰有关。

五、护理措施

（一）一般护理

1. 睡前评估 评估老年人的病情、身体和心理状况，有无如疼痛、不适等可能会影响睡眠的因素且给予正确的处理。

2. 环境护理 以环境安静舒适、安全整洁为原则。睡前根据习惯调节房间的光线和温湿度，减少大声交谈，避免噪声等。卧具清洁平整，棉被厚薄适宜，调整适宜的枕头高度。根据患者习惯做好就寝前的准备，如睡前淋浴温水泡脚、背部按摩、喝牛奶或热饮料、放松练习等。每日按时上床入睡及固定时间起床，并告知患者具体的睡眠觉醒时间或在可视范围内悬挂时钟、日历以保持时间观念。统筹安排照护时间与照护项目，尽量减少医源性的睡眠干扰，为老年人创设安静、舒适且持续性的睡眠休养环境。

3. 活动 安排规律的日间活动，如步行、打太极拳、徒手操等帮助睡眠的有氧运动，减少白天睡眠时间。

4. 心理支持 陪伴是最好的照护，用热情真诚的态度耐心倾听老年人的心理诉求，设身处地为老年人着想，给他们以安全感、信任感，引导其宣泄内心深处的压抑和不良情绪。同时协调家庭关系，动员其家属给予老年人精神上和生活上的大力支持，以消除老年人的顾虑与担忧，帮助其尽快摆脱心理因素造成的睡眠障碍。

（二）症状护理

1. 积极治疗原发病 若去除诱因后仍有入睡困难，可遵医嘱适当地选择合适的小剂量镇静催眠药，但需密切监测血压，关注情绪及夜间睡眠质量情况。

2. 失眠症 睡前不宜进食刺激性食物，保持睡眠环境的安静、整洁、舒适，睡前半小时在安静中度过，排除杂念，在床上进行放松训练，失眠严重者及时就医。

3. 睡眠呼吸暂停综合征 部分患者可通过减肥、戒烟酒、鼻腔正压通气或睡眠时用面罩将正压空气送入气道等方法缓解症状，养成侧卧睡眠的好习惯，有失眠症状者尽量不服用镇静催眠药物，严重者积极手术治疗。

4. 不宁腿综合征 首先应保持良好的心态，以免焦虑、抑郁加重症状。合理安排生活和工作，白天静止时出现症状者，可快速站立或走动，减轻不适。夜间发作者，睡前适当做些锻炼。注意温度的变化，避免接触刺激性物质如咖啡因等。

5. 快速动眼睡眠行为障碍 可在地板放置床垫，家具的边角用软物包裹，睡前移去潜在的危险物品，如利器、玻璃、水杯等。建议分室居住，直到患者的症状缓解。需规律作息，避免使用使精神兴奋的药物及乙醇的刺激。

6. 嗜睡症 严格控制作息时间，对患者进行适当的解释。白天适当休息，鼓励积极参加体育活动，使患者的身体兴奋，遵医嘱使用药物控制症状。

7. 周期性肢体运动障碍 鼓励患者参加适量的体育活动，保持心境平和，戒烟酒，做好饮食护理，积极就诊，以免进展为不宁腿综合征。

8. 心因性失眠 应与患者进行有效沟通，了解其心理状态，营造和谐融洽的护患关系，用热情真诚的态度与患者沟通，耐心倾听患者的心理诉求，设身处地为其着想，给其以安全感、信任感。

（三）用药护理

1. 苯二氮䓬类药 患者服用时间越久，生理或心理依赖性越大，一旦停药，会伴随出现戒断症状，如头痛、躁动不安、混乱和易激性；症状严重时可出现谵妄、四肢刺痛、幻觉等。戒断症状很少致命，但是患者会很痛苦，应防止患者不能忍受而出现自杀的情形。

2. 镇静催眠药　长期使用会增加肝肾负担，容易引起肝大、肝区疼痛、黄疸、水肿、蛋白尿、血尿等肝肾功能损害，以及恶心、呕吐、腹胀、食欲差、便秘等肠胃功能损害。此外，尚有认知功能受损、能力减退、跌倒、骨折等副作用。

3. 服药注意事项　药物使用前和使用中要定期评估患者的肝肾功能，遵医嘱给药，不可和其他镇静药、感冒药、抗精神病药等合并使用，否则会增加药物的相互作用。须在睡前服用药物，禁止服药后开车或进行机械操作等活动。

六、健康教育

1. 睡眠习惯

（1）指导老年人每天（包括节假日）按时起床和就寝。

（2）睡前温水洗漱，排空大小便，穿宽松睡衣。

（3）睡前避免阅读有刺激性易引发不适的书刊杂志，避免看情节刺激、激烈的电视节目。

（4）睡前可热水泡脚，温度在 40℃左右，水中浸泡 10～15 分钟，按摩足背和足底涌泉穴，双侧各 100 次，直至脚底发热。

（5）睡前可适当开展有放松身体和镇静作用的活动，如按摩推拿、气功、静坐等。

2. 饮食指导

（1）饮食有规律，营养均衡，控制总热量，食物应营养丰富、清淡、易消化，多食新鲜水果、蔬菜，忌油腻、厚味、辛辣等刺激性食物，减少诱发失眠的因素。

（2）晚餐不宜过饱，晚餐后和睡前不食用或不饮用对中枢神经系统有兴奋作用的食物、饮料，如咖啡、浓茶和白酒等，减少饮水量。

（3）每晚睡前可喝热牛奶促进睡眠。

3. 活动　鼓励老年人规律锻炼，指导其非睡眠时间进行轻度的运动，如打拳、舞剑、骑车、打球、散步、游泳、练气功等。

（1）散步　一般每天 2 次，安排在早餐后 1 小时及午休后 1 小时，1 次 30～60 分钟，行走路程 300～500m，由老年人自由决定运动间歇，以感到轻度疲劳为终止点。

（2）器械锻炼　如原地骑自行车、运动平板等，主要提供给因病情需要不宜远离病房者，或气候变化不宜户外活动者。运动强度与时间也由老年人自由控制，但每次不少于 30 分钟，每天 2 次，运动间歇由老年人自主决定，以感到轻度疲劳为终止点。

（3）人工辅助躯体被动运动　卧床老年人由照护人员进行大、小关节活动等床上被动肢体锻炼。

4. 用药

（1）不自行购买和服用镇静催眠药物，需在医生指导下选择合适的药物帮助睡眠。

（2）对于抑郁、焦虑程度严重的老年人，可遵医嘱给予抗抑郁、焦虑药物治疗。

5. 心理

（1）应尊重和关心老年人，理解老年人的痛苦，稳定老年人的情绪，耐心开导和安慰，耐心倾听其倾诉。

（2）可采取音乐疗法和冥想法，在傍晚播放轻音乐，让老年人联想音乐中所传达的美好意境，使其身心放松。

（3）鼓励老年人多参与社会活动，保持正常社交，增加生活乐趣，避免产生轻生情绪。

考点：睡眠障碍的健康教育

链 接 光是如何影响睡眠的

光照疗法对睡眠有较好疗效，可改善睡眠质量、提高睡眠效率和延长睡眠时间。光通过与视网膜神经节细胞相互作用，影响下丘脑视交叉上核控制内源性昼夜节律，并通过抑制松果体分泌褪黑素调节睡眠稳态。光照疗法的效果与光源性质、光照强度、照射持续时间密切相关。自然光、人造光都会有效果。光照强度在2500～10000lux有良好效果，每天光照时间以30～45分钟为宜。

第6节 晕厥患者的护理

案例 6-6

患者，男，70岁。患有2型糖尿病，服下降糖药后便上床睡觉。夜间起床如厕后，站立起身时突然出现头晕、黑朦、无力，面色苍白，出冷汗，继而出现意识丧失，T 37℃，P105次/分，R 20次/分，BP 90/60mmHg，四肢肌力0级。

问题：1. 患者发生晕厥的可能原因是什么？

2. 如何对患者进行急救护理？

3. 应对患者进行哪些健康指导？

一、概 述

（一）概念

晕厥（syncope）是由于大脑半球及脑干血液供应突然减少导致的伴有姿势性张力丧失的发作性意识丧失的临床综合征。

（二）病因

晕厥不是一个单独的疾病，是由多种病因引起的一种综合征。

1. 反射引起晕厥 主要包括血管迷走性晕厥、颈动脉窦性晕厥等。

2. 直立性低血压 年龄变化、抗高血压药物、血容量减少。

3. 心律失常 窦房结功能异常、房室传导系统疾病、阵发性室上性及室性心动过速、植入装置（如起搏器）功能异常诱导的心律失常。

4. 结构性心脏病或心肺疾病 心脏瓣膜疾病、急性心肌梗死或心肌缺血、心房黏液瘤、心包疾病或心脏压塞、肺栓塞和肺动脉高压等。

（三）分类

1. 直立性低血压性晕厥 当自主神经系统对血管张力、心率和心脏收缩力的调节功能存在缺陷时，患者在直立位时血液过多存留于内脏和下肢血管，造成回心血量减少、心输出量下降、血压明显降低，又称直立不耐受综合征。

2. 颈动脉窦性晕厥 颈动脉窦及邻近病变如动脉粥样硬化、动脉炎、肿瘤、淋巴结肿大等可刺激颈动脉窦使反射过敏，导致发作性晕厥。

3. 心源性晕厥 又分为心律失常性晕厥和器质性心血管病性晕厥。

4. 血管迷走性晕厥 身体创伤、紧张、疼痛、焦虑等均可通过神经反射引起迷走神经兴奋，导致外周小血管广泛扩张、心率减慢、血压下降和脑血流量减少而产生晕厥。

二、护 理 评 估

（一）健康史

通过患者和照护者，了解有无家族史，既往病史（高血压、糖尿病、心功能不全）等。了解患病情况、用药史及对生活的影响。评估意识状态、瞳孔、生命体征及血糖情况。评估晕厥发作的表现、频次、持续时间、诱发因素及缓解情况。

（二）身心评估

1. 症状体征　四种类型的临床表现相似，主要分为晕厥前期、晕厥期和晕厥后期，通常发病突然，持续时间短暂。患者由于各器官功能减退，认知功能的下降致其晕厥的临床表现多不典型。

（1）晕厥前期　晕厥发生前数分钟患者通常有一些先兆症状，出现短暂的、显著的自主神经和脑功能低下的症状，如头晕、眼花、面色苍白、出汗、注意力不集中、耳鸣、全身无力、打哈欠等，持续数秒至数十秒，多发生在过久站立时。

（2）晕厥期　患者感觉眼前发黑，站立不稳，短暂意识丧失而倒地，意识丧失的程度和持续时间不尽相同。常在数秒至数十秒后迅速苏醒，发作时可伴有血压下降，脉搏细弱，瞳孔散大，心动过速转变为心动过缓。

（3）晕厥后期　患者一旦脑血流恢复，脉搏逐渐变得有力，面色逐渐开始恢复正常，呼吸变得快而浅，意识很快恢复，仍可见面色苍白、恶心、出汗、周身无力或不适等，并可有头痛，经数分钟或数十分钟休息可缓解，不遗留任何后遗症。

考点：晕厥临床表现

2. 并发症　晕厥发生跌倒时，可造成骨折。对高龄患者可能诱发或加重慢性疾病，危及生命。

3. 心理-社会状况　晕厥的发生和心理因素常有密切的关系，应评估患者是否存在紧张和恐惧，曾经发生过晕厥的患者，害怕再次发生晕厥，完成日常生活活动的自信心下降。

（三）环境评估

关注患者居家环境的安全性，包括居室、楼梯光线是否充足，温度是否适宜，地面是否平整、干燥、无障碍物，家具放置是否稳固，便器高低是否合适、有无扶手设施等，尤其对“空巢”患者更应重点评估居家环境的安全性。

（四）辅助检查

根据病史及临床特征选择性检查。

1. 实验室检查　血常规、血生化检查，为低血糖、血栓感染、心力衰竭、心肌损伤等疾病的病因定位、定性和并发症的严重程度提供判断依据。

2. 心电图或（和）24 小时动态心电图　有助于判断晕厥是否为急性心肌缺血、心律失常等所致。

3. 超声心动图　可协助寻找晕厥原因，如主动脉瓣狭窄、急性肺动脉血栓栓塞症、主动脉夹层、人工瓣膜并发症等，在以左心室射血分数为基础的危险分层中具有重要作用。

4. 颈动脉超声检查　是晕厥患者重要的检查之一，颈动脉重度狭窄可引发晕厥。

5. 倾斜台试验　评估运动引起的晕厥，有助于确定其原因是否与心率或血压有关。

6. 运动负荷试验　常用于运动引发症状的患者。

7. 心脏电生理（EP）检查　在自身心律或起搏心律时，记录心内电活动，根据其表现和特征做出综合判断。可对心律失常进行诊断，或在此基础上对心律失常进行治疗。

三、治 疗 要 点

1. 晕厥的治疗主要取决于病因，不同的病因有其不同的处理措施。当患者发生晕厥时，应立即摆好体位，在意识未恢复之前不要经口进食或服药，体力未恢复前不要站立。

2. 晕厥恢复后，积极治疗原发病，纠正诱发因素，告知患者久坐或久蹲后避免突然站立。避免服用引起晕厥的药物，并教会患者自我保护的措施。

四、主要护理诊断/问题

1. **意识障碍** 与血液供应减少导致的伴有姿势性张力丧失的发作性意识丧失有关。

2. **有受伤的危险** 与心律失常引起的头晕、晕厥有关。

3. **活动无耐力** 与心输出量减少引起供氧量不足有关。

4. **焦虑** 与担心晕厥的预后有关。

5. **潜在并发症：**猝死。

五、护 理 措 施

（一）症状护理

1. **晕厥前期护理** 应根据患者的临床症状迅速做出判断，给予患者氧气吸入，建立静脉通道，快速有效地进行药物治疗，如高血压患者应用降血压药物，低血糖患者静脉注射高渗葡萄糖等；遵医嘱对患者进行相关实验室检查。

2. **晕厥期护理** 首先将患者置于仰卧位，头偏向一侧，松开紧身衣扣，同时拿枕头将双下肢抬高，保持头低足高位，以利于保证脑部的血液供应；用纱布清除呼吸道分泌物、异物、呕吐物，以保持呼吸道通畅；如取出假牙并观察患者的呼吸、脉搏等生命体征的变化。其次可按压人中、中冲、合谷、百会等穴位，有助于患者尽早恢复意识。患者意识未恢复前不应经口进食水或药物，体力未恢复前不应站立。

3. **晕厥后期护理** 加强病情观察，监测患者的生命体征及血氧饱和度等；观察患者发病的频度、持续时间、缓解时间等；患者清醒后，如有条件可饮热咖啡一杯；如果怀疑晕厥和低血糖有关，可适量饮用糖水。患者不要急于站起或行走，以免再次发生晕厥；必要时由他人搀扶慢慢起来。去除可纠正的因素，积极治疗基础疾病，做好疾病相关护理措施。

（二）用药护理

护理人员应根据医嘱指导患者正确服用药物，观察并处理药物不良反应。

（三）心理护理

护理人员应鼓励患者多与他人交往，分散其注意力，参加社会活动，减轻焦虑和（或）抑郁。

考点：晕厥护理措施

六、健 康 教 育

1. **讲解自我保护措施** 避免患者长时间站立，不能行走的患者外出选用轮椅或平车，做好个人防护，避免不良刺激并有专人陪同。随身携带健康卡，写明姓名、联系方式、疾病名称、所服药物等，一旦出现意外情况，便于周围人员救治。

2. **指导患者避免危险因素** 指导患者晕厥未经有效治疗前至少 6 个月内停止驾驶，恶性晕厥患者应永久限制驾驶。如果患者存在记忆功能减退，必要时可给予书面指导。

3. **教会患者预防排尿晕厥** 患者排尿时宜采用坐便器，睡前不宜过多饮水，夜间排尿时最好起床后在床边小坐片刻，再站起来走动，排尿时不可屏气用力，排尿后站起来要慢，若感到头晕等不适，在坐便器上坐一会儿再起来。

4. **定期就诊** 指导安装起搏器的患者定期进行起搏器功能测试，定期门诊随访。指导患者家属如发现患者晕厥时伴随面色潮红、呼吸缓慢有鼾声、脉搏低于 40 次/分或高于 160 次/分，应及时拨打 120 急救电话，以免贻误治疗时机，造成严重后果。

医者仁心

出院处的晕厥家属

某天，医院内科病房的患者陪护家属卜某在办理出院时，突然面色苍白，一阵眩晕倒在了地上，路过的急诊科王护士立即上前查看并紧急呼救，邻近的急诊科医护人员都围了上来，大家密切配合，给予患者家属卜某紧急氧气吸入，测量生命体征、监测血糖，1 分钟后卜某意识逐渐恢复，但奈何双腿无力，怎么搀扶也站不起来，大家用轮椅把卜某转移至病房，并做进一步检查。经详细询问得知，卜某因陪护时间长，又饮食很少，太过劳累引发晕倒。在此期间王护士协助办理患者及家属的各种相关手续，清醒后的卜某对科室医护人员给予的帮助万分感动。该事件彰显了医护人员训练有素的应急处理能力。

第 7 节　谵妄患者的护理

案例 6-7

患者，男，70 岁。平素为人和气，与亲人及邻居和睦相处。3 年前，患者感到身体不适，经常恶心、呕吐、头痛、视物模糊，由家属送入医院经检查，诊断为脑肿瘤。2 周来，患者因呼吸道感染，体温上升为 39℃，经常出现表情恐惧，极度不安，注意力不易集中，伴有幻听，错觉，无法辨认医生及护士，有时间、地点、定向力障碍，行为紊乱，言语散漫，整日不吃不喝，兴奋不安，砸东西打人。2 天前，用刀片割腕，经抢救脱险。

问题： 1. 请提出初步疾病诊断？

2. 请指出患者相关问题及相关因素？

3. 如何做好患者的安全护理？

一、概　　述

（一）概念

谵妄（delirium）是一组以意识障碍为核心症状的神经精神症状群，通常急性发作，症状起伏不定，为急性发作的意识混乱，伴错觉和幻觉，以幻视居多，导致广泛的认知功能损害、注意障碍、睡眠-觉醒周期紊乱和精神运动行为障碍。

（二）病因

1. 生理因素　随着年龄的增加，大脑中乙酰胆碱的合成减少，使正常记忆、学习、警觉状态和睡眠-觉醒周期受影响。

2. 躯体疾病因素　有痴呆、脑器质性损害或卒中病史、抑郁状态的患者，合并多种基础疾病（≥3 种慢性疾病且病情严重时），存在视力、听力障碍或不能自由活动等。

3. 药物因素　酒精或药物中毒，如利尿剂、镇静催眠药、止痛药、抗焦虑抑郁药及洋地黄类药物等中毒。

4. 其他　应激，如骨折、外伤、慢性疾病急性加重等。

（三）分类

根据临床症状可分为 3 个亚型。

1. 安静型谵妄　患者主要表现为警觉和活动减弱、反应迟钝、行为孤僻、语言及动作迟缓等。56%

的老年患者以安静型谵妄为主。

2. 焦虑型谵妄 患者主要表现为警觉和活动增强，出现逃避或攻击行为。

3. 混合型谵妄 患者以上 2 类症状交替发生。

二、护理评估

（一）健康史

评估患者的饮酒史、认知功能情况、视力、听力、活动能力；了解既往健康状况，是否有高血压病、糖尿病、冠心病等慢性病史；了解患者入院前是否存在痴呆、是否发生过精神症状的急性改变。

（二）身心评估

1. 症状体征 谵妄的特征为突然发病，病程为波动性，常常夜间加重。常于数小时至数天内发病，一天内症状具有波动性。主要表现如下。

（1）意识障碍，神志清晰度下降，爱睡觉，睡觉时间变长，呼唤后可被唤醒。

（2）定向力障碍，不知道自己在哪个地方，如是在家里，还是在医院等。

（3）注意力障碍，注意力涣散，不连贯，无意义动作或行为，解决问题的能力下降。

（4）认知功能障碍，近期记忆和远期记忆障碍。

（5）知觉障碍，如妄想、恐惧、悲哀、幻觉等。

（6）睡眠觉醒周期改变，白天、夜间睡眠倒错。

2. 并发症 呼吸道感染、泌尿系统感染、营养不良、口腔溃疡、角膜溃疡等并发症。

3. 心理-社会状况 评估谵妄史的患者有无恐惧、沮丧、抑郁心理。

考点：谵妄的临床表现

（三）环境评估

患者居住的环境应安静、光线充足、陈设简单。最好有亲人陪伴在侧以减少焦虑、激动和定向障碍。

（四）辅助检查

1. 常规检查 包括血常规、血液电解质检查、脑电图检查、尿常规、大便常规。

2. 特殊检查 非精神专科医护人员，可采用意识模糊评估法（confusion assessment method，CAM）。

三、治疗要点

1. 去除病因，积极治疗原发疾病，如抗感染等。特别注意患者所服用的药物，有怀疑是致病原因者应停服。此外缺氧、电解质紊乱、药物中毒也是谵妄的病因。

2. 支持治疗维持电解质及酸碱平衡，改善脑循环及脑的能量供给，促进脑细胞功能的恢复，如给予能量合剂、尼麦角林、活血素等。

3. 精神症状的控制可根据临床表现给予小剂量、不良反应少的抗精神病药，如奋乃静、氟哌啶醇等。意识障碍则以支持疗法为主，躁动不安时也可选用异丙嗪注射或口服。

四、主要护理诊断/问题

1. 有受伤害的危险 与谵妄发作时患者易激动、思维及行为紊乱，可坠床、拔管有关。

2. 远期认知功能下降 与谵妄发生后可能继续影响认知功能有关。

3. 有跌倒的危险 与谵妄发生后患者失定向、注意力不集中、认知紊乱有关。

4. 健康维护能力低下 与相关知识缺乏有关。

五、护 理 措 施

（一）一般护理

1. 休息与环境　保持环境安静、清洁、整齐、光线适宜，病室内空气要新鲜，为患者创造一个良好的睡眠条件，减少白天的睡眠时间和夜间饮水量，睡前避免过度兴奋；建立舒适安全的环境，防止坠床。

2. 生活护理　做好晨晚间护理，保持患者皮肤清洁，防止皮肤感染。

3. 饮食护理　维持正常的营养代谢，摄入富含营养的软食，防止噎食。颅内压高伴有呕吐的患者应暂缓进食，以免加重呕吐，可通过静脉输液保证其营养的摄入量。

4. 排泄护理　观察患者大小便排泄情况，减少和消除影响排便的不利因素；协助患者养成定时排便的习惯；尿潴留患者要尽量避免饮用刺激性饮品，减少对膀胱和尿道的刺激。

（二）病情观察

连续动态监测患者生命体征和意识清晰度的变化，观察患者双侧瞳孔的大小及对光反射的变化，及时发现脑疝的前兆。观察意识障碍患者有无昼轻夜重的特点。监测其对时间和地点的定向力、对周围环境刺激的反应；注意输液的速度和输液后的反应，防止输液速度过快或输液量过大引起循环负荷过重，导致心力衰竭和肺水肿。

（三）症状护理

1. 认知功能和定向力障碍者　指导照护者为患者提供明亮舒适的环境，居室环境中设置时钟和挂历，钟表和日期的数字要求为大号数字，反复介绍环境和人员，鼓励患者进行益智活动，如打牌、下棋、拼图等。

2. 睡眠障碍者　指导患者睡前饮用热牛奶、播放轻音乐、改变环境、调暗灯光等，夜间不服用利尿药，以减少患者夜间如厕，影响睡眠。

3. 活动受限者　鼓励患者术后尽早下床活动，让患者主动或被动活动 3 次/天；尽量减少因医疗原因而制动。可为患者提供步行器。

4. 视听障碍者　对视力障碍者，在阅读书籍及报纸时给予佩戴眼镜或使用放大镜，使用大号字体的书籍，在床头呼吸器上贴荧光条；对听力障碍者，运用与老年人沟通的特殊技巧，如放慢说话语速、表述清楚。

5. 低氧血症者　检查患者口腔是否存在异物。必要时调高患者床头，维持在 30°～45°以确保肺部血氧交换顺畅；遵医嘱吸氧，保持呼吸道通畅，寻找低氧血症的原因。

6. 便秘者　指导患者养成良好的排便习惯；鼓励患者多饮水、活动，添加粗纤维饮食等。

7. 脱水和营养不良者　监测患者的营养状态，与营养师共同制订饮食方案。

8. 疼痛者　采用非药物方法缓解疼痛，如冰袋或热血袋外敷、听轻音乐、呼吸放松训练、按摩治疗；减少环境噪声，调整舒适体位等。若疼痛不能缓解，遵医嘱给予药物治疗。

9. 感染者　及时寻找病因并治疗感染；避免不必要的插管或管道长时间留置（如尿管等）；严格执行院内感染控制措施（如手卫生等）。

考点：谵妄患者的症状护理

（四）用药护理

患者口服药物以后要检查口腔，确认药物已服下，观察用药后的不良反应。对已经连用弱催眠药或巴比妥类药物的患者，不要急速减量或骤停该类药物，须缓慢减量，否则可使谵妄加剧，用药过程中应密切观察病情变化，如有异常症状应及时与医生沟通并积极处理。

（五）心理护理

1. 尊重患者 与患者建立良好的人际关系，加强护患间的沟通，缓解其对疾病的恐惧心理，增强安全感，指导其充分表达感受，从而提高患者的依从性。

2. 沟通技巧 有针对性地进行支持性、干预性心理护理，减轻自卑、抑郁、孤独、焦虑、自杀意念等消极心理；采用治疗性沟通技巧，促使患者接受治疗和主动配合；帮助有自杀倾向者正确认识和分析自己的症状，学会自我调节和控制情绪。

3. 自我健康 制订切实可行的活动计划，使患者尽快适应病后所需的生活方式，鼓励其与社会接触，增强其沟通能力，促进自我健康能力及社会功能的恢复。

六、健康指导

谵妄的预防是首要考虑的健康指导因素。针对高危人群，要积极采取干预措施，预防诱发谵妄的危险因素。

1. 讲解谵妄发生的原因，指导患者积极配合治疗原发病，避免诱发谵妄；讲解谵妄急性期可能出现的表现，以便患者和照护者及时就医和配合治疗。

2. 告知照护者非药物综合干预对于谵妄的干预效果，指导患者及照护者配合干预措施；防止因谵妄出现的自伤、伤人行为。

3. 指导患者及照护者掌握药物的用法，了解药物作用和副作用，并注意服药后反应。

第 8 节　焦虑患者的护理

案例 6-8

患者，女，65 岁，退休在家。近半年来时常感到眼皮跳，心烦意乱，惊恐不安，总觉得家里要大难临头。自己也说不清担心和恐惧什么，在家里来回踱步，成天惶惶不可终日。有头痛、失眠、胃部不适、手脚发抖、多汗、便秘等症状，时常会出现心慌、胸闷、气短、呼吸急促、面色潮红等表现。入院后测生命体征，T 36.6℃，P 83 次/分，R 20 次/分，BP 110/60mmHg，四肢肌力 5 级。

问题： 1. 如何给患者进行心理护理？

2. 患者今后要注意哪些健康问题？

一、概　　述

（一）概念

老年期焦虑是指发生在老年时期广泛、持续性焦虑或者反复发作的惊恐不安的情绪障碍，常伴有自主神经系统症状和运动不安等神经症性障碍。焦虑的出现，是患者感受到的威胁所致，其紧张惊恐的程度与现实情况不相称，患者自己也清楚没有什么值得紧张的事，说不清楚自己在担心什么，但还是每天陷入紧张惶恐之中，有些患者生活中确实存在某些问题，但其担心和烦恼明显过度，使人觉得患者“小题大做”。

（二）病因

1. 性格 患者病前性格特征往往自卑、自信心不足、胆小怕事、谨小慎微、对轻微挫折或身体不适容易紧张、焦虑或情绪波动。部分患者也会表现为争强好胜、缺乏耐心、时间紧迫感强，急躁易怒的 A 型人格倾向。

2. 认知 对事情的看法及认知是焦虑情绪产生的重要原因。随着子女的长大、独立，加上伴侣的离世、退休后社会关系的改变，患者的失落感、无助感、无用感与日俱增。

3. 生活事件　丧偶、健康状况不佳、经济收入减少、医疗保健条件不良、居住条件不佳、子女关系紧张、环境改变等因素。

4. 躯体疾病　如抑郁症、老年失智症、甲状腺功能亢进症、低血糖、直立性低血压等。

（三）分类

临床上主要分为惊恐发作（也称急性焦虑）和广泛性焦虑障碍两种类型。

1. 急性焦虑　患者正在进行日常活动而非面临某些特殊的恐惧处境时，突然出现极度强烈的恐惧、担心和濒死感。

2. 广泛性焦虑障碍　是一种焦虑的慢性持续状态，以经常或持续的、全面的、无明确对象或固定内容的紧张不安及过度焦虑为特征。

二、护 理 评 估

（一）健康史

评估患者的身体健康状况，部分患者体弱多病造成身体障碍或功能障碍，存在行动不便或日常生活处理能力下降。评估患者患病前的性格特征；评估饮食、睡眠、排泄、活动、娱乐等方面的习惯，以及有无吸烟、酗酒等不良嗜好，若有不良生活方式，应进一步了解对患者的影响。

（二）身心评估

1. 惊恐发作　主要表现为反复不可预测的突然惊恐发作。突然感到情绪紧张、坐立不安或失去理智，使其难以忍受。出现大汗、气促、心悸、脉搏加快、血压升高、潮热等自主神经症状。一般突然发作，症状很快达到高峰（10 分钟左右）。发作时意识清楚，事后能回忆；发作后，症状缓解或消失。

2. 广泛性焦虑障碍

（1）精神焦虑　对日常琐事过度持久的不安或焦虑。在精神上体验主要是对指向未来的或不确定的事过分担心，害怕意外或不可控制的事件发生。患者常常处于恐怖预感之中。

（2）运动不安　表现为紧张性头痛、肌肉紧张强直和疼痛，常来回走动，搓手顿足，坐立不安；可有入睡困难、噩梦或夜惊等。

（3）自主神经功能失调　伴有心悸、面色苍白、颤抖、腹胀、便秘、食管异物感等。

考点：焦虑临床表现特点

3. 心理-社会状况　了解患病及睡眠情况。评估焦虑的原因、临床表现、持续时间、严重程度及对社会功能的影响。询问治疗药物的种类、剂量及不良反应。了解家庭、社会支持情况及照护者的能力与需求。评估家庭、社会支持情况及照护者的能力与需求。

（三）环境评估

评估患者是否独居，休息环境是否安静、整洁，能否保证充足的睡眠时间，有无过度的生活应激事件等。

（四）辅助检查

1. 量表评估　采用汉密尔顿焦虑量表和焦虑自评量表评估患者的焦虑程度。

2. 超声、心电图、X 线摄片等　帮助诊断心脑血管疾病或其他可能引起焦虑的慢性疾病。

三、治 疗 要 点

1. 药物治疗　抗焦虑药包括苯二氮䓬类药和非苯二氮䓬类药。抗焦虑药一般是从最小剂量开始服用，随着疗程逐渐递增到治疗剂量，一般药物起效至少需要 2～4 周时间，做好解释工作。

2. 心理干预治疗

（1）支持性心理治疗　向患者讲解疾病的相关知识，提高其对疾病的认识，耐心倾听患者的表达，支持、鼓励患者使其树立战胜疾病的信心；同情、体贴、安慰患者；提供思考和处理问题的方法，帮助患者克服困难，提高应对疾病的能力。

（2）认知行为疗法　放松训练，暴露于恐惧或消除刺激，行为活化和认知重建技巧。

（3）催眠疗法　通过与患者潜意识的交流，了解深藏于潜意识中的焦虑源，使其暴露于意识之中，让患者了解并进行疏导、发泄，以利于缓解焦虑症状。

（4）精神分析　通过对患者的联想分析或梦的分析，唤醒其早年的精神创伤和痛苦经历，使患者在分析中有所领悟，认识到自己为什么害怕、为什么焦虑，从而缓解或消除其紧张和恐惧症状。

（5）音乐疗法　用音乐来激发患者生理、心理上的变化。

四、主要护理诊断/问题

1. 焦虑　与担心、恐惧、不愉快的观念反复出现等有关。

2. 知识缺乏：缺乏减轻焦虑措施的相关知识。

3. 睡眠型态改变　与焦虑引起的生理、心理症状有关。

4. 个人应对无效　与严重焦虑、无力应对压力情境有关。

五、护 理 措 施

1. 一般护理　应耐心指导、协助患者做好更衣、沐浴、皮肤等的护理。患者可能出现胃肠不适、食欲减退、腹胀或便秘等躯体不适，鼓励进食易消化、营养丰富的食物，多吃蔬菜和水果，保持大便通畅。对睡眠障碍者应保证环境安静、指导患者放松、协助患者制订科学的作息时间表。严重睡眠障碍者，可遵医嘱适当给予助眠药物。

2. 病情观察　严密观察并辨别焦虑患者临床表现及类别；急性惊恐发作者，安排专人护理。观察有无自伤、自杀等倾向，避免危险环境，清除可能造成患者伤害的工具，避免自伤、自杀行为的发生。

3. 症状护理　协助患者寻求支持系统，鼓励其扩大社交范围，使其情绪尽可能得到满足。帮助患者协调家庭人际关系，家庭会议是一种治疗性辅导方法；通过家庭会议，协助患者和照护者一同为患者制订一个协调的服务计划。

4. 用药护理　药物治疗者，遵医嘱用药，注意观察药物的效果和不良反应。强调患者严格遵医嘱服药，不能随意增减药物，更不可中途停药。

5. 心理护理　建立良好的护患关系，以真诚、友善和理解的态度对待患者，使患者感到被关心、被接受。耐心地协助患者完成心理干预治疗，帮助患者认识存在的问题，重新认识自己，肯定其正向特质，改变其对自我的负面评价。鼓励患者表达自己的焦虑和不愉快的感受，解除心理压力，释放内心的焦虑。引导其子女学会谦让和理解患者，避免与患者发生争执。

六、健 康 指 导

1. 指导患者及其家庭成员正确认识焦虑的病因和危害，积极治疗原发病，消除焦虑加重的因素。指导患者及其家庭成员观察药物疗效和不良反应，以及应对措施。

2. 鼓励白天积极参加社区活动和适当的体育锻炼，减少对疾病的关注。鼓励患者与照护者、朋友沟通；学习压力管理技术，如冥想、腹式深呼吸法，多运动。指导患者尽量避免可能加重焦虑症状的因素，如咖啡因、尼古丁、暴食、乙醇；限制负面消息的获得等。鼓励患者参加社交活动，坚持规律的作息制度，避免紧张和过度劳累，保证充足的睡眠。

3. 指导患者定期复查血常规、血压、心电图、肝肾功能等，一旦症状加重，及时到医院就诊。

考点：焦虑的护理措施

第 9 节　抑郁患者的护理

案例 6-9

患者，女，70 岁。其是一位退休教师，儿女不在身边，在老伴离世不久，被查出食管下段癌前病变，手术治疗后，患者总是疑心，感觉肿瘤还会复发，整日情绪低落，不再与人交流，吃不下饭，睡不好觉，原来感兴趣的事物，也不再有兴趣，认为生活中几乎没什么有意义的事，有一种孤独无助的感觉。经诊断，其患有抑郁症。

问题： 1. 老年抑郁症的临床症状有哪些？

2. 患者用药护理有哪些注意事项？

3. 患者日常生活中应注意哪些问题？

一、概　　述

（一）概念

抑郁障碍（depressive disorder）是指各种原因引起的以显著而持久的心境低落为主要临床特征的一类心境障碍。抑郁症是抑郁障碍最常见的类型，是一组发作性的、无明确病因的、以显著而持久的心境低落为主要临床特征的综合征。以情绪低落、思维迟缓、意志活动减退为核心症状，常伴有焦虑、自责自罪、自杀观念和行为等心理症状群，以及失眠、精力丧失、食欲、体重下降等躯体症状群，也可伴有精神病性症状，如幻觉、妄想等。老年抑郁症是首次发病于 60 岁以后，也包括初次发病于青壮年，延续到老年期复发的患者，是以持久的抑郁综合征为临床表现的精神疾病。一般病程较长，有反复发作的倾向，部分患者易发展为难治性抑郁。

（二）病因

1. 生理因素　脑功能退化及血管疾病，小血管和微血管的损害累积，在丘脑和基底内核造成认知障碍，皮质下腔隙和深度白质脱髓鞘，导致抑郁的发作。

2. 心理社会因素　患者对躯体疾病及精神挫折的耐受能力日趋减退，伴侣的亡故、与子女的分离、地位的改变、经济的困窘、疾病的影响等，都可引起或加重患者孤独、寂寞、无用、无助感等。缺乏社会支持、心理活动的平衡较难维持。

3. 其他　文化水平低、兴趣爱好少、无独立经济收入、社会交往少等。

（三）分类

按照病因分为原发性、继发性、内源性和反应性抑郁。

1. 原发性抑郁　指既往无其他病史的抑郁。

2. 继发性抑郁　是指大脑与躯体疾病、酒瘾与药源性等所有可查出的原因引起的抑郁。

3. 内源性抑郁　是指来自内部的原因引发的抑郁症，主要根据两个临床表现判断，即躯体特征性症状（早醒、食欲下降、体重减轻等）和病程的自主性。一旦发病，环境因素不再在疾病中起重要作用，需积极地治疗，电休克、抗抑郁药有良好的效果。

4. 反应性抑郁　是指抑郁情绪由外界的因素引起的，在疾病的发展过程中环境因素始终占重要的作用。

二、护 理 评 估

（一）健康史

了解患者患病情况、家族史、用药史及活动能力。评估抑郁的临床表现、持续时间、严重程度及对社会功能的影响。评估自杀意念、频次，自伤自残及焦虑等共病情况。评估睡眠及体重增减情况。评估家庭、社会支持情况及照护者的能力与需求。

（二）身心状况

1. 症状体征 三大主要症状为情感障碍、思维活动障碍及意志行为障碍。

（1）情感障碍 主要是情绪低落。轻者缺乏愉快感，抑郁悲观，丧失了对生活的乐趣；重者忧郁沮丧、消极厌世，或出现自责、自罪感，常有自伤、自杀的企图和行为。自杀企图和行为是重度老年抑郁症患者最危险的症状。

（2）思维活动障碍 主要为思维迟缓，反应迟钝，主动性语言减少，语速缓慢，痛苦联想较多，可发展成为疑病妄想、自罪妄想等。大约 1/3 的老年患者以疑病为首发症状。表现为过分担心自身健康，怀疑身体某部位或器官有病变，以怀疑消化系统及心血管疾病者居多。

（3）意志行为障碍 主要是意志活动减退，语言和主动性活动明显减少，不愿参加平素感兴趣的活动，生活被动，重者可发展为抑郁性木僵。

考点：抑郁症的临床特点

2. 心理-社会状况 了解老年期遭遇的生活事件，如退休、丧偶、独居、家庭纠纷、躯体疾病等。患者的抑郁情绪还与消极的认知应对方式等有关，如自责、回避、幻想。了解患者和照护者对疾病的认识，以及家庭、社会支持系统。

（三）环境评估

评估患者的居住环境是否光线明亮、通风、干净、整洁，无尘、无异味；温度和湿度是否适宜，噪声控制是否在允许范围内；地面是否干燥、平整、防滑，有无空调或其他取暖设备，电源是否妥善安置及使用，药物储藏是否安全等；周围环境是否存在不安全因素，如废气的排放等。

（四）辅助检查

1. 影像学检查 CT、MRI 显示脑室扩大和皮质萎缩。

2. 量表评估 使用老年抑郁量表、Zung 抑郁自评量表、贝克抑郁自评量表、综合性医院焦虑抑郁量表及汉密尔顿抑郁量表等量表判断抑郁的程度。

三、治 疗 要 点

1. 治疗目标主要包括降低自杀和自伤的风险、抑郁症状缓解（或临床自愈）、恢复病前功能、整体综合治疗（包括治疗躯体疾病），以及预防再燃和复发。

2. 症状较轻者可给予健康教育和心理支持。

3. 程度较重、伴有严重失眠、精神痛苦显著、严重影响躯体疾病治疗或康复、药物滥用、既往有发作史等，应考虑药物治疗或药物联合心理治疗及物理治疗，必要时请精神科医生会诊或转诊。

4. 重度抑郁发作、复发性或难治性抑郁、双相情感障碍的抑郁发作、存在自杀风险、伴有精神病性症状的严重抑郁、严重躯体形式障碍患者，应请精神科医生会诊或转诊。

5. 治疗药物主要有氟西汀、舍曲林等选择性 5-羟色胺再摄取抑制剂，文拉法辛、度洛西汀等选择性 5-羟色胺及去甲肾上腺素再摄取抑制剂，阿戈美拉汀等褪黑素受体激动剂和阿米替林、丙米嗪、盐酸多塞平、氯米帕明等 5-羟色胺 2C 受体拮抗剂。

四、主要护理诊断/问题

1. 应对无效　与情绪抑郁、消极悲观有关。

2. 睡眠型态紊乱　与精神压力有关。

3. 自我忽视　与意志活动减弱，无力照顾自己有关。

4. 营养失调：低于机体生理需要量　与抑郁导致食欲缺乏有关。

5. 社交障碍　与精神状态改变和社会行为不被接受有关。

6. 有自杀的危险　与严重抑郁悲观、自责、消极、无助、绝望有关。

五、护 理 措 施

（一）一般护理

1. 饮食　患者常因畏食或自责、自罪观念而食欲缺乏，加之体质较差，食欲下降，易出现营养不良。选择高热量、高蛋白质、易消化、富维生素的食物，少量多餐。

2. 休息　指导患者合理安排生活作息时间。为患者提供安静、舒适的休息环境，取舒适体位，可播放舒适、优雅的轻音乐，放松身心，必要时遵医嘱给予助眠药物。

3. 协助生活　协助患者完成日常活动，养成良好的生活习惯。对于完全不能自理的患者，要悉心照料。

4. 鼓励活动　通过合理活动促进患者身心健康，要鼓励家属共同参与。

（二）症状护理

自杀行为是抑郁症患者最危险的症状，护理人员要及早识别患者的异常行为，采取预防保护措施。

1. 提供安全的环境　病房设施要加强安全管理，防止意外发生。

2. 做好药品及危险物品的保管　一切危险物品均不能带入病房，杜绝安全隐患。

3. 加强巡视，预防自杀　重度抑郁症患者有自杀企图和行为，要加强巡视，密切观察患者有无自杀先兆症状。对于有强烈自杀企图者，全天要专人看护，必要时给予约束。患者发生自杀最危险的时期是凌晨，应重视巡视。

（三）用药护理

1. 用药起始剂量小，一般有效剂量为成人剂量的 1/3～1/2。应选择不使用影响心血管系统、肝肾功能和易导致代谢综合征的药物。注意药物之间的相互作用，避免出现影响疗效、加重药物不良反应的现象。

2. 严格遵医嘱服药，坚持服药，不能随意增减药物，更不可中途停药。

3. 及时评估药效、观察不良反应，掌握抗抑郁药物的适应证和禁忌证，警惕药物中毒，妥善保管好药物，每次须监督患者服药后才能离开，避免一次大量吞服抗抑郁药物自杀。

（四）心理护理

1. 有效沟通，建立良好的护患关系　以和善、真诚的态度支持和理解患者，面带微笑，保持目光接触，倾听患者心声，适时回应患者，对患者的遭遇表示同情，正面回答患者的疑问。

2. 重视患者感受，减轻心理压力　减少社会心理刺激、加强社会支持，注重躯体疾病的治疗，是防止患者发生抑郁症的重要措施。鼓励患者主动表达内心的想法，帮助其提高自尊，改变对自己的负面评价。鼓励患者参加集体活动，找回生活的乐趣，获得成就感和满足感。

3. 家庭社会支持　鼓励患者及照护者经常探视患者，给予其强大的家庭社会支持。

考点：抑郁症的护理措施

六、健康指导

1. 指导患者培养个人兴趣爱好，如种花、钓鱼、跳舞、书法、摄影、下棋、集邮等；保持充足睡眠，规律生活。

2. 鼓励子女与患者同住，子女不仅要在生活上给予照顾，同时要在精神上给予关心，提倡精神赡养。和睦、温暖的家庭，有助于预防和度过"灰色"的抑郁期。避免或减少住所的搬迁，以免患者难以适应陌生环境而感到孤独。

3. 呼吁社会重视预防老年抑郁症，社区和老年护理机构等应创造有利条件，让患者进行相互交往和参加集体活动；开展针对老年抑郁症预防和心理健康的讲座，有条件的地区可设立网络和电话热线进行心理健康教育和心理指导。

4. 延续性护理，医护人员可通过电话随访、家庭访视等手段深入跟踪患者健康状态，有效缓解患者的抑郁情绪，提高患者出院后的生活质量。

第 10 节　吞咽障碍患者的护理

案例 6-10

患者，男，78 岁。在吃早餐时，由于吃得太急，不小心被馒头噎住，家里人用了十几分钟想帮他清理出来，但未果，等医院的急救医护人员到现场，患者已由于缺氧太长时间而深昏迷。

问题： 1. 导致患者出现问题的危险因素是什么，如何预防？

2. 发生这种情况应该如何采取紧急措施？

一、概　　述

（一）概念

吞咽障碍（dysphagia）是由下颌、双唇、舌、软腭、咽喉、食管等器官结构和（或）功能受损，不能安全有效地把食物输送到胃内的过程。广义的吞咽障碍还包含认知和精神心理等方面的问题引起的行为异常导致的吞咽和进食问题。据报道，吞咽障碍的发病率和患病率随年龄的增加而增加，其中 50 岁以上人群的患病率为 5.5%～8.0%，卒中患者急性期吞咽障碍的患病率约为 42%，脑干病变的患病率可达 80%。

（二）病因

1. 生理因素　患者因牙齿脱落，咀嚼能力下降；涎腺萎缩，唾液分泌减少；舌肌萎缩，运动能力减弱，吞咽反射迟钝，易造成吞咽动作的不协调；咽部肌肉变硬萎缩，肌纤维之间的结缔组织增生，导致咽腔扩大，而食管平滑肌萎缩，管腔伸展性及弹性下降，支配吞咽的神经和肌肉功能失调，吞咽反射降低。

2. 疾病因素　脑血管意外或头部外伤时会出现吞咽反射迟钝或障碍，吞咽动作不协调。同时食管癌、反流性食管炎、舌咽神经和迷走神经麻痹者也会出现吞咽困难。

3. 药物因素　服用抗精神病药物等时，可导致咽喉肌功能失调，抑制吞咽反射。

（三）分类

按照吞咽障碍发生的解剖水平分为口咽性吞咽障碍和食管性吞咽障碍。

1. 口咽性吞咽障碍　是指吞咽启动过程或将食团从口腔推送入食管过程存在障碍。该类患者在进食稀薄的液体时常常出现咳嗽或气道阻塞，出现声音嘶哑或流涎，与喉部肌肉无力有关。

2. 食管性吞咽障碍　是指食物进入食管的能力下降，与一些食管性疾病，如食管狭窄、痉挛等，食管括约肌的损伤或无力，以及食管蠕动减慢、胃食管反流病等有关。

二、护 理 评 估

（一）健康史

1. 询问患者既往史及现病史，有无吞咽障碍史，关注患者生活习惯及自理能力，掌握患者入院前生活习惯，了解难咽食物种类，义齿是否合适及口腔卫生状态。

2. 询问患者平时进食体位及速度，日常饮食习惯，是否喜欢边进食边聊天，是否喜欢进食汤圆、粽子、馒头等这类易引起吞咽困难的食物。

3. 评估有无神经系统疾病、脑血管疾病、老年痴呆症、帕金森病、颅内肿瘤、颅脑外伤、脑干损害、精神障碍病史；有无服用易导致噎食的药物史。

4. 评估医源性因素，持续后仰位、气管切开、气管插管、鼻饲及鼻胃管置入等会增加吞咽障碍和误吸的风险。

（二）身心状况

1. 症状体征

（1）口咽性吞咽障碍　在开始吞咽时感觉困难，感觉食物卡在颈部，口水或食物从口中流出、长时间将食物停留在口腔内不吞咽、食物或水从鼻腔流出、食物粘在口腔或喉部、进食或喝水时出现呛咳，常伴有吞咽启动的困难、鼻音、咳嗽、口腔异味、构音障碍和复发性吸入性肺炎等。

（2）食管性吞咽障碍　反流、吞咽疼痛、呛咳、声音嘶哑、频繁清理口腔、胸骨后疼痛或烧灼感等，相比口咽性吞咽困难，患者感到食物卡在胸部或颈胸部之间。

2. 并发症　可发生误吸、噎食、肺炎、营养不良等。

3. 心理-社会状况　患者因不能经口进食、佩戴鼻饲管等原因，容易产生抑郁、社交隔离等精神心理症状，需要评估患者及照护者是否出现恐惧和焦虑等心理问题。发生吞咽障碍后部分患者易出现烦躁、易怒和抑郁情绪，有的甚至拒绝进食。

（三）环境评估

评估就餐环境是否安静、舒适。评估患者唇、颊部、颌、软腭、喉及舌的运动（龇牙、鼓腮、伸舌、微笑、张口）。评估患者能否保持头部抬高姿势、坐位平衡、控制头部平衡。对于刚睡醒的患者，给予适当的刺激，使其在良好的觉醒状态下进餐。

（四）辅助检查

1. 洼田饮水试验　评估患者吞咽障碍的程度和频率。方法：让患者取坐位或半卧位，按习惯喝 30ml 温水，观察饮水过程，记录有无呛咳、饮水时间及饮水次数。1 级：5 秒内能顺利地 1 次咽下，无呛咳；2 级：2 次以上咽下，无呛咳；3 级：1 次咽下，但有呛咳；4 级：2 次以上咽下，也有呛咳；5 级：屡次呛咳，全量咽下困难。

2. 反复唾液吞咽试验　患者取舒适体位，让患者尽量快速反复吞咽，观察 30 秒内吞咽的次数。如果患者难以启动吞咽动作，可在舌面上注入约 1ml 水后让其吞咽，以检查吞咽启动时间、舌骨及喉部运动等情况。一般认为中老年（50 岁及以上）患者＜5 次或者高龄（80 岁及以上）患者＜3 次为异常。

3. 其他辅助检查　可采用吞咽造影检查、喉镜吞咽检查、胃镜检查、磁共振功能成像检查、CT 检查等正确评价吞咽功能。

三、治 疗 要 点

吞咽障碍的治疗需要团队成员密切配合完成。主要包括体位调整、放慢进食速度、相应的辅助设备、适应环境、调整饮食及物理治疗。营养是吞咽障碍患者需首先解决的问题，若无禁忌证，推荐使用肠内营养。对于肠内营养不能满足需求或有禁忌证的，可选择部分或全肠道外营养。物理治疗主要包括口腔感觉训练、口腔运动训练、气道保护方法、低频电刺激、表面肌电生物反馈训练、球囊扩张术、针刺治疗、通气吞咽说话瓣膜的应用等。

四、主要护理诊断/问题

1. 吞咽障碍 与老化、进食过快、食物过硬或过于黏稠、疾病等原因有关。

2. 有窒息的危险 与摄食-吞咽功能减退有关。

3. 有急性意识障碍的危险 与可能发生窒息有关。

4. 焦虑 与担心窒息而紧张有关。

5. 恐惧 与担心窒息而害怕有关。

五、护理措施

（一）一般护理

1. 创造安静、舒适的就餐环境 协助洗手，有义齿的患者进食前佩戴义齿；对于刚睡醒的患者，给予适当的刺激，使其在觉醒状态下进餐。患者进食时护士要密切观察患者的进食状况和吞咽情况。

2. 饮食护理

（1）体位调整 采取躯干坐姿、颈部直立或低头姿势，预防早期食物溢出及打开气道。吞咽时，可头部偏向患侧，有效关闭患侧的食团入口，使食团顺利进入健侧咽部通道，下颌收拢45°可降低食团通过的速度。

（2）食物性状选择 选择有适当的黏性、容易搓成团块而不易松散容易吞咽的食物，以半流质为宜，如鸡蛋羹、烂面、水果泥、菜泥、稠粥、米糊等，同时还应顾及食物的色、香、味，对肉类、蛋类、素菜、果类等分类搅拌、分别盛放，保持食物的原有口味。不宜食用干噎或易松散、黏性高、汤汁较多等食物。

（3）餐具选择 使用浅窄、圆润的安全舒适型餐具、经改良的杯子等帮助放置、定位和控制食团或液体并可在进食中保持正确的姿势。例如，勺子要柄长且粗，边缘钝厚，容量5～10ml；碗要边缘倾斜，加防滑垫；杯口不要接触到鼻部。避免使用刀、叉等不安全餐具，饮水禁用吸管。

（4）饮食的速度和量 放慢用餐速度，不要赶时间或疲倦时用餐，一口摄入少量食物和饮料，吞咽时集中精力，不要一口摄入多种食物或饮料，用较有力的一侧咀嚼，液体固体食物交替摄入，增加食团的黏性。

（5）食物温度 维持在37～42℃，冷食比热食佳，冷食可促进舌较快速地向后运动，每餐前可先予30～50ml冰水饮用，然后进食。

考点：吞咽障碍患者的饮食护理要点

链 接 吞咽障碍评估和治疗循证依据（B级）推荐

在进水、进食、服药前患者应当进行喂养/吞咽安全的筛查。筛查建议由专业人员采用有效工具进行。通过减少干扰、降低噪声、增强照明促进社会交往的互动等环境方面的调节可以改善进食体验。维持和改善口腔卫生、进行积极的吞咽功能锻炼是吞咽障碍患者适宜且有效的方法。

（二）症状护理

1. 噎食或误吸的急救措施

（1）当吞咽障碍影响患者呼吸甚至发生窒息时，应立即现场急救。轻度者能自行咳嗽，勿拍背等以免影响患者清理呼吸道。

（2）若患者噎食症状无缓解，立刻给予腹部冲击法施救，它包括立位腹部冲击法和仰卧位腹部冲击法。

1）立位腹部冲击法，适合意识清楚的患者，操作方法是：①站在患者身后，用双臂环绕患者腰部，嘱患者弯腰，头部前倾，低头张口，便于异物排出。②救护者一手握空心拳，拳眼顶住患者腹部正中线脐上方两横指处，另一手环抱空心拳，快速向内、向上冲击五次。挤压动作要迅速，按压后随即放松。

2）仰卧位腹部冲击法，适合意识不清的患者，操作方法是：①将患者置于仰卧位，救护者骑跨在患者髋部两侧。②一只手的掌根置于患者腹部正中线、脐上方两横指处，不要触及剑突；另一只手直接放在第一只手的手背上，两手掌根重叠。③两手合力快速向内、向上有节奏冲击患者的腹部，连续五次，重复若干次。④检查口腔，如异物被冲出，迅速用手将异物取出。⑤检查呼吸、心跳，如果没有，立即实施心肺复苏。

2. 肺炎的护理　肺炎可使患者机体营养消耗增加，应评估其影响程度及状况，进食时保持合适的体位，采用综合的干预方法减少或避免误吸的发生。指导患者进行有效咳嗽、翻身叩背等促进痰液的及时排出。高热者遵医嘱采用物理降温和药物降温方法。

3. 营养不良的护理　详见第 6 章第 2 节。

考点：噎食患者的急救措施

4. 特殊患者的进食护理

（1）认知功能障碍者　评定患者的认知程度、进食情况，明确进餐要求。轻度认知障碍患者自行经口进食，照护者应及时提醒；中度认知障碍吞咽功能保留者照护者协助经口进食；重度认知障碍患者选择鼻饲饮食或肠外营养。

（2）配合进餐困难者　采用从喂食到协助喂食再到自行进食分步骤训练进食，如先训练患者握勺动作，接着训练将装饭的小勺送到嘴边，再训练向嘴里填送。

（3）拒绝进食者　制订促进家庭参与式进食以及患者与照护者互动的策略，熟悉患者自身的文化背景和期望，帮助其提供符合饮食习惯的餐具和食物，并提醒家属及时发现问题并给予积极帮助。

（4）上肢精细功能障碍者　准备适合患者的特殊餐具，如叉子、歪把勺、勺把加粗加大的汤勺。将餐盘固定，以防患者碰翻打坏，并给予适当协助，不可催促患者进食。

（三）康复护理

除专科康复外，照护者应指导患者及其家属学会自我吞咽功能康复及锻炼，主要包括基础训练、摄食训练等方面。

1. 基础训练

（1）口腔周围肌肉训练　包括口唇闭锁训练；下颌开合训练；舌部运动训练；面部肌肉训练等。

（2）寒冷刺激法　吞咽反射减弱或消失时可用冰冻的棉棒轻轻刺激软腭、腭弓、舌根及咽后壁，可提高软腭和咽部的敏感度，使吞咽反射容易发生。

（3）减少流涎训练　颈部及面部皮肤冰块按摩直至皮肤稍稍发红，降低肌张力，每日 3 次，每次 10 分钟。

（4）屏气吞咽　用鼻深吸一口气，然后完全屏住呼吸，空吞咽，吞咽后立即咳嗽，促进声门闭锁。

2. 摄食训练　在基础训练后逐渐开始摄食训练。

（1）体位　患者采取躯干屈曲 30°仰卧位，用枕垫起患侧肩部，减少食物向鼻腔反流及误咽风险，进食后保持原体位 30 分钟，避免翻身、叩背动作。

（2）食物形态　选择密度均一、有适当的黏性、不易松散、容易变形、不易在黏膜上残留的容易吞咽的食物。食物应细软，切碎煮烂，不宜干、硬、脆。患者可以往液体食物里加增稠剂，或者将固体食物改成泥糊状。

（3）每次摄食一口量　成人正常的一口量约为 20ml。患者一般先从少量（3～4ml）开始逐渐增加并掌握合适的一口量。完全咽下一口后再进食下一口，进食速度要慢，避免匆忙或强迫喂食。

（4）指导患者吞咽的意识化　建议患者有意识地进行过去习以为常的摄食、咀嚼、吞咽等一系列动作，防止噎呛和误咽。

（5）代偿性训练　进行吞咽时采用的姿势与方法，一般是通过改变食物通过的路径和采用特定的吞咽方法使吞咽变得安全，常见的有侧方吞咽、交替吞咽、用力吞咽、点头样吞咽、低头吞咽等。当然，没有任何单一的策略适用于所有吞咽障碍患者，需要根据患者评估情况，选择个体化的训练方式。

（四）心理护理

护理人员应及时给予吞咽障碍患者积极的心理支持，消除恐惧心理。应根据患者的性格特点、文化程度和社会阅历等选择适合的方式，提高患者的信心。

六、健康教育

1. 告知居家患者及照护者吞咽障碍和误吸的发生原因、影响因素和过程。
2. 告知照护者做好进食记录。
3. 告知居家患者及照护者发生误吸、噎食及肺部感染的风险情况，以及出现这些风险时的相关表现及症状。
4. 教会照护者简单的评估方法及危险因素的识别方法。
5. 教会照护者体位管理，饮食配制，喂养技术，行为和环境因素管理，口腔护理，窒息的急救与管理等吞咽障碍的应对方法。

第 11 节　视力障碍患者的护理

案例 6-11

患者，女，73 岁。患有糖尿病、高血脂、高血压，从 65 岁开始双眼视力逐渐下降，平常的爱好（如看电视、书报）、饮食、起居、外出，以及社会交往等都受到影响，导致其日常活动减少，自信心降低。近期视力明显减退，家属陪同前来医院就诊。

问题：1. 造成患者视力下降可能的原因是什么？
2. 患者视力下降后如何对其进行生活护理？
3. 如何对患者进行心理护理？

一、概　　述

（一）概念

视力障碍是由先天或者后天原因，导致视觉器官的构造或者功能发生部分或者全部障碍。老年视力障碍包括视力下降、视物模糊、眼前黑影飘动、视物变形、视野缩小、复视等，也可伴有眼痛，表现为年龄相关性白内障、青光眼、视网膜黄斑变性和老花眼等。视力好坏直接影响患者的工作和生活能力。

（二）病因

导致视力损害继而出现视力障碍的病因较多，在不同的年龄段中，导致视力损害的原因也有所不同。

1. 视力突然下降，不伴眼痛，常见于缺血性视神经病变、视网膜中央动静脉痉挛、视网膜脱离、玻璃体积血等疾病。
2. 视力突然下降，伴有眼痛，常见于眼外伤、角膜炎、结膜炎、急性闭角型青光眼、虹膜睫状体炎等疾病。

3. 视力逐渐下降长达数周、数月至数年，不伴有疼痛，常见于白内障、屈光不正、玻璃体混浊等疾病。

4. 视力下降而眼底正常，常见于球后视神经炎、弱视等疾病。

5. 其他，如强烈的日光照射、严重的腹泻、营养不良、吸烟、性别、服用类固醇或阿司匹林药物，以及遗传等因素。

二、护 理 评 估

（一）健康史

评估患者的一般情况如年龄、性别、经济状况、职业、生活方式、饮食习惯等，是否存在引起患者视力障碍的危险因素，了解患者的疾病史，有无多重用药、家族史等。了解患病情况、跌倒史及活动能力。评估视力障碍的程度及对生活的影响。评估居住环境，心理、社会支持情况及照护者的能力与需求。

（二）身心状况

1. 症状体征 可表现为视力下降、视物模糊、视物变形、视物遮挡、黑矇、闪光感、眼前黑影等。

2. 眼科疾病情况 如是否有白内障、青光眼、糖尿病性视网膜病变、老年性黄斑变性等。

3. 心理-社会状况 视力障碍影响患者外出、社会交往等，导致其自信心降低，易产生消极悲观的情绪。因此要评估患者是否有孤独、抑郁、自信心降低和自我保护能力受损等问题。

（三）环境评估

评估环境是否宽敞明亮，有无障碍物，评估日常用物的大小、颜色是否便于患者查看并使用。评估夜间光线是否充足、通道走廊等灯光是否常开，以便患者熟悉周围环境。

（四）辅助检查

1. 视功能检查 重点是视力、视野和眼底的检查。

2. 触诊眼球的坚实度 指导患者两眼尽量向下看，用两手示指尖放在上眼睑巩膜上方，轻轻触压，凭借指尖感觉眼球的张力，估计眼球的硬度。

3. 视力检查 包括远视力、近视力等，了解患者的屈光状态，主要反映黄斑区的视功能。临床上≥1.0 的视力是正常视力，1.0＞视力≥0.3 是轻度视力损伤，0.3＞视力≥0.1 是中度视力损伤，0.1＞视力≥0.05 是重度视力损伤，视力＜0.05 是盲。

4. 视野检查 检查者与患者面对面对视，检查者伸出手，并沿上下左右四个方向移动，同时询问能否觉察手指移动，粗略了解视野有无明显缺损。

5. 眼底检查、裂隙灯检查 排除白内障、青光眼等疾病。

三、治 疗 要 点

1. 老年性白内障 目前尚无疗效肯定的药物，手术治疗是主要的治疗手段。详见第 7 章第 2 节。

2. 老视（老花眼） 首选的治疗是佩戴合适的眼镜。通过准分子激光和手术虽能治疗老花眼，但是其花费的成本、带来的风险与患者的受益程度不成正比。老花眼的度数一直在变，因此很难通过一次手术定型让度数固定。

3. 原发性闭角型青光眼 以手术治疗为主，急性发作期时，先用药物治疗，使房角开放眼压下降待炎症反应消退后再进行手术治疗。保持良好的生活习惯，避免诱发青光眼急性发作的促发因素。

4. 老年黄斑变性 无特殊药物治疗，建议患者佩戴墨镜避免强光直射，口服维生素及锌制剂，必要时采用激光治疗，以及光动力疗法。光动力疗法后的 48 小时内避免强光刺激，以降低光敏反应的发生。

5. 糖尿病视网膜病变 积极控制高血糖、高血压及高血脂。根据疾病发展程度可采用激光、视网膜光凝、玻璃体切除手术治疗，减少视力丧失的危险。

四、主要护理诊断/问题

1. 感知改变、视觉下降 与老视、白内障、青光眼等有关。

2. 有受伤的危险 与视力减退有关。

3. 社会交往障碍 与视力障碍有关。

4. 知识缺乏：缺少眼部正确护理相关信息。

五、护理措施

（一）一般护理

1. 饮食护理 针对视力严重下降的患者，向其详细说明食具位置、食品摆放顺序（按时钟方向摆放），以主食为中心说明饭菜名称。选择富含维生素 A、B 族维生素，有明目功效的食物，如牛奶、鱼类、麦芽、豌豆类、玉米胚芽油等。

2. 生活护理

（1）指导患者尽量白天外出，强烈光线内下活动时尽量佩戴太阳镜，以避免光线的突然变化，从暗处到亮处要尽量停留片刻。调节室内光线，晚间用小夜灯，避免强光刺激。

（2）指导阅读时，避免用眼过度疲劳，精细的用眼活动最好安排在上午。阅读材料要印刷清晰，字体较大，黑白分明、色差对比度大，避免用蓝、绿、紫色背景。

（3）患者生活环境中的物品位置应相对固定，眼镜、放大镜、台灯等常用物品放于患者便于拿取的地方，开水壶、电插座等危险物品应用特殊标签标识以防安全隐患。电话选用大型电话键，以便于容易正确按键。选用大型闹钟，钟面上的数字及刻度也要较一般更大，便于患者查看。

（4）为患者清洁时，要防止烫伤和摔倒，向患者演示洗手间水龙头的使用方法，并让其直接触摸加深理解；在浴室，护士要尽可能地调整好水温，一边详细说明一边让其触摸扶手及浴室用椅等设施；患者携带的物品要放置在固定位置，便于取用；患者使用指甲刀困难，可用锉刀锉指甲，要预防剪伤手指及指甲剪切过度。

（5）根据老视程度佩戴专业老花镜，并注意及时调整或更换。

3. 安全护理 病区设置引导板，有危险的地方要做标识，标识与周围对比度要明显，暗室、厕所、洗漱间入口处、走廊拐角、扶手处贴 5～20cm 宽的红色标识。安装床挡，定期检查床、床保护带的安全性。桌子周边用红色塑料胶带镶边，易于患者辨认。走廊不放置障碍物。洗手池附近、浴室地面、床附近、走廊有水迹时要及时擦去，防止跌倒。

考点：视力障碍患者的一般护理要点

（二）用药护理

护理人员指导患者学会滴眼液的使用方法。用滴眼液前应先清洁双手，嘱患者取合适体位，滴药时用示指和拇指分开眼睑，嘱患者眼睛向上看，将眼药水滴在下穹隆内。闭眼，再用示指和拇指提起上眼睑，使眼药水均匀地分布在整个结膜腔内，注意滴药管不可触及角膜和巩膜。滴药后必须压迫内眼角数分钟。滴眼液开封后有效期为 28 天，过期未用完应丢弃。注意滴眼液的副作用，α 受体阻滞剂用于原发性开角型青光眼的患者，但哮喘、慢性阻塞性肺疾病患者及心率＜60 次/分的患者不宜使用，缩瞳剂宜晚上临睡前使用。

（三）心理护理

护理人员应给予视力障碍患者积极的心理支持，全面评估患者，了解患者的生活，理解患者的痛苦，向患者介绍疾病的自我保健知识，积极配合检查和治疗，并定期随诊，防止病情进展。

医者仁心

"追光的人"姚玉峰

1992 年，姚玉峰赴日本研修，通过不断的实验、钻研，姚玉峰搞清了角膜移植排异针对的是角膜的内皮层，但内皮层仅有 6μm 厚，相当于十分之一根头发丝那么细，怎么完整地保留这 6μm，成为破解角膜移植手术排异问题的技术难关。姚玉峰从剥鸡蛋壳中得到启示，成功分离角膜的后弹力层与内皮层，破解了困扰世界角膜界一个世纪的难题，2019 年他荣获"最美医生"称号。

六、健康指导

1. 指导患者保护现有的视力，防止由于姿势不正确引起视疲劳。

2. 视力训练应以提高患者主动性为主，应从患者最想做的事情开始，根据患者自身情况采取恰当的光学辅助工具和视力训练内容。

3. 指导患者正确使用滴眼液。使用前要了解滴眼液的适应证和禁忌证，检查有无混浊、沉淀、变色，以及有效期等。

第 12 节　听力障碍患者的护理

案例 6-12

患者，男，63 岁。退休前是搪瓷厂喷花车间工人，患有糖尿病、高血脂、高血压。吸烟史 45 年，每天 20 支左右。3 个月前，因反复呼吸道感染，口服抗生素无效，接受静脉输注抗生素治疗，1 周后痊愈。随后出现听力下降，逐渐加重，家属陪同就诊。

问题： 1. 使患者听力明显减退的因素有哪些？

2. 如何对患者进行护理？

一、概　　述

（一）概念

听力障碍又称听觉受损，由内耳的退行性病变引起自然听力部分或完全降低。老年性耳聋是老年人最常见的听力障碍，指随着年龄的增长而出现的双侧渐进性、对称性的感音性神经性聋，大多从高频听力减弱开始，逐渐向低频音域扩展，表现为听力敏感度普遍下降，言语识别能力降低，是听觉系统不可逆的损害。根据世界卫生组织的统计数据显示，65 岁及以上人群中老年性耳聋的发病率为 70%～80%。

（二）病因

1. 遗传因素　感音性老年性耳聋归因于基因改变。老年性耳聋的发病年龄、发展速度及进行形式等方面存在个体差异，在很大程度上取决于遗传因素，即遗传易感性。即便处于同一环境，有遗传易感性的患者耳聋的发病年龄会提前，听力下降程度会加重等。研究表明，遗传和老年性耳聋之间有 35%～50%的相关性。

2. 疾病因素　认知障碍、内分泌及代谢性疾病、心脑血管疾病等，导致循环障碍、免疫异常等，与老年人耳聋的发生呈正相关。

3. 药物因素　链霉素、庆大霉素、卡那霉素、抗肿瘤药物、髓袢利尿药、水杨酸盐类等药物，通过血液循环、脑脊液循环等途径进入内耳，损害听力。

4. 其他　噪声、饮食、环境污染、精神创伤等。

（三）分类

根据听力损伤部位，可以将听力障碍分为以下三大类。

1. 传音性听力障碍 也称传导性听力障碍，听力损失主要发生在外耳和中耳部分。

2. 感音性听力障碍 也称感觉神经性听力障碍，是由耳蜗内及耳蜗后听神经通路病变导致的听力损失。

3. 混合性听力障碍 既发生在外耳，也发生在中耳或内耳；既有传音性听力障碍，又有感音性听力障碍。

二、护理评估

（一）健康史

评估患者的一般情况如年龄、性别、经济状况、职业、生活方式、饮食习惯等，是否存在引起患者听力障碍的危险因素，了解患者的疾病史、有无多重用药、家族史等。了解跌倒史及活动能力。

（二）身心状况

1. 症状体征 起病隐匿，病程进展缓慢并逐渐加重，一般双耳同时受累亦可有两耳先后起病或一侧较重。患者对低声听不清，对高声不耐受，若讲话速度较快或环境噪声较强，患者出现领会困难，常伴耳鸣。

2. 并发症 耳鸣、焦虑、抑郁、跌倒等。

3. 心理-社会状况 评估患者有无因听力障碍而导致严重不适应而出现孤独、自我封闭、自卑消极心理。有无对疾病缺乏正确认知产生自卑、焦虑、烦躁心理。

（三）环境评估

评估患者的生活环境是否安静，有无噪声情况；评估听力障碍的程度及对生活的影响。评估居住环境、心理、社会支持情况及照护者的能力与需求。

（四）辅助检查

1. 客观检查 通过观察声刺激引起的非条件反射来了解听力（如瞬目、转头、肢体活动等）；通过建立条件反射或习惯反应来检查听力（如皮肤电阻测听、西洋镜测听等）；利用生物物理学方法检查听力（如声阻抗-导纳测听）；利用神经生物学方法检查听力（如耳蜗电图、听性脑干反应）。

2. 主观检查 耳语检查、秒表检查、音叉检查、听力计检查、纯音测听、定向条件反射测定和言语识别率测试等方法。但可因年龄、精神心理状态异常等多方面原因而影响结果。

三、治疗要点

1. 传导性听力障碍

（1）保守治疗 各种炎症所致的传导性听力障碍以抗生素进行治疗为主，通过静脉滴注或局部滴药，使炎症消退，也可应用激素和抗组胺药物，减少渗出，使听力尽快恢复。

（2）手术治疗 外中耳畸形、各种压迫咽鼓管疾病、耳外伤均可通过不同的手术方法使听力恢复。外中耳畸形患者也可考虑应用骨导助听器或振动声桥和骨锚式助听器。

2. 感音性听力障碍

（1）药物治疗 多在排除或治疗原发疾病的同时，尽可能及早选用可扩张内耳血管、降低血液黏稠度和溶解小血栓的药物，如糖皮质激素、B 族维生素、能量合剂等，必要时可应用抗病毒及抗细菌药物。

（2）助听器 听力损失程度≤80dB 的患者建议选配助听器，并行听觉言语康复训练。

（3）人工耳蜗　是目前帮助重度及极重度听力障碍者获得听力，获得或保持言语功能的良好工具。听力损失程度>80dB 的患者建议人工耳蜗植入，并行听觉言语康复训练。

3. 混合性听力障碍　根据不同的疾病类型选择不同的治疗方法。

四、主要护理诊断/问题

1. 感知改变：听觉下降　与老化、疾病、噪声等有关。

2. 沟通障碍　与听力下降有关。

3. 有受伤的危险　与听觉减退有关。

4. 知识缺乏：缺乏正确信息指导。

五、护 理 措 施

（一）一般护理

1. 及时检查　指导患者与别人交谈听不清讲话内容时，要及时进行听力及相关检查。要注意评估耵聍嵌顿等常见的影响因素。

2. 饮食护理　向患者讲解规律饮食的重要性，指导其多摄入富含维生素的新鲜蔬菜和水果，延缓内耳螺旋器的老化。戒烟戒酒，因为烟雾中的尼古丁能导致不可逆性耳聋、耳鸣；乙醇容易导致脑血管收缩紊乱，引发内耳供血不足。

3. 生活护理　帮助患者正确选择和使用助听器，指导其了解助听器的使用和保养；指导照护者与患者正确沟通，避免过度疲劳，保证精力充沛；指导患者日常用药。关注患者睡眠质量，给予安静的睡眠环境，养成良好的睡眠习惯，如睡眠不好，遵医嘱给予镇静催眠药物辅助治疗。

链　接　助听器的佩戴及使用注意事项

验配助听器须由专业医生全面检查，选择适合的助听器。一般情况下，中度至重度感音神经性聋，精神和身体状况较好，语言分辨率较高的患者适合佩戴。患者佩戴助听器一般需适应 3～5 个月。适应期内，助听器的音量应尽量要小，使用 2～3 个月后重新调整音调和各种控制装置。注意初戴助听器时，应每天先戴 1～2 小时，几天后逐渐延长佩戴时间，待完全适应后再全天佩戴。开始时，先在安静的环境中训练听自己的声音，适应后可练习听电视等媒体节目的声音，然后训练对话。训练时，开始要在安静环境下一对一地进行，适应后可在人多及嘈杂的环境中进行练习，循序渐进，避免急躁。

（二）用药护理

谨慎使用链霉素、新霉素、卡那霉素和庆大霉素等氨基糖苷类抗生素。该类药物经口服、注射或滴耳都可进入内耳，损害内耳的听觉功能，药量过大则导致不可逆性病变，若患者家族中有该药物中毒史者，应禁用。

（三）心理护理

1. 加强有效沟通　理解患者的情绪和行为，多陪伴以减轻患者的孤独感和压抑感。与患者沟通时应始终保持热情，注意沟通技巧，对重度患者通过书面形式或借助手势、表情等进行沟通。

2. 孤独自卑的护理　向患者讲述用乐观积极的心态战胜疾病的案例，传递正能量，帮患者树立信心，通过握手、眼神等提供支持，帮助患者找回安全感。

3. 焦虑烦躁的护理　通过健康宣教的方式提升患者的认知水平和感知能力，引导其淡化对耳聋的关注；鼓励患者积极培养兴趣点，让其意识到耳聋并不影响自己的生活质量。

4. 偏执古怪的护理　通过询问患者及其家属，充分了解患者的生理、心理和社会状况，接受患者真实想法，缓解不良情绪，提高患者依从性，积极配合治疗，促进病情恢复。

考点：听力障碍患者的护理要点

医者仁心

“听障患者的守护神”龚树生

龚树生教授是首都医科大学耳聋疾病临床诊治与研究中心主任、附属北京友谊医院耳鼻咽喉头颈外科主任，从医以来，他始终践行医者仁心，擅长耳显微外科、耳神经外科学。有一位严重搏动性耳鸣的患者，两年多的时间做了各种各样的检查，治疗效果甚微，找到了龚医生。经过多次研究、会诊，龚医生最终初步判定患者的耳鸣源自乙状窦相关病变。进行了国内首次尝试的高难度手术后，患者最终逐渐恢复了听力。目前其团队成为世界上“乙状窦病变相关搏动性耳鸣”外科诊治最多的临床中心。2019 年龚医生荣登“中国好人”榜，2019 年获“中国好医生”光荣称号。

六、健 康 指 导

1. 定期检查 进行听力感觉功能等检查，同时进行相关疾病（高血压、糖尿病、高血脂等）的检查并积极控制。

2. 合理饮食 指导患者多食用新鲜蔬菜和水果，少食用高脂肪、高胆固醇、高糖食物，戒烟酒。

3. 注意事项 老年性耳聋属听觉系统的不可逆的退行性变化，目前尚无有效的治疗方法。但环境、营养及老年疾病等会加速老年性耳聋的发生，因此要避免噪声环境及耳毒性药物的影响。积极预防和治疗老年人常见慢性疾病，如高血压、动脉硬化、糖尿病等。教会患者用手掌按压耳朵和用示指按压环揉耳屏，每日 3～4 次，以增加耳膜活动，促进局部血液循环，防止听力下降。做好噪声防护，可随身携带耳塞、耳罩等隔音设备。对于长期处于噪声环境的人群注意做好职业防护和定期复查检查听力。

第 13 节　尿失禁患者的护理

案例 6-13

患者，女，75 岁。主诉近 5 年来在大笑、咳嗽、打喷嚏、提重物时出现尿液不自主溢出，近 1 个月来溢尿症状加重。询问生育史，育有二儿、二女。妇检发现子宫Ⅰ度脱垂。尿道压力测试：在膀胱充盈的状态下，站立时可见尿液随咳嗽溢出，咳嗽停止后溢尿消失。面对这样的情况，她觉得心里很难受。

问题： 1. 患者的排尿出现了什么问题？

2. 针对患者出现的问题，应该如何护理？

一、概　　述

（一）概念

尿失禁（urinary incontinence，UI）是由于尿道括约肌损伤或神经功能障碍而丧失排尿自控能力，尿液不自主地流出。包括由各种原因引起的间断或持续性不自主漏尿现象，是排尿障碍性疾病的常见症状，本质上是膀胱储尿功能障碍的表现。

（二）病因

1. 生理因素 女性绝经期后雌激素减少，引起尿道壁和膀胱敏感度下降，尿道闭合力下降，夜尿增加。

2. 生活习惯 咖啡因易引起膀胱刺激征；吸烟引起的咳嗽会引起或加重压力性尿失禁；饮酒容易

导致尿频、尿急，或失去自控能力，饮酒要适度，男性每日乙醇摄入量控制在小于 25g；液体摄入量过多，超过 4000ml（大于 18 杯水）可增加尿量，加重尿失禁。

3. 急慢性疾病　急性疾病如尿路感染、阴道炎易引起下尿路刺痛，引发尿失禁。慢性疾病如慢性阻塞性肺疾病、慢性心力衰竭易引发压力性尿失禁或者加重尿失禁。神经系统疾病如卒中、帕金森病、认知障碍等通过影响行动和认知等可诱发急迫性尿失禁。

4. 药物影响　α 受体阻滞剂可导致尿道关闭不全，引起急迫性尿失禁；α 受体激动剂、β 受体激动剂、钙通道阻滞剂可引起尿液滞留，引起充盈性尿失禁；利尿剂引起尿量增加导致夜尿症和尿失禁；抗胆碱能药物导致尿潴留；血管紧张素抑制剂诱发咳嗽，导致压力性尿失禁；镇静催眠药、中枢神经抑制剂、麻醉药物导致肌肉松弛，活动能力受限，可能引起尿失禁；抗抑郁药物类似抗胆碱能药物，可能导致尿液滞留或充盈性尿失禁；非甾体抗炎药导致尿失禁或便秘。

（三）分类

1. 压力性尿失禁　指打喷嚏、咳嗽或运动等腹压增高时出现的尿液不自主流出的现象。高龄、妊娠史、肥胖、重体力劳动等导致盆底支持结构损伤或缺陷，导致腱膜、筋膜或阴道旁组织的损伤，从而减少膀胱颈和尿道的解剖支撑，导致尿道的高活动性。

2. 急迫性尿失禁　指突发强烈、不能被延迟的尿意，继而出现尿液不自主流出的现象。尿道炎、肿瘤、结石等导致逼尿肌过度活动，放射治疗、慢性感染或长期插管等使膀胱纤维化，膀胱壁变硬，逼尿肌顺应性降低，也会导致膀胱的高反应性。

3. 充溢性尿失禁　指膀胱过度充盈，在无逼尿肌收缩的状况下，由于膀胱内压力增高而使膀胱内压超过最大尿道阻力时发生的尿失禁。尿道梗阻、膀胱出口梗阻、膀胱挛缩及急性神经系统损伤等，导致排尿反射麻痹或尿道外括约肌痉挛，发生尿潴留，膀胱过度充盈时，膀胱内压不断增高，尿液会不自主流出。

4. 功能性尿失禁　身体功能或认知功能受损而导致的不自主排尿状态。此类尿失禁群体常能感受到膀胱充盈，但因为精神障碍、运动障碍等原因，不能及时排尿而引起不自主排尿，每次尿量比较大。

5. 混合性尿失禁　两种及以上的尿失禁同时存在。

考点：尿失禁的分类

二、护 理 评 估

（一）健康史

询问患者尿失禁的起始时间、频率，失禁量，是否有尿意，是否有尿频、尿急、排尿困难等情况；并了解引起尿失禁的因素，如居住环境、体力和活动情况、液体入量、疾病既往史、用药史、女性患者分娩史、阴道手术史等情况。

（二）身心状况

1. 症状体征

（1）急迫性尿失禁　先有强烈尿意后有尿失禁，或在出现强烈尿意时发生尿失禁，每次尿量较多，同时伴尿憋胀感、下腹部或会阴部不适，尿液流出或排出后症状消失。运动急迫性尿失禁常常在咳嗽、打喷嚏、腹压增加时诱发，易误诊为真性压力性尿失禁。

（2）压力性尿失禁　当咳嗽、打喷嚏、大哭大笑、上楼梯或提举重物等时，尿液就会不自主地从尿道口流出。这种尿失禁不伴有尿频、尿急症状，失禁的尿量也不多，站立活动时尿失禁加重，平卧后症状减轻。

（3）充溢性尿失禁　膀胱内的尿液充盈达到一定压力时，即可不自主溢出少量尿液，当膀胱内压力降低时，排尿立即停止，但膀胱仍呈胀满状态，而尿液不能排空。

（4）功能性尿失禁　突如其来，常在精神障碍、运动障碍、情绪激动或听到流水声而不由自主流出尿液。

（5）混合性尿失禁　以一种尿失禁症状体征为主，同时伴有其他类型的尿失禁症状体征。

2. 并发症　跌倒、压力性损伤、妇科炎症、泌尿系感染、肾部损伤等。

3. 心理-社会状况　尿失禁所造成的身体异味、皮肤糜烂等情况，容易使患者产生自卑、焦虑、抑郁等心理问题。

（三）环境评估

1. 居住环境　室内地板是否防滑；厕所的位置、方便程度、距离，去厕所的通道是否畅通，厕所设施（马桶还是蹲便）情况，地面是否防滑，是否有蹲起用扶手，马桶高度；蹲厕宽度；是否有公用厕所。

2. 生活环境　是否备有成人尿垫、护垫、吸收力强的被单。是否有符合患者自理能力、视力、认知程度的如厕环境。

3. 家庭环境　家庭成员组成，家庭是否提供精神支持和医疗支持，家庭的经济状况。

4. 就医环境　是否有各级医院的联系方式和就医条件，是否有尿失禁咨询机构（可以是医院的医生或有资格认证的健康咨询师）。

环境的评估一般由照护者和社区医生共同完成。评估的重点是环境中是否有引起尿失禁的因素，是否存在影响尿失禁恢复的因素。

（四）辅助检查

1. 实验室检查　尿常规、尿培养、尿动力学检查等，必要时还应进行直肠指检、尿道压力测试等检查。

链　接　尿动力学检查

尿失禁患者，根据其具体情况考虑选用尿动力学或影像尿动力学检查。一般推荐采用常规尿动力学检查，评估压力性尿失禁（SUI）患者的膀胱及尿道功能。通过腹压漏尿点压力及最大尿道闭合压力可以判断SUI的程度，通过压力-流率测定可鉴别是否存在流出道梗阻，通过储尿期膀胱测压可以判断逼尿肌顺应性、逼尿肌过度活动、腹压漏尿点压力和膀胱安全容量。对于合并多种病因的复杂情况推荐行影像尿动力学检查，可以明确尿道有无梗阻或狭窄，以及梗阻部位。

2. 简单的护垫测试　护垫测试一般是测量24小时的漏尿量和漏尿频率。护垫每2小时换一次，换后的护垫重量减去换前护垫重量就是2小时的漏尿量。24小时内漏尿量大于4g被认为是阳性。但由于是24小时的检测，一般会给照护者带来很大负担。国际尿控协会（ICS）推荐使用1小时尿垫测试，1小时内漏尿量大于1g的认为是阳性。

三、治疗要点

1. 尿失禁首选行为治疗和调整生活方式　行为治疗对于治疗尿失禁没有任何副作用，是针对尿失禁的首选治疗方式。行为治疗也可结合其他药物治疗或手术治疗，巩固药物治疗或手术效果，药物治疗和其他治疗方式依据尿失禁类型和特点由专业医护人员决定。

2. 常用治疗类型和治疗方法

（1）急性尿失禁　使用排除法找到急性尿失禁原因，进行针对性治疗。

（2）慢性尿失禁　包括改善生活方式、行为治疗、盆底肌功能训练等。

（3）药物治疗　增加尿道闭合压力，提高尿道关闭功能，推荐应用选择性α_1受体激动剂、β受体阻滞剂和雌激素等。

四、主要护理诊断/问题

1. 有皮肤完整性受损的危险 与尿液刺激局部皮肤及自理能力下降有关。

2. 社交障碍 与尿频、异味引起的不适和窘迫有关。

3. 焦虑 与患者担心尿失禁病情发展有关。

五、护理措施

（一）一般护理

1. 饮食护理 鼓励患者定时饮水，保证每天液体摄入量至少为1500ml，提醒患者减少咖啡、茶，以及其他对膀胱有刺激性的饮料和食品的摄入。摄入充足的膳食纤维（＞30g/d）、蛋白质（46～56g）及新鲜蔬菜水果。

2. 日常护理

（1）观察患者排尿量、次数、间隔时间等，定时诱导其如厕；帮助其使用适当的排尿用物或器具。少量溢尿者，除用尿垫外，应训练其憋尿。

（2）协助认知障碍者定时如厕，记录如厕时间。注意清除如厕路上的障碍物。帮助其兜上尿布，注意观察其排尿规律、表情和动作，引导患者有尿意时及时排尿。

（3）对有尿意但表达困难者，应注意保持患者的排尿意识，仔细观察有尿意的表现，及时给予尿器。

（4）保持皮肤清洁、干燥，以防长时间潮湿或尿液刺激引起皮肤糜烂、发生压力性损伤。

（二）症状护理

1. 压力性尿失禁、急迫性尿失禁的护理

（1）盆底肌肉训练 督促患者每天坚持进行盆底肌肉训练，并记录训练时间和训练次数。

（2）膀胱训练 膀胱训练的要点在于每次尽量排空膀胱。鼓励患者延长排便时间，帮助患者缓解排便的焦虑感，如听轻音乐、流水声。条件允许可以采取蹲便，以增加腹压。记录排尿时间，循序渐进地增加排尿间隔时间，在间隔时间有小便急迫感时，鼓励患者通过收缩尿道、下蹲等转移注意力，缓解不适感。

（3）监测手术或药物治疗效果 嘱患者每2～3个月定期监测尿失禁严重程度，病情决定后续治疗方式。

2. 充盈性尿失禁的护理

（1）鼓励患者延长就厕时间，尽量排空膀胱。记录排尿时间和排尿量。排便时，帮助和鼓励患者放松心情。指导患者多次排尿或者脐下按压帮助排尿，必要时用导尿管排尿。

（2）注意更换导尿管，避免感染。如果尿潴留量较大，并且每次都大于100ml时，应考虑定时使用导尿管。导尿管的规格应该根据尿潴留量来决定。如果尿潴留不能改善，考虑留置内置式导尿管。监测尿液颜色、气味，排尿量，有异味、尿液浑浊或颜色呈深褐色时需要和专业医护人员沟通。

3. 功能性尿失禁的护理

（1）调整生活环境，提供更便利的如厕环境或及时辅助如厕。

（2）做好患者的排便监测，嘱其按照排尿规律如厕，对及时如厕者进行鼓励和表扬。

考点：尿失禁护理要点

（三）康复护理

1. 盆底肌肉训练 运动前请先排空膀胱，饭后1小时较不适合执行此运动，在轻松、自然且没有压力的环境下练习，双腿、腹部与臀部的肌肉尽量不要收缩。

2. 强化背部肌肉训练 仰卧于床上，屈膝后将腰部抬起，同时与肛门运动结合起来。

3. 强化腹部肌肉训练 仰卧姿势将上半身抬起结合肛门运动，如上半身不能抬起，可平卧把脚伸直稍向上抬起，也可以达到锻炼腹肌的目的。

运动的质比量更为重要，动作的正确是成功的关键，每天饮水量至少 1500ml；有阴道或泌尿系统感染要暂停练习；运动时有不适要立即停止练习；恒心与习惯的养成是成功的关键。

考点：尿失禁康复护理要点

（四）心理护理

护理人员要缓解患者由尿失禁引起的心理反应。应以尊重和爱护的态度、轻柔与熟练的技巧进行排泄后的清洁，注意保护隐私。当患者拒绝任何一种尿失禁护理方法时，不要勉强其接受，但是认为必须采取某种护理方法时，则尽量说服患者。

医者仁心

勤思善悟，葱管导尿，行道救人

孙思邈是我国古代著名医学家，行医过程中他勤思善悟，解决了很多难题。有一次他碰上一个小肚子胀得鼓鼓的患者，喝了药还是尿不出来。这种病他还是头一次见到，应该想个什么办法呢？他忽然闪出一个念头，能不能把一根管子插到尿道里，把尿引出来呢？可是，用什么样的管子才合适呢？太硬了、太粗了都不行，急得他直在屋子里转悠。忽然，他看见邻居的一个小孩子正拿着根葱叶吹着玩，眼前不禁一亮。“对，就用葱叶来试试。”孙思邈找来一棵新鲜粗细合适的大葱，洗干净后小心翼翼地把葱叶插到患者的尿道里，再用嘴对着葱叶吹了口气。只见患者的尿顺着葱叶哗哗地流了出来。孙思邈是世界上第一个发明人工导尿术的人。现在导尿当然不用葱叶，用的是橡皮管，但是它们导尿的原理都是一样的。

六、健康教育

1. 告知及时消除引起尿失禁的疾病及诱发因素。保持会阴部皮肤清洁、干燥，指导患者制订饮水计划，协助定时更换纸尿裤、集尿器及尿垫，预防失禁性皮炎。

2. 教会盆底肌群训练、会阴部皮肤护理的方法。清洁皮肤时避免使用碱性皂液清洗会阴部，早期识别和处理失禁性皮炎。

3. 社区可预约家庭出诊或门诊进行尿管的更换及维护。在护理对象出现尿失禁或者监测到尿失禁程度严重时，及时联系专业医护人员诊治。

第 14 节　便秘患者的护理

案例 6-14

患者，男，68 岁。丧偶，子女均在国外，大学文化，退休 1 年。退休前为一家杂志社的编辑。除外出购物，不爱活动。白天大部分时间在家看书报或电视节目。喜欢吃肉，不爱吃蔬菜，嗜辣。1 个月前体检结果显示，除血脂偏高外，无其他异常。最近一段时间自觉排便困难，每周排便 2～3 次，大便干结，自己曾到药房购买酚酞片服用，但自觉效果不佳，食欲下降，故前来就诊。

问题：1. 患者出现了什么问题？

2. 针对患者出现的问题，应该如何护理？

一、概　　述

（一）概念

便秘（constipation）是指一种（组）临床症状，表现为排便困难和（或）排便次数减少、粪便干硬。排便困难包括排便费力、排出困难、肛门直肠堵塞感、排便不尽感、排便费时，以及需手法辅助排便。

排便次数减少指每周排便＜3 次。在我国 60 岁以上的老年人群中，便秘的患病率为 11.5%，并随年龄增加患病率上升。

（二）病因

1. 饮食因素 摄入的食物过少，产生的粪便过少，肠内容物不足以刺激正常的肠蠕动而引起便秘。例如，饮食过于精细少渣、液体摄入量过少。

2. 习惯因素 部分患者因工作因素，不能及时排便，久而久之导致排便不畅。部分患者因在排便时同时做一些其他的事，如看报、看小说、听音乐之类的，无意识地抑制排便，造成排便反射感觉降低。

3. 活动因素 活动量过少，使肠蠕动缓慢，肠内容物通过时间延长，肠内水分被过度吸收，粪便干结。

4. 药物因素 长期服泻药、灌肠等因素引起肠壁神经麻痹，导致便秘。抗精神病药物具有抗胆碱能及镇静作用，抑制胃肠蠕动而导致便秘。抗精神病药物种类不同，便秘的发生率不同，依次为氯氮平、氯丙嗪、氟哌啶醇、舒必利、奋乃静等。

5. 疾病原因 合并结肠炎、脑血管疾病、脊髓损伤、阿尔茨海默病等，患者活动受限或生活完全不能自理导致便秘。

（三）分类

1. 按病因分类主要分为器质性便秘、功能性便秘及药物性便秘 3 大类。器质性便秘主要包括代谢性疾病、神经源性疾病、结肠原发疾病（如结肠癌）等导致的便秘。功能性便秘是指排除器质性病变因素及药物因素所致便秘后，由多种病理生理机制作用所导致的包括肠道动力障碍、肠道分泌紊乱、内脏敏感性改变、盆底肌群功能障碍和肠神经系统功能紊乱等引起的便秘。药物性便秘主要由抗胆碱能药物、阿片类药、钙通道阻滞剂、抗抑郁药、抗组胺药、解痉药、抗惊厥药等诱发。

2. 按病程或起病方式可分为急性和慢性便秘，一般认为时间≥6 个月为慢性便秘。

二、护 理 评 估

（一）健康史

询问便秘开始的时间，排便次数、性状、间隔时间长短及类别，有无伴随症状如便血、腹痛、腹胀等；评估患者的日常饮食、活动情况、排便习惯、药物使用情况等；评估有无肛门直肠疾病等。了解是否伴随粪便干硬、嵌塞、腹痛、腹胀、恶心、食欲减退等情况，腹部触诊是否硬实且紧张，是否可触及肿块。

（二）身心状况

1. 症状体征 包括排便次数减少、粪便干硬、排便费力、排便时肛门直肠梗阻或堵塞感、需要手法辅助排便、排便不尽感，部分患者缺乏便意、想排便但排不出、排便量少、排便费时，伴有口渴、恶心、腹胀、腹痛及会阴胀痛等症状。

2. 并发症 长期便秘可引起或加重直肠疾病，如直肠炎、肛裂、痔等，同时还伴有失眠、烦躁、多梦、抑郁、焦虑等精神心理障碍。

3. 心理-社会状况 应特别注意对精神心理、睡眠状态和社会支持情况的评估，分析判断心理异常和便秘的因果关系。存在严重精神心理异常的患者应转至精神心理科接受专科治疗。

（三）环境评估

评估排便环境，卫生间的布置，距离的远近，是否方便患者如厕，是否有马桶，马桶的高度是否合适，有无床边坐便器，病室是否通风，有无窗帘或屏风等。

（四）辅助检查

直肠指检、肠镜检查、胃肠 X 线检查、直肠肛门压力测定、球囊逼出试验、结肠传输时间测定、排粪造影等检查可辅助诊断。

三、治 疗 要 点

1. 泻剂的使用 容积性泻剂如欧车前、聚卡波非钙和麦麸等，通过滞留粪便中的水分，增加粪便含水量和粪便体积起到通便作用。渗透性泻剂如聚乙二醇、乳果糖等可在肠内形成高渗状态，吸收水分，增加粪便体积，刺激肠道蠕动。刺激性泻剂如比沙可啶、酚酞等增强肠道动力和刺激肠道分泌。其他的泻剂如鸟苷酸环化酶-C 激动剂、氯离子通道活化剂、微生态制剂、中医中药等。

2. 生物反馈治疗 通过在患者肛门外括约肌和腹部放置电极，指导患者根据肌肉电信号情况，训练盆底肌和腹肌的协调运动，缓解排便困难。

四、主要护理诊断/问题

1. 便秘 与肠蠕动缓慢、不良生活习惯有关。

2. 焦虑 与患者担心便秘并发症和预后有关。

3. 舒适度减弱 与排便困难、便后无舒畅感有关。

4. 知识缺乏： 缺乏合理饮食、健康生活方式等相关知识。

五、护 理 措 施

（一）一般护理

1. 协助长期卧床者勤翻身。

2. 合理饮食 应多吃含粗纤维的粮食和蔬菜、瓜果、豆类食物，多饮水，每日至少饮水 1500ml，尤其是每日晨起或饭前饮一杯温开水，可有效预防便秘。应食用一些具有润肠通便作用的食物，如黑芝麻、蜂蜜、香蕉等。少饮浓茶或含咖啡因的饮料。

3. 行为指导 指导患者定时排便和改变静止的生活方式，多进行散步、走路、打太极拳、做广播操等体育锻炼，促进肠蠕动，也能强壮身体、改善情绪。卧床患者可在床上做一些肢体活动，以及有意识地进行腹式呼吸，可以增加腹肌肌力，增强排便功能。

4. 腹部按摩 协助患者每日双手按摩腹部肌肉数次，每次按摩 10 分钟左右。在清晨和晚间排尿后取屈膝仰卧位，放松腹肌，双手示、中、环指重叠沿结肠走向进行环形按摩，促进肠蠕动。

5. 排便习惯 养成定时排便的习惯，有便意时就要及时排便，无便意也要在晨起或早饭后定时去厕所，安排有足够的时间排便，避免他人干扰，精神集中，但不要看书、读报、看手机等干扰排便。

6. 排便环境 营造安静、舒适的排便环境及选择坐式便器。进行必要的遮挡，尊重患者的隐私。体质虚弱的患者可使用便器椅，或在患者面前放置椅背，提供排便坐姿的依托，减轻排便不适感，保证安全。指导患者坐位时把脚踩在小凳子上扩大肛肠角，身体前倾，心情放松，先深呼吸，后闭住声门，向肛门部位用力。

链 接 排便姿势与肛肠角

排便时有一重要的肌肉为耻骨直肠肌，通过变化肛肠角角度影响排便的顺畅度。以色列科学家 Dov Sikirov 于 2003 年在《消化道疾病与科学》杂志上刊登过一篇《比较三个排便位置对人的影响》论文。他通过对不同姿势的排粪造影发现，蹲着排便肛肠角角度更大。耻骨直肠肌，从一侧耻骨出发，在直肠后绕一圈，再回到另一侧耻骨，形成一个环，正好把直肠钩拉住，使直肠形成一个尖端向前的角度，俗称“肛肠角”。使用坐姿时，“耻骨直肠肌”不够放松，所以肛肠角的角度小，排便就相对困难；而蹲姿时，耻骨直肠肌肉完全放松，肛肠角的角度大，像水管般更加通直，所以排便用的力气较小。

（二）用药护理

1. 容积性泻药潜在的不良反应包括腹胀、食管梗阻、结肠梗阻，以及钙和铁吸收不良。因此，建议慢性便秘患者在服用容积性泻药的同时应摄入足够水分，约 2500ml。

2. 渗透性泻药易引起电解质紊乱，对于老年人或肾功能不全患者要慎用。

3. 刺激性泻药长期使用易出现药物依赖、吸收不良和电解质紊乱，还可损害患者的肠神经系统而导致结肠动力减弱，甚至引起结肠黑变病，因此，建议短期间断使用刺激性泻药。

4. 温和的口服泻药多在服用后 6～10 小时发挥作用，晨起后排便，故宜在睡前 1 小时服用。润滑性泻药不宜长期服用，以免影响脂溶性维生素的吸收。

5. 通便药物对患者有一定的副作用，不宜长期服用。个体间对药物的敏感程度不同，不要因短时间内未排便而追加剂量，引起腹泻，危害健康。粪便干结、嵌塞的患者可以使用灌肠的方法解决。

6. 可考虑益生菌来调节肠道菌群，促进胃动力，可长期使用。

（三）心理护理

精神紧张使条件反射障碍或高级中枢对副交感神经抑制加强，使分布在肠壁的交感神经作用加强抑制排便，因此应该针对性地做好心理疏导。

医者仁心

将患者当亲人，第八届全国道德模范赵童

2020 年新冠疫情突发，河南省焦作市人民医院感染性疾病科主任赵童主动申请到武汉援助，被分配到华中科技大学附属同济医院，对重症患者进行救治。3 月 11 日，一名 80 岁高龄的重患者突发腹痛，如果不及时处理，有肠破裂穿孔的风险。赵童冒着可能被病毒感染的危险，直接用手帮患者连续掏出四五块鸡蛋大小的粪石。经过连续 4 个小时的救治，患者最终转危为安。赵童同事回忆。记得第二天查房的时候，一位白发苍苍的老人泪流满面地握着赵主任的手说：“孩子，这太脏了。”赵主任说：“没事，你把我当成儿子就行。”赵主任敬业奉献、孝老爱亲的故事感人至深，被评为第八届全国道德模范。

六、健 康 教 育

1. 合理膳食，以五谷杂粮和根茎类为主食，多以豆类取代肉类，常吃乳制品，每日多进食蔬菜水果，摄取足够的维生素、矿物质与膳食纤维，补充足够水分，饮食规律，避免暴饮暴食。

2. 适当运动，建立良好的排便习惯，定时排便，调整患者的精神心理状态。

3. 对有明确病因者进行病因治疗，需长期应用通便药维持治疗者，应避免滥用泻剂。

考点：便秘患者的护理

第 15 节　跌倒患者的护理

案例 6-15

患者，男，85 岁。傍晚时分邻居发现他跌倒在小区路上，不能站立，主诉右髋部疼痛难忍，立即送往医院救治。他有高血压、冠心病史 15 年，血压控制不理想，睡眠差，远视，行走欠稳，一直服用 5 种以上药物，如降压药、控制心率药、促进睡眠药物等；上一次跌倒在 1 个月前晨起时，当时可站立和行走，无其他不适。体格检查，T 36.5℃，P 88 次/分，R19 次/分，BP 168/88mmHg，全身体检未见明显异常。X 线检查，显示他股骨颈头下型骨折，完全移位。

问题：1. 患者存在哪些跌倒的风险？

2. 如何对患者进行健康教育？

一、概　　述

（一）概念

跌倒（fall）是一种不能自我控制的意外事件，指个体突发的、不自主的、非故意的体位改变，脚底以外的部位停留在地上、地板上或者更低的地方。跌倒是导致意外伤害死亡率高的原因之一，常发生在 65 岁以上的患者中，平均每年有 30%的居家患者出现过跌倒，1 年内有过跌倒史的患者再次发生跌倒事件的风险率高达 60%。

（二）病因

跌倒的发生是内在因素和外在因素共同作用的结果。

1. 内在因素　主要指来源于患者本身的因素，通常不易察觉且不可逆转，需详细询问方可获知。

（1）年龄及性别　年龄越大跌倒风险越高，女性明显高于男性（1.5～2）：1，因为女性活动少、肌力差、平衡受损等情况比男性严重。

（2）步态和平衡功能　步态的步高、步长、连续性、直线性、平稳性等特征与患者跌倒危险性之间存在密切相关性。步态的稳定性下降和平衡功能受损是引发跌倒的主要原因。

（3）疾病因素　例如，帕金森病、外周神经系统疾病等神经系统疾病；直立性低血压、心律失常等循环系统疾病；白内障、视网膜黄斑变性等视力障碍；泌尿系统疾病等。

（4）药物因素　例如，镇静催眠药、抗惊厥类药物可导致患者本体觉下降、意识混乱、反应时间延长等；氨基糖苷类抗生素、利尿剂、奎尼丁等药物可干扰前庭正常功能等；服用大量不同种类的药物会发生药物联合作用，导致患者跌倒的危险性更大。

2. 外在因素　与内在因素相比，外在因素更容易控制。

（1）环境因素　室内昏暗的灯光，湿滑、不平坦的路面，步行途中的障碍物，卫生间没有扶栏、把手等都可能增加跌倒的危险。室外的雨雪天气、人群拥挤、台阶等都是跌倒的危险因素。

（2）社会因素　患者的文化程度、收入水平、卫生保健水平、享受社会服务和卫生服务的途径，以及是否独居、参与社会活动的程度都会影响跌倒的发生率。

（3）心理因素　患者存在自我认知欠缺，沮丧、抑郁、焦虑等心理状态，可削弱其对环境和他人的注意力，从而增加跌倒的危险。

考点：导致患者跌倒的主要危险因素

二、护 理 评 估

（一）健康史

1. 一般资料　收集患者的姓名、性别、年龄、民族、籍贯、出生地、婚姻状况、文化程度、宗教信仰、职业、医疗费用支付形式、家庭地址、联系方式等基本信息。

2. 危险因素评估　主要是与年龄相关的内在因素和外在因素的评估。

3. 既往史　了解患者是否有跌倒史，有无惧怕跌倒心理，既往疾病及其诊治、用药等是否与跌倒有关。此外，营养状况、运动锻炼情况、日常生活活动能力等也是预防跌倒需要进行护理评估的重要内容。

（二）身心状况

1. 跌倒前　患者是否有头晕、眩晕、失衡感、心悸等；评估其跌倒时有无危险的活动。

2. 跌倒现场　患者跌倒时环境、性质、着地部位、能否独立站起、现场诊疗情况、可能的预后和疾病负担，以及其他人员看到的跌倒相关情况等。

3. 跌倒后　患者损伤情况，如软组织损伤、骨折等，重点查看着地部位、受伤部位，并对患者做全面细致的体格检查。

4. 心理-社会状况 关注患者有无跌倒后恐惧心理，存在这种心理的患者，往往因害怕再次跌倒而减少活动和外出，导致活动能力降低、人际交往减少，既增加了再次跌倒的风险，又对其身心产生负面影响，导致生活质量下降。

（三）环境评估

1. 室内环境 昏暗的灯光，湿滑、不平坦的地面，有障碍物，不合适的家具高度和摆放位置，楼梯台阶，卫生间没有扶栏、把手等都可能增加跌倒的风险。

2. 户外因素 台阶和人行道缺乏修缮、雨雪天气、拥挤等可能引起患者跌倒。

3. 个人环境 是否独居、居住环境发生改变、不合适穿着和行走辅助工具、家务劳动等。

（四）辅助检查

1. 循环系统检查 包括测量心率和心律、血压，以及颈动脉窦刺激后心率和血压的变化等。

2. 神经系统检查 包括认知功能、下肢神经功能、深浅感觉反射、皮质功能、锥体外系功能及共济（协调）功能测试等。

3. 骨骼肌肉系统检查 包括下肢肌力、肌张力、关节活动度评定等。常用的肌力评定方法有徒手肌力测试、等长肌力测试、等张肌力测试、等速肌力测试。

4. 功能评估 平衡和运动功能平衡、起立-行走试验、五次起坐试验。

5. 量表评估

（1）可使用老年人居住环境安全评估要素表，评估居家环境中是否存在不安全的因素，可参考第 5 章老年综合评估的生活环境评估。

（2）老年人跌倒风险评估工具（fall risk assessment tool，FRA），在了解患者病情的基础上，通过仔细询问患者或照护者认真观察，并结合患者的主诉、病史、治疗、既往史、化验结果等，进行综合的整体的评估。总分 1～2 分为低危，3～9 分为中危，≥10 分为高危。

链 接 常用跌倒风险综合评估工具

常用的跌倒风险综合评估工具有 Morse 跌倒风险评估量表、托马斯跌倒风险评估工具及老年人跌倒风险评估工具等。不同评估工具评估内容及应用场景存在差异，如老年人跌倒风险评估工具包含运动、跌倒史、自控能力、用药史等条目，常用于社区老年人的跌倒风险自评。

三、治疗要点

预防和管理的总体目标如下。

1. 患者和（或）照护者清楚跌倒的危险因素，能够积极主动地进行自我防护。
2. 患者对跌倒的恐惧感减弱或消除。
3. 患者发生跌倒时能够及时得到合适的处理和护理。
4. 患者能够保证其日常生活需求。

四、主要护理诊断/问题

1. 有受伤害的危险 与跌倒有关。

2. 急性疼痛 与跌倒后损伤有关。

3. 恐惧 与害怕再跌倒有关。

4. 移动能力障碍 与跌倒后损伤有关。

5. 如厕自理缺陷 与跌倒后损伤有关。

6. 知识缺乏：缺乏跌倒相关知识。

五、护理措施

（一）跌倒的预防

1. 感知补偿 选择辅具如眼镜、助听器、拐杖、助行器等，白内障者进行手术治疗。衰弱患者坐位时，双脚放平着地，站立时借助扶手，改变姿势时注意留一定的缓冲时间，改变体位后注意休息 1～2 分钟。

2. 衣着合适 衣着舒适、合身，患者应避免过于紧身或过于宽松的服饰，以免行走时绊倒，穿脱衣裤应该坐稳后进行；鞋子要合适，避免鞋底过于柔软、鞋子过大，尽量避免穿拖鞋、高跟鞋，以及易滑倒的鞋。

3. 居室环境 居室照明应充足，地面平坦、无门槛、不湿滑，过道安装扶手；空间设置无障碍，家具固定；可设置夜灯或床头灯；卫生间放置防滑垫，安装防滑砖，坐便器不宜过低，安装扶手（图 6-1）、呼叫器；可备冲凉座椅进行沐浴（图 6-2）；移除障碍物；将物品放在患者方便取用的高度和地方。

图 6-1 浴室安装墙壁扶手

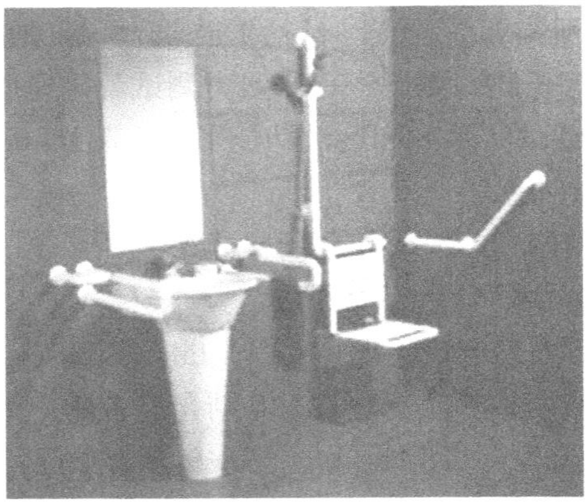

图 6-2 冲凉座椅图

4. 调整行为方式 嘱患者起身、下床、转身、转头时动作要慢；走路保持步态平稳，尽量慢走，避免携带沉重物品，避免去人多及湿滑的地方，避免走过陡的楼梯或台阶，避免登高取物。避免睡前饮水过多以减少夜间起床次数；晚上床旁放置小便器。

5. 直立性低血压 患者在站立时动作要缓慢，站立前先做轻微的四肢活动；睡醒后几分钟再坐起，随后在床边坐 1～3 分钟，逐渐过渡到站立位。尽可能减少长时间卧床；避免洗澡水过热或洗澡时间过长。直立性低血压引起症状时，应尽快蹲、坐或躺下，有助于维持血压及脑灌注。对原发性高血压合并直立性低血压的患者不能单纯追求血压的下降，维持血压稳定更为重要，以提高患者生活质量及生活自理能力。

（二）跌倒的急救

患者发生跌倒，除了立即全面评估外，还应该给予相关处理。具体处理措施如下。

1. 立即就地查看患者，了解病情，根据病情将患者转移到安全舒适的地方。
2. 报告医生协同处理，将对患者的伤害降到最低限度，并通知照护者。
3. 检查意识、瞳孔、生命体征是否正常，是否有外伤（擦伤、肢体骨折等）。
4. 遵医嘱予以 B 超、CT 检查，确定是否有内脏损伤或出血。
5. 出现意识、瞳孔、生命体征变化时，立即遵医嘱予以输氧、输液、心肺复苏等处理。
6. 出现软组织伤、骨折、颅内出血等并发症，配合相应的观察及处理。

（三）康复护理

1. 认知训练　认知注意力功能衰退与失衡跌倒直接相关，推荐进行认知功能训练，包括注意力警觉、注意力维持、注意力分配训练、记忆力训练、执行功能及进一步的认知-平衡双重任务训练和手脑功能结合训练等。

2. 平衡训练　通过平衡功能训练仪转移重心，提高患者的站立对称性和静态、动态稳定性，同时可以借助医疗设备，进行躯体本体感觉训练、视本体训练、视觉补偿训练及前庭功能训练。

3. 步态训练　主要纠正异常步态，同时借助三维运动解析系统进行分析评估及指导。

4. 肌力训练　适宜的力量训练可以缓解患者的肌肉流失，改善肌肉功能，提高平衡能力，进而对预防和缓解骨质疏松及跌倒有很大作用。例如，有氧耐力训练、等速肌力训练和抗阻肌力训练。

（四）心理护理

护理人员关心患者，避免情绪波动，帮助患者分析产生恐惧的原因，共同制订针对性的措施，以减轻或消除恐惧心理，与照护者进行沟通，指导其给予精神支持。

考点：跌倒的护理措施

六、健康教育

1. 指导疾病知识　教会患者及照护者正确评估引起跌倒的危险因素，帮助制订针对性的干预措施。

2. 适度运动　根据患者的健康状况选择如打太极拳、游泳、慢跑等运动，增强肌肉力量、平衡能力。

3. 跌倒后自行起身方法　背部先着地的患者应弯曲双腿，挪动臀部到放有毯子或垫子的椅子或床铺旁，然后使自己较舒适地平躺，盖好毯子，保持体温；休息片刻，等体力准备充分后，尽力使自己向椅子的方向翻转身体，使自己变成俯卧位，双手支撑地面，抬起臀部，弯曲膝关节，然后尽力使自己面向椅子跪立，双手扶住椅面；以椅子为支撑，站起来；休息片刻，部分恢复体力后，打电话寻求帮助。

考点：跌倒后自行起身的正确方法

第 16 节　压力性损伤患者的护理

案例 6-16

患者，男，74 岁。消瘦，营养不良，因肺部感染收入老年病科，活动严重受限，有脑梗死病史，四肢肌张力高，骶尾部可见一处 5cm×4cm 大小的破溃，表面有淡黄色的腐肉。

问题： 1. 患者发生的压力性损伤为几期？

2. 如何对患者的压力性损伤进行护理？

一、概　　述

（一）概念

压力性损伤（pressure injury，PI）是指皮肤和深部软组织的局部损伤，通常位于骨隆突部位，或与医疗器械等相关，其可以表现为完整的皮肤或开放性溃疡，可伴有疼痛，通常又称为压疮。压力性损伤是由强烈和（或）长期的压力或压力联合剪切力所致。软组织对压力和剪切力的耐受性可能受到微环境、营养、灌注、并发症，以及软组织自身状态的影响。

考点：压力性损伤的概念

（二）病因

1. 压力因素 通常是由垂直压力、摩擦力、剪切力等2～3种力联合作用所致。

2. 营养状况 全身营养障碍、营养摄入不足，出现蛋白质合成减少，负氮平衡，皮下脂肪减少，肌肉萎缩。一旦受压，骨隆突处皮肤要承受外界压力和骨隆突处对皮肤的挤压力，受压处缺乏肌肉和脂肪组织的保护，引起血液循环障碍，出现压力性损伤。

3. 潮湿或排泄物刺激 皮肤经常受到汗液、尿液、各种渗出引流等物质的刺激而变得潮湿，出现酸碱度改变，致使表皮角质层的保护能力下降，皮肤组织破溃，很容易继发感染。此外，皮肤潮湿会增加摩擦力，进而加重皮肤损伤。

4. 全身性因素 血管功能不全、免疫功能受损、营养不良、系统疾病（神经系统、呼吸系统疾病）、代谢性疾病、高龄、使用特殊药物、凝血功能障碍、社会心理因素等。

5. 局部性因素 伤口感染、伤口过干/过湿、伤口异物/结痂/坏死、伤口水肿、伤口缺氧、伤口受外力、伤口解剖位置。

6. 其他因素 应用血管升压素、镇静药、麻醉药等药物，重症监护病房入住时间，石膏、呼吸机面罩、气管插管及其固定支架、矫形器械使用不当，精神压力，吸烟等。

（三）分类

主要包括1期压力性损伤、2期压力性损伤（部分皮层缺损伴真皮层外露）、3期压力性损伤（全层皮肤缺损）、4期压力性损伤（全层皮肤和组织缺损）、不可分期的压力性损伤（损伤程度不明的全层皮肤）和可疑深部组织压力性损伤（持续指压不变白的深红色、栗色或紫色）。

链 接 压力性损伤定义中新增内容

在《美国国家压疮咨询委员会2016年压力性损伤的定义和分期解读》中，新增的两个内容如下。

医疗器械相关性压力性损伤：是指由使用用于诊断或治疗的医疗器械而导致的压力性损伤，损伤部位形状通常与医疗器械形状一致。这一类损伤可以根据上述分期系统进行分期。

黏膜压力性损伤：是指由使用医疗器械导致的局部黏膜部位的损伤。由于损伤部位的解剖特点，这些溃疡不能进行分期。

二、护 理 评 估

（一）健康史

了解患者的既往史及现病史，尤其是糖尿病、慢性神经系统疾病、压力性损伤或压力点疼痛，以及长时间手术者，营养状况、活动情况和精神状态；卧姿势、体位及其更换的频率和方法。评估是否存在大小便失禁的情况；评估是否存在外伤及伤口感染情况；评估是否存在疼痛的情况；评价是否存在凝血功能障碍、血管功能不全等情况。

（二）身心状况

1. 症状体征

（1）1期压力性损伤 皮肤完整，局部出现指压不变白的红斑，在深色皮肤表现可能不同（图6-3）。指压变白的红斑或者感觉、温度或硬度改变可能早于皮肤可视性变化。其中，皮肤颜色变化不包括紫色或栗色改变，它们可能提示深部组织压力性损伤。

（2）2期压力性损伤 部分皮层缺损伴真皮层外露（图6-4）。创面基层是有活性的、粉色或红色、湿润，也可表现为完整或破损的浆液性水疱。脂肪及深部组织没有外露，也没有肉芽组织、腐肉或焦痂。此期损伤通常是由局部不良的微环境、骨盆和足跟部位皮肤受到剪切力所致。此期压力性损伤不能用于描述失禁性皮炎，皮肤皱褶处皮炎等潮湿环境相关性皮肤损伤，医用胶黏剂相关性皮肤损伤或皮肤裂伤、烧伤、擦伤等创伤性创面。

（3）3 期压力性损伤　皮肤全层缺损，脂肪组织外露，通常可见肉芽组织或创缘内卷，局部也可有腐肉和（或）焦痂（图 6-5）。组织损伤的深度因解剖部位而异，脂肪组织丰富的部位可能创面会更深。可能会出现潜行腔隙和窦道，没有筋膜、肌肉、肌腱、韧带、软骨和（或）骨的外露。如果腐肉或焦痂掩盖了组织缺损程度，就是不可分期的压力性损伤。

（4）4 期压力性损伤　全层皮肤和组织缺损形成的溃疡，伴有可见或可触及的筋膜、肌肉、肌腱、韧带、软骨或骨外露，局部也可有腐肉和（或）焦痂（图 6-6）。通常伴有创缘内卷、潜行腔隙和（或）窦道。溃疡深度因解剖部位而异。如果腐肉或焦痂掩盖了组织缺损程度，就是不可分期的压力性损伤。

（5）不可分期的压力性损伤　虽然有全层皮肤和组织缺损，但是由于局部有腐肉和（或）焦痂覆盖，缺损程度难以确定，如果去除了腐肉和（或）焦痂，就能明确是 3 期或是 4 期压力性损伤（图 6-7）。足跟或缺血肢体的稳定焦痂（干燥、黏附紧密、完整、无红斑或波动感）不应该软化或去除。

（6）可疑深部组织压力性损伤　皮肤完整或不完整，局部呈现持续指压不变白的深红色、栗色、紫色，或表皮分离后可见黑色创面或充血的水疱（图 6-8）。疼痛和温度改变往往早于皮肤颜色变化。深色皮肤的颜色改变可能会有所不同。此种损伤是由于骨骼-肌肉交界面受到强烈和（或）持续的压力和剪切力所致，其可迅速进展并暴露组织损伤的实际程度，也可能溶解吸收而不出现组织缺损。如果可见坏死组织、皮下组织、肉芽组织、筋膜、肌肉或其他深层组织，那么就是皮肤全层的压力性损伤（不可分期、3 期或 4 期）。此种损伤不能用于描述血管性、创伤性、神经性或皮肤病相关性的创面。

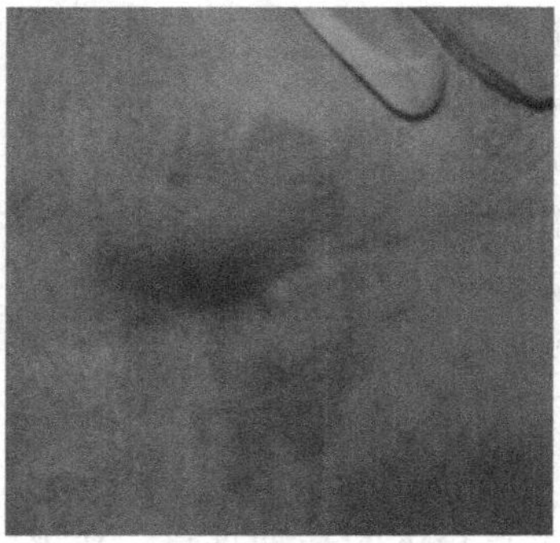

图 6-3　1 期压力性损伤

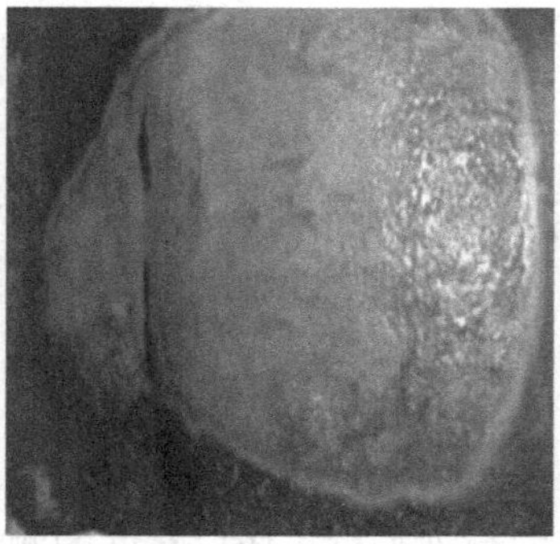

图 6-4　2 期压力性损伤

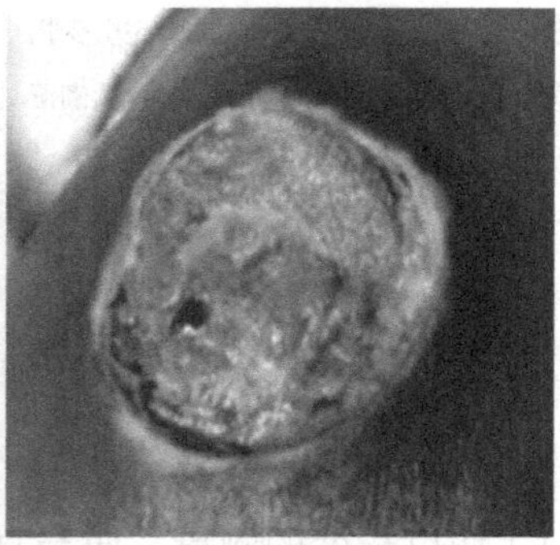

图 6-5　3 期压力性损伤

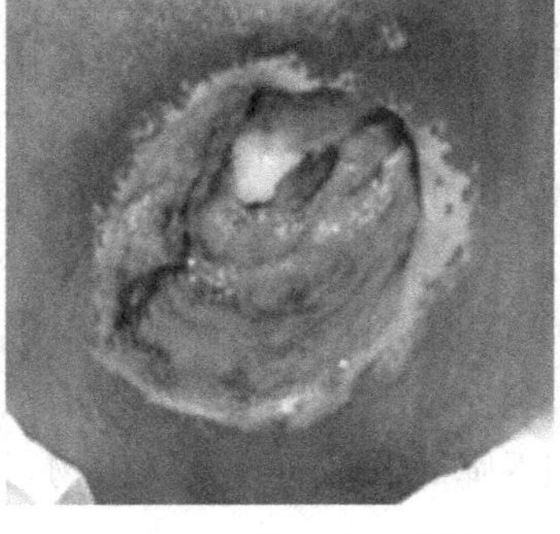

图 6-6　4 期压力性损伤

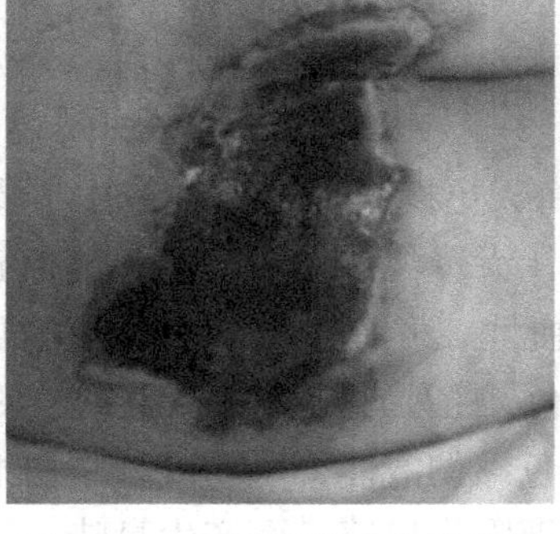

图 6-7　不可分期的压力性损伤

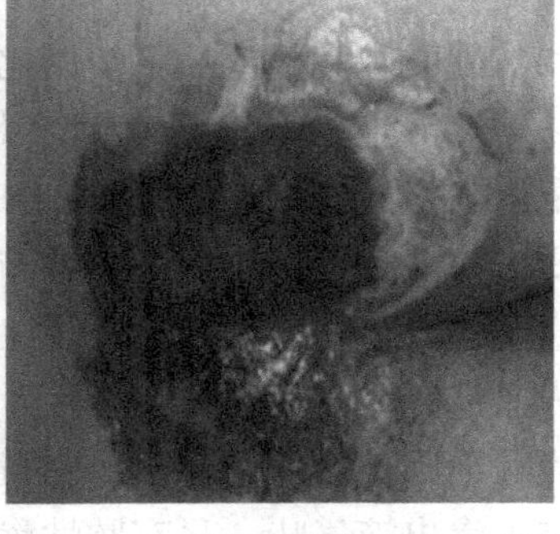

图 6-8　可疑深部组织压力性损伤

考点：压力性损伤分期及临床表现

2. 并发症　感染、蜂窝织炎、败血症等。

3. 心理-社会状况　患者发生压力性损伤后，创口持续不愈合会导致心理、情感和行为的改变，如焦虑、抱怨、悲观、绝望、淡漠、不愿与人交往、角色退缩被动等；也可因创面的恶臭和对家人的拖累，产生自卑、自责心理。心理状态会强化其卧床行为，导致其日常生活活动能力和社会交往能力下降，降低生活质量。

（三）环境评估

1. 床单元及皮肤情况 床单保持清洁干燥，皮肤受到潮湿刺激后，皮肤表面弱酸性遭到破坏，削弱皮肤角质层的屏障保护作用，使有害物质易于通过，有利于细菌繁殖。大小便失禁及汗液、伤口渗血、出血等引起皮肤潮湿的情况可引起压力性损伤的发生。

2. 就医环境 评估患者居住地附近是否有相应的医疗服务机构，是否能提供上门换药服务，了解医护人员的护理服务水平。

3. 照护者能力与需求 照护者是否了解压力性损伤的相关知识，是否掌握正确的体位及正确的翻身技巧，根据病情使用合适的减压装置。

（四）辅助检查

1. 病情评估 可应用布雷登（Braden）压疮危险因素评估表（表 6-5），评分决定翻身次数，如压疮危险因素评分 15～18 分提示轻度危险，13～14 分提示中度危险，10～12 分提示高度危险，9 分及以下提示极度危险。

表 6-5 Braden 压疮危险因素评估表

得分项目	1分	2分	3分	4分
感觉	完全受损	非常受损	轻微受损	无受损
潮湿	持续潮湿	经常潮湿	偶尔潮湿	很少潮湿
活动	卧床	坐位	偶尔行走	经常行走
移动	完全不自主	非常受限	轻微受限	不受限
营养	非常缺乏	可能缺乏	充足	营养丰富
摩擦力和剪切力	有问题	潜在问题	无明显问题	—

2. 伤口评估

（1）伤口长度的测量 应与身体的长轴平行，伤口宽度的测量应与身体的长轴垂直。在评估伤口时，需要探测有无肉眼看不到的深部组织被破坏后形成的伤口的潜行。通常外表可见边缘有内卷、周围组织有炎症反应。

（2）创面基底颜色 可使用比色卡对肤色进行客观评估，分为红色伤口、黄色伤口、黑色伤口。

（3）渗液量 渗出分为无渗出，少量、中量及大量渗出。①无渗出指 24 小时更换的纱布干燥；②少量渗出指渗出量少于 5ml/24h，每天更换 1 块纱布；③中量渗出指渗出量在 5～10ml/24h，每天至少需要 1 块纱布但不超过 3 块纱布；④大量渗出指渗出量超过 10ml/24h，每天需要 3 块或更多纱布。

（4）渗出液性状 分为血清性、血性、浆液性及脓性渗出液四种。①血清性渗出液清亮透明，主要成分为血清；②血性渗出液通常为红色，主要成分为红细胞；③浆液性渗出液为淡红色清亮液体，主要成分为红细胞；④脓性渗出液为黄绿色黏稠液体，主要成分是白细胞吞噬后的残留物及微生物。

（5）渗出液气味 只有脓性渗出液因伤口感染而产生臭味。

3. 其他检查 根据压力性损伤的表现和可疑诱发因素选择相应的检查。如果怀疑有菌血症或全身性感染（如体温升高、伤口边缘发炎、异味渗出物），压力性损伤不愈合，则需要做针吸或破溃组织的活组织检查，进行伤口培养和细菌敏感试验。

三、治疗要点

对于压力性损伤者，治疗应强调密切观察、全程预防、分期对症。治疗目标是最大限度地防止垂直压力、摩擦力、剪切力对皮肤的损伤，加强对长期受压部位的保护，预防压力性损伤的发生。

1. 保护皮肤 保持皮肤的清洁并适当保湿，避免长期受压。通过保持床单元的整洁，体位摆放，高吸收性尿失禁产品、减压床垫和减压敷料的正确使用等加强对皮肤的保护，降低压力性损伤的发生率。

2. 营养支持 营养不良是压力性损伤发生的重要的危险因素之一，给予营养丰富易消化的膳食。压力性损伤常发生于负氮平衡的患者，病情允许情况下，给予高热量、高蛋白、精氨酸、锌和抗氧化的口服营养补充剂或肠内配方，以增强抵抗和组织修补能力。

3. 缓解疼痛 压力性损伤为患者带来最直接的影响是伤口疼痛。减轻压力性损伤疼痛的首要方法是非药物治疗，主要包括与患者交谈、冥想法和音乐疗法等，必要时可考虑使用阿片类药物处理伤口处的急性疼痛或定期使用镇痛药控制疼痛。

4. 促进愈合 对压力性损伤清洗和（或）清创有利于创面的愈合，要及时发现并对症处理创面感染和生物膜覆盖。除非是创面出现感染，否则不要破坏缺血型四肢和足跟稳定、坚硬、干燥的焦痂。治疗压力性损伤的伤口敷料应结合实践推荐、经济状况，以及伤口情况等综合考虑进行选择。

5. 其他 生物敷料、生长因子、生物物理学方法和手术治疗。

四、主要护理诊断/问题

1. 皮肤完整性受损 与局部组织长期受压、营养不良、愈合困难等有关。

2. 组织完整性损伤：皮下组织肌肉或器官损伤 与开放或闭合性损伤有关。

3. 躯体移动障碍 与开放性伤口或有内脏破裂，疼痛限制活动等有关。

4. 疼痛 与损伤刺激神经，引起组织水肿有关。

5. 焦虑 与开放伤口、出血及剧痛、不安全感有关。

6. 潜在并发症：感染、蜂窝织炎。

五、护 理 措 施

（一）一般护理

1. 减轻局部压力与剪切力

（1）定时翻身

1）翻身技巧：建立翻身卡，记录翻身时间、卧位变化及皮肤情况。翻身时，应将患者身体抬起，再挪动位置，避免拖、拉、推，以防擦破皮肤，有条件的情况下也可以使用翻身床协助患者翻身。

2）翻身时长：患者的翻身频率需根据个人进行体位变化的能力、皮肤组织耐受性、总体健康状况、整体治疗目标、舒适感和疼痛感来制订个性化方案。一般的患者翻身间隔时间为每 2 小时变换体位一次，必要时每 30 分钟翻身 1 次。2 小时翻身时如皮肤出现可见性充血反应（压红）在 15 分钟内能消退则认为皮肤可以承受 2 小时的压力，如 15 分钟内皮肤压红不消退，翻身时间应缩短至 1 小时。长期坐轮椅的患者应至少每 1 小时更换姿势一次，每 1 小时需减压 60 秒。

（2）体位摆放

1）正确体位：鼓励能自行变换体位者以 20° ～30° 的侧卧姿势睡觉，若无禁忌则可平卧；充分抬高足跟；必须抬高床头时（如预防呼吸机相关性肺炎），保持 30°或更低的高度；鼓励长期卧床的患者在合适的椅子或轮椅上就座，但时间不能过长。

2）轮椅使用：指导患者坐轮椅时，应每 15～30 分钟减压 15～30 秒，每 1 小时需减压 60 秒。脊髓损伤患者使用轮椅时，应该采取多种坐姿（前倾、斜倚、直立等）；危重患者在体位安置与变换过程中要注意密切观察病情；应对需要进行手术的压力性损伤高危人群给予重点关注。

2. 选择合适的支撑面 使用减压坐垫如泡沫床垫、荞麦皮床垫或气垫床等。

3. 皮肤护理

（1）避免刺激　应避免潮湿、摩擦及排泄物的刺激。保持皮肤清洁干燥，使用隔离产品保护皮肤不受潮，大小便失禁后立即清洁皮肤；保持床铺清洁干燥、平整无碎屑，被服污染要及时更换，使用低摩擦系数的纺织品；避免使用碱性肥皂和清洁剂，避免用力摩擦皮肤；不可使用破损的便盆，以防擦伤皮肤。

（2）避免损伤　为患者安排合适的卧位，防止身体下滑。在受压部位使用薄膜敷料、水胶类敷料、泡沫敷料，同时应关注粘胶类敷料对皮肤的损害；对于压力性损伤高危人群，可考虑在高发部位使用多层软硅胶类泡沫敷料，以强化对压力性损伤的预防；对高危人群也可以采用敷料预防压力性损伤；禁止对受压部位用力按摩。

4. 营养支持　患者常处于负氮平衡，在病情允许情况下，给予高蛋白、高维生素饮食，以增强抵抗和组织修补能力。

（二）症状护理

1. 1期压力性损伤　增加翻身次数，避免摩擦、潮湿和排泄物的刺激，注意整体减压、局部保护、预防其他部位的压力性损伤并动态观察效果。除常规减压外，还可在局部使用溃疡贴、渗液吸收贴、透明贴、皮肤保护膜，用于骨隆突部位压力性损伤的预防及治疗，以减少摩擦。但值得注意的是，若此期皮肤出现发红，禁用按摩以防加重循环障碍。

2. 2期压力性损伤

（1）水疱　直径＜2cm的小水疱，可以让其自行吸收，局部粘贴透明薄膜保护皮肤。直径＞2cm的水疱，局部消毒后用针头在水疱最下端穿刺并吸出液体，表面覆盖透明薄膜，观察渗液情况，如水疱内再次出现较多液体，可在薄膜外消毒后直接穿刺抽液，薄膜3～7天更换一次。

（2）浅层溃疡　由于2期压力性损伤通常是无腐肉的红色或粉红色基底的开放性浅层溃疡，可根据渗液情况使用合适的敷料。渗液较少时，可用薄的水胶体敷料，根据渗液3～7天更换一次。渗液中等或较多时，可用厚的水胶体敷料或泡沫敷料，3～7天换一次。

3. 3期、4期压力性损伤

（1）清除坏死组织　选用水凝胶与水胶体敷料，通过溶解坏死组织，创面覆盖渗液吸收贴，吸收创面渗液，保持创面清洁，肉芽生长期选用溃疡糊，可有效促进创面的肉芽组织的生长，可选用增强型溃疡贴覆盖。

（2）治疗感染　采用生理盐水清洁创面后涂以溃疡糊加皮维碘后包上无菌敷料，每1～3天更换敷料1次。感染的创面应定期采集分泌物进行细菌培养及药物过敏试验，每周1次，按检查结果指导用药。

（3）选择敷料　可使用盐水纱布对创面进行湿敷，还可根据渗出量的多少选择治疗性的伤口敷料。伴有少量渗出液使用水凝胶敷料；伴有中度渗出液使用藻酸钙敷料；伴有中/重度渗出液使用泡沫敷料；伴有高渗出液使用高吸收性的敷料；在不能使用高级伤口敷料时，仍应遵循湿性愈合原则，使用湿润的纱布保持伤口湿润环境，透明薄膜敷料固定伤口敷料。伤口床有硬痂时，可选择外科清创或水胶体敷料盖于痂皮上1～2天，使其软化。对于肉芽组织新鲜且伤口呈红色时，促进肉芽组织的生长，避免损伤原有的正常肉芽组织。

4. 不可分期的压力性损伤　当伤口无法界定属于哪一期时，应记录“无法界定”，而非猜测记录属于几期；当伤口因覆盖焦痂或坏死组织无法进行界定时，应先清除伤口内焦痂或坏死组织，再确定分期；伤口处理与3期、4期压力性损伤方法相同。

5. 可疑深部组织压力性损伤　密切观察患者局部皮肤的变化，避免继续受压；出现血疱时，针刺后将液体排出，粘贴水胶体或泡沫敷料处理；如无血疱但创面出现较多坏死组织时，则进行伤口清创，按3期、4期压力性损伤处理。

（三）心理护理

主动关心患者，耐心倾听，与其建立信任关系，鼓励患者勇敢地表达自身的消极情绪，并对其进行心理疏导。同时，也应对照护者提供技术和心理支持，鼓励其正确认知和处理压力性损伤问题。

考点：压力性损伤的各期的护理措施

六、健 康 指 导

1. 疾病知识的指导　告知患者和照护者压力性损伤发生的危险因素及危害。指导患者照护者定时改变体位、保持正确的体位及正确的翻身技巧。指导患者及照护者，一旦皮肤出现问题，应及时就诊。

2. 保护皮肤的指导　每日清洁皮肤，保持清洁干爽，如有潮湿刺激，及时清洁与更换。指导患者正确使用失禁用品，避免皮肤受粪水刺激。指导患者及照护者不要盲目行局部皮肤按摩，尤其是红肿皮肤、水肿和骨突出部位，以免损伤皮肤。指导患者及照护者根据病情使用合适的减压装置，并教会其正确使用。

3. 营养均衡的指导　增强患者和照护者营养对压力性损伤预防的重要性认知。指导患者进食合适的热量和蛋白质饮食，指导长期鼻饲照护者为患者鼻饲营养物质，并说明鼻饲时的注意事项。

链　接　预防压力性损伤的误区

1. 气垫圈　使局部血液循环受阻，造成静脉充血与水肿同时妨碍汗液蒸发而刺激皮肤，特别是水肿和肥胖者更不宜使用。

2. 局部按摩　按摩可使骨突处组织血流量下降，严重者可形成水肿。避免按摩作为各级压力性损伤的处理措施，按摩无助于防止压力性损伤反而加重损伤。

3. 翻身 90°　可致双侧髋关节骨突处直接受压增加损伤概率。翻身应 30°为宜。

4. 使用烤灯等使皮肤干燥　组织细胞代谢及需氧量增加进而造成细胞缺血，甚至坏死。

5. 涂抹凡士林等油性剂　无透气性，亦无呼吸功能，其水分蒸发量维持在一个较低水平上，远低于正常皮肤的水分蒸发量，导致皮肤浸渍。

6. 爽身粉　堵塞毛孔，使皮肤排泄、呼吸功能受损。

7. 创面局部吹氧　使创面结痂，不利于伤口愈合。

8. 不正确的消毒水　伤口严禁用碘伏消毒，因碘伏有破坏组织的作用。慎用过氧化氢。最好用生理盐水。

9. 换药频次不正确　临床上普遍存在换药过频过度的情况，尤其是爬皮期，可 3～5 天换药一次。

自 测 题

A_1/A_2 型题

1. 衰弱的症状与体征中**不包括**下列哪一项
   A. 恶心、呕吐、腹胀、腹痛
   B. 活动量减少，厌食，进食减少
   C. 波动性失能
   D. 步速减慢，平衡差
   E. 虚弱，极易疲劳

2. 衰弱最主要的并发症是
   A. 跌倒　　B. 谵妄
   C. 肌少症　　D. 压力性损伤
   E. 感染

3. 下列**不属于**老年人营养不良发生危险因素的是
   A. 消化吸收功能减弱
   B. 不良的饮食行为习惯
   C. 人体成分改变
   D. 运动功能降低
   E. 长期服用多种药物

4. 老年患者饮食中每次正餐提供的能量占全天总能量的
   A. 5%～10%　　B. 15%～20%
   C. 20%～25%　　D. 30%～35%

E. 30%～40%

5. 老年患者疼痛用药护理过程中，下列措施**错误**的是
   A. 给药前后须对老年患者疼痛程度进行评估，判断是否增加或减少药量
   B. 对轻度疼痛患者，应24小时按时定量给药，同时可酌情按需给药
   C. 老年患者常多病共存，同时服用降压药物、抗凝血药物或其他药物时，应谨慎用量
   D. 注意剂量递减，合理安排用药时间
   E. 服用阿片类药物会引起便秘、呼吸抑制、恶心、呕吐、嗜睡等不良反应
6. 痴呆与认知障碍的诊断方法**不包括**
   A. 脑电图
   B. 神经心理学检查
   C. 实验室及影像学检查
   D. 超声心动图
   E. 基因检查
7. 患者，男，75岁。几个月前被确诊为老年痴呆晚期，长期卧床，生活无法自理，因此在晚期护理时应特别强调
   A. 在患者可视范围内，保证摆放物品对患者安全
   B. 综合的娱乐性治疗（如艺术、写作、参与社交等）
   C. 预防压力性损伤，防止关节畸形和肌肉萎缩
   D. 参加支持性小组（持续、非时间限制）
   E. 应重视与患者的感情交流
8. 患者，女，70岁。性格外向，但最近变得不爱说话，情感淡漠，不修边幅。不能独立进行室外活动，说话时不能讲完整语句，常有间断睡眠、早醒、疲乏感。目前患者最主要的护理问题是
   A. 清理呼吸道无效　　B. 睡眠型态紊乱
   C. 排尿（便）障碍　　D. 有感染的危险
   E. 有窒息的危险
9. 患者，男，74岁。既往病史：有肺癌，1个月前胸部隐隐作痛，医生检查后进行了相关治疗。最近其睡眠质量差，夜间经常做梦，常被惊醒，入睡后一夜醒多次，没有熟睡的感觉。照护人员小王需要采取相应的措施来改善患者的睡眠。照护人员从以下方面来对患者实施照护，其中**错误**的是
   A. 保持患者卧室的清洁、安静，远离噪声
   B. 睡前可以协助患者做推拿、按摩等使身体放松的活动
   C. 让患者适当休息，看书、看报、看电视都是一种休息，晚上可以让患者躺在床上多看一会儿电视
   D. 枕头的高度可随患者习惯适当调整，但不宜太高
   E. 晚餐应在晚上6点至6点半，以使患者对食物有充分的消化时间
10. 患者，男，40岁。平时有持续性窦性心动过缓（心率为50次/分以下）。近1年偶尔出现发作性头晕、乏力等，严重时出现晕厥，最可能的诊断为
   A. 直立性低血压性晕厥
   B. 心源性晕厥
   C. 血管迷走性晕厥
   D. 情境性晕厥
   E. 颈动脉窦性晕厥
11. 谵妄是指
   A. 无意识障碍，症状多而阳性体征少
   B. 表情淡漠，回答理性，但迟钝
   C. 意识不清，胡言乱语，躁动不安
   D. 思维异常活跃、好说、好动，但意识清楚
   E. 意识清晰，睡眠较多
12. 谵妄的常见类型是
   A. 沉默型　　B. 躁狂型
   C. 焦虑型　　D. 安静型
   E. 混合型
13. 惊恐发作的主要表现是
   A. 不可预测的突然惊恐
   B. 坐立不安
   C. 脉搏加快
   D. 血压升高
   E. 血压下降
14. 以下哪些表现**不属于**精神焦虑
   A. 对日常琐事过度持久的不安、担心或焦虑
   B. 对未来不确定的事过分担心
   C. 食管异物感
   D. 常常处于恐怖预感之中
   E. 害怕不可控制的事件发生
15. 什么症状是老年抑郁症患者最危险的症状
   A. 自杀　　B. 忧伤
   C. 悲观　　D. 绝望
   E. 自责
16. 下列哪个**不是**治疗抑郁症的药物
   A. 丙米嗪　　B. 氯米帕明
   C. 苯二氮䓬类　　D. 度洛西汀
   E. 阿米替林
17. 吞咽障碍临床评估内容包括
   A. 基础状态
   B. 口颜面功能
   C. 呼吸、喉功能、反射
   D. 吞咽功能、摄食评估
   E. 以上都是
18. 患者，男，74岁。卒中患病4天，洼田饮水试验为能一次喝完，但有呛咳，该患者分级为
   A. 1级　　B. 2级

C. 3 级　　D. 4 级
E. 5 级

19. 患者，男，68 岁。卒中后出院回家，他吃饭时看电视剧，导致猛烈咳嗽。关于对该患者的指导，下列描述**不正确**的是
A. 吃饭时应该集中注意力
B. 患者可能发生了误吸
C. 喝水时可以稍微低头
D. 可以吃黏滞、光滑的食物
E. 一口量不要太大，进食速度要慢

20. 患者，女，68 岁。平素身体健康，近半年来视力逐渐下降，但没有眼痛，**不可能**的疾病是
A. 闭角型青光眼　　B. 开角型青光眼
C. 屈光不正　　D. 白内障
E. 玻璃体混浊

21. 关于视力障碍患者的安全护理，说法**不正确**的是
A. 病区内设置安全标识
B. 病室床单元无须床挡
C. 病室浴室地面水迹要及时擦去
D. 走廊不要设置障碍物
E. 桌子周边用红色胶带镶边，方便患者辨认

22. 关于滴眼剂的使用，下列说法正确的是
A. 滴眼前清洗双手
B. 滴眼时嘱患者向上看
C. 滴眼时嘱患者向下看
D. 滴眼剂滴在下穹隆内
E. 滴管口不能触碰角膜

23. 老年人初次佩戴助听器的时间为
A. 1～2 小时　　B. 2～3 小时
C. 3～4 小时　　D. 4～5 小时
E. 5～6 小时

24. 患者，女，65 岁。平素身体健康，近半年自感左耳听力下降明显，最可能的诊断是
A. 老年性耳聋　　B. 化脓性中耳炎
C. 耳带状疱疹　　D. 中耳结核
E. 梅尼埃病

25. 患者，女，70 岁。最近经常在咳嗽、打喷嚏时尿裤子，影响到她的日常生活，患者觉得很苦恼，以下心理护理方式正确的是
A. 耐心倾听患者抒发不良情绪
B. 劝说患者使用纸尿裤
C. 说服患者减少外出活动
D. 给患者讲解尿失禁引发的不良后果
E. 无须争取患者同意，就其健康问题与其亲友交谈

26. 患者，女，76 岁。咳嗽、下蹲、腹部用力时常出现不自主排尿，这种情况属于
A. 压力性尿失禁　　B. 功能性尿失禁
C. 完全性尿失禁　　D. 反射性尿失禁
E. 病理性尿失禁

27. 患者，女，82 岁。独居，近期患者经常憋不住尿，对其排尿护理中**不正确**的措施是
A. 定时提醒上厕所，如厕以坐式为好
B. 房间有良好的照明并设有扶手
C. 告诫患者少饮水，下午以后尽量不要饮水
D. 指导腹肌和盆腔肌肉功能锻炼，有利于控制排尿
E. 衣裤应宽松、易脱，不要太烦琐

28. 下列哪项因素跟便秘**无关**
A. 饮食中有充足的膳食纤维
B. 饮水不足
C. 缺乏锻炼
D. 药物影响
E. 不按时排便

29. 患者，女，75 岁。因患有骨性关节炎，很少外出活动，偶尔在走廊里走走，最近几天感觉有点腹胀、腹痛，但就是排便费力，排不出来。对于其便秘的护理正确的是
A. 尽量减少进食量
B. 用泻药缓解症状
C. 减少活动，避免水分丢失
D. 养成定时排便的习惯，多吃粗纤维食物
E. 不固定排便时间

30. 对于老年人跌倒危险性评估的病史资料**不正确**的是
A. 有无跌倒史
B. 有无直立性低血压
C. 有无哮喘史
D. 评估椎基底动脉供血情况
E. 评估视力、听力

31. 患者，男，67 岁。晨起去早市买菜，突然跌倒，有关跌倒后的处置，下列**不正确**的是
A. 观察神志状态　　B. 监测生命体征
C. 拨打急救电话　　D. 赶快扶起患者
E. 对受伤部位做重点检查

32. 患者，男，67 岁。丧偶后独居，在家中上厕所时不慎跌倒，为预防老年人再次跌倒，下列适老化改造措施**不正确**的是
A. 浴室内加设扶手　　B. 照明充足
C. 加设防滑地垫　　D. 设置坐便并加设扶手
E. 窗户安装护栏

33. 压力性损伤形成的主要原因是
A. 全身营养不良　　B. 年老体弱
C. 理化刺激　　D. 局部长期受压
E. 医疗器械

A_3/A_4 型题

（34、35 题共用题干）

患者，男，80 岁。身高 165cm，BMI 为 25kg/m^2。近一年内体重下降 5kg，纳差，步速减慢，平衡差，ADL 重度依赖。

34. 患者的衰弱等级是
    A. 轻度衰弱　　B. 重度衰弱
    C. 维持健康　　D. 中度衰弱
    E. 脆弱易损伤

35. 患者饮食护理指导中**不正确**的是
    A. 多摄入植物蛋白
    B. 荤素搭配，多吃新鲜的蔬菜水果
    C. 补充蛋白质
    D. 补充维生素 D
    E. 纠正不良的饮食习惯

（36、37 题共用题干）

患者，女，65 岁。身高 160cm，体重 54kg，突发头痛伴呕吐 22 小时，意识障碍 4 小时，头颅 CT 显示蛛网膜下腔出血，血 ALB 37.5g/L，入院后进行了手术，手术顺利，患者持续浅昏迷状态，不能进食。

36. 判断患者是否存在营养风险，需用哪种工具进行综合营养评定
    A. NRS2002 量表　　B. MNA
    C. 主观全面评定　　D. 营养平定指数
    E. 预后营养评定指数

37. 营养不良筛查的项目指标较为恰当的是
    A. 营养受损程度、体格测量、疾病严重程度
    B. 生化检查、体格检查、年龄
    C. 营养受损程度、生化检查、年龄
    D. 营养受损程度、疾病严重程度、年龄
    E. 疾病严重程度、生化检查、体格检查

（38、39 题共用题干）

患者，女，72 岁。高血压 5 年，糖尿病 2 年。今晨早起去菜市场买菜，突然晕厥倒地，意识丧失。护士小刘上班时刚好看到其晕厥倒地，她立即将患者放平，松开紧身衣扣。

38. 护士小刘应让患者保持什么样的体位，以利于保证患者脑部的血液供应
    A. 中凹卧位　　B. 仰卧位
    C. 头高足低位　　D. 头低足高位
    E. 截石位

39. 接下来，小刘还应该对患者进行怎样的护理
    A. 建立静脉通道
    B. 给患者服用降压药和降血糖药
    C. 给予氧气吸入
    D. 进行心肺复苏（CPR）
    E. 清除呼吸道分泌物、异物、呕吐物，以保持呼吸道通畅

（40、41 题共用题干）

患者，女，72 岁。在医养结合机构入住已 2 年，平时表现安静合作，生活需要照顾，但能自己穿衣服、吃饭、上厕所。前天晚上，患者突然不睡，吵闹，说旁边的床上睡着一个小孩，要工作人员把小孩抱走，人显得很紧张和害怕。第二天早晨患者安静下来，昏昏欲睡，睡了一个下午。昨天晚上又出现整晚吵闹不睡，讲话含糊不清，闹着要出院。精神检查：表现安静，有时间、地点定向障碍，讲话时注意力不集中，对答尚切题，否认有睡眠不良。

40. 应首先考虑的诊断是
    A. 痴呆　　B. 抑郁症
    C. 谵妄　　D. 焦虑
    E. 衰弱

41. 以下护理措施**不正确**的是
    A. 建立舒适安全的环境，防止产生突然的惊恐不安
    B. 减少白天的睡眠，减少夜间饮水量，睡前避免过度兴奋
    C. 管理好门窗，避免患者因幻觉坠楼等
    D. 为防止患者夜间再吵闹，睡觉时四肢予约束
    E. 增加看护和陪伴

（42、43 题共用题干）

患者，男，80 岁。时常感受到有威胁，容易紧张，惊恐的程度与现实情况很不相称，患者自己也清楚没有什么值得紧张的事，说不清楚自己在担心什么，但还是每天陷入紧张惶恐之中。

42. 对该患者提出的首优护理诊断是
    A. 焦虑　　B. 知识缺乏
    C. 睡眠型态改变　　D. 个人应对无效
    E. 有自杀、自伤行为发生的危险

43. 该患者需要进行哪几项护理措施
    A. 一般护理、病情观察、症状护理、用药护理
    B. 生活护理、心理护理、症状护理、用药护理、健康护理
    C. 一般护理、病情观察、症状护理、用药护理、心理护理
    D. 生活护理、保证老年人安全、心理护理
    E. 生活护理、保证老年人安全、心理护理、用药护理

（44、45 题共用题干）

患者，男，76 岁。独居多年，最近 1 个月出现情绪低落、主动性语言减少、纳差、睡眠差，有一种孤独无助感。

44. 该患者应首先考虑的诊断是
    A. 焦虑　　B. 衰弱
    C. 抑郁症　　D. 痴呆
    E. 谵妄

45. 哪个是情感障碍的表现
A. 情绪低落　B. 主动性语言减少
C. 纳差　D. 睡眠差
E. 有一种孤独无助感

（46～48 题共用题干）

患者，女，76 岁。半年前由脑血管病致单侧肢体活动障碍，很少外出活动，怕活动中跌倒发生意外，从那时起就经常便秘伴腹痛、腹部不适，影响睡眠，患者对此十分痛苦。

46. 导致患者便秘的原因主要是
A. 缺乏运动　B. 排便习惯不良
C. 不良的饮食习惯　D. 肠道疾病
E. 药物影响

47. 关于用药护理，以下说法正确的是
A. 最好早期服用泻药缓解不适症状
B. 老年人最好选择刺激性泻药
C. 勿长期服用泻药，防止产生药物依赖性
D. 润滑性泻药需长期服用
E. 糖尿病患者可选用乳果糖

48. 医生建议患者适当调整行为，缓解便秘，以下说法**不正确**的是
A. 鼓励患者适当运动
B. 建立良好的排便习惯
C. 需按时排便，未到排便时间尽量忍耐
D. 卧床老年人可适当床上锻炼
E. 可在腹部进行顺时针按摩

（49～51 题共用题干）

患者，女，72 岁。独居，早晨下楼散步时，不慎摔倒，左手剧痛，神志清楚，邻居发现后将其送往医院。患者近日来视力下降，遵医嘱使用吡诺克辛滴眼液，患颈椎病 10 余年，患者既往曾跌倒过 2 次。

49. 导致患者跌倒的因素中属于内因的是
A. 视力下降　B. 小区环境存在安全隐患
C. 缺少照顾者　D. 不能量力而行
E. 既往有跌倒史

50. 为明确跌倒造成的损伤，首选的检查是
A. 血常规　B. B 超
C. 尿常规　D. 头颅 CT
E. X 线

51. 对患者进行护理时，以下**不正确**的是
A. 为避免再跌倒，指导其尽量减少活动
B. 安慰患者，减轻或消除患者对跌倒的恐惧
C. 必要时，鼓励患者使用手杖等辅助器具
D. 积极治疗患者的颈椎病及视力问题
E. 改善患者的居住环境

（52～54 题共用题干）

患者，男，78 岁。有糖尿病史，半月前由车祸导致骨折后一直长期卧床，睡眠及食欲均不好，这次因肺部感染收入老年病科，活动严重受限，有脑梗死病史，四肢肌张力高，为进一步治疗，入院后查体发现骶尾部有一 3.0cm×2.8cm 大小破溃，深达骨面，伴有恶臭。

52. 该患者发生的压力性损伤属于几期
A. 1 期压力性损伤　B. 2 期压力性损伤
C. 3 期压力性损伤　D. 4 期压力性损伤
E. 难以分期

53. 侧卧位时的压力点**不包括**
A. 耳郭　B. 髋部
C. 骶尾部　D. 股骨上段
E. 手肘

54. 下列说法**不正确**的是
A. 患者使用医疗器械时，器械下面和周围的皮肤至少每天检查 2 次
B. 避免层叠使用过多的预防性敷料，过多敷料会增加皮肤器械接触面的压力
C. 患者坐轮椅上的压力点为肩胛骨、尾椎、臀部、腘窝、足跟
D. 轮椅上可放置气圈或环形器械减压
E. 3 期压力性损伤无筋膜、肌肉、肌腱、韧带、软骨和（或）骨暴露

（李　望　刘　萍　石丽娟　龙　纳　郭建梅　邓露露）

第7章

常见老年疾病的护理

学习目标

1. 素质目标　树立人文关怀意识，遵循“以人为本，服务至上”的正确理念。

2. 知识目标　掌握老年瘙痒症、白内障、慢性阻塞性肺疾病、高血压、冠心病、胃食管反流病、糖尿病、卒中、帕金森病、骨质疏松症、前列腺增生等常见老年疾病的病因、护理评估、治疗要点、主要护理诊断/问题、护理措施、健康指导。

3. 能力目标　能全面评估和收集本章老年相关疾病患者资料，准确提出护理诊断，制订护理计划和实施，并能有效开展健康指导。

第1节　老年瘙痒症患者的护理

案例 7-1

患者，男，74 岁。主诉皮肤瘙痒反复发作逾 6 年，每年秋冬季为甚，瘙痒部位主要为背部和四肢，搔之而痒不止，甚则搔破，流黄水，但仍觉没有搔到痒处。心中烦扰，夜不能寐，颇以为苦。半月前泡洗温泉水后，瘙痒加剧。现周身皮肤瘙痒，阵发性发作，夜间尤甚；皮肤干燥，血痕累累，间有皮肤肥厚及色素沉着。

问题： 1. 患者的主要护理诊断有哪些？

2. 如何做好患者的心理护理和皮肤护理？

一、概　　述

（一）概念

老年瘙痒症：年龄≥60 岁、仅有皮肤瘙痒而无明显原发疹、每日或几乎每日瘙痒持续 6 周以上。老年瘙痒症可累及全身或局部皮肤。

（二）病因

1. 内分泌障碍　体内性激素水平降低，如卵巢疾病等。

2. 神经精神系统障碍　如多发性硬化症、带状疱疹；焦虑、强迫障碍和抑郁症等。

3. 内脏疾病　全身瘙痒可能是肝病、肾脏疾病、贫血、糖尿病、甲状腺功能亢进症、结节性甲状腺肿等疾病的症状。

4. 皮肤状况　如皮肤干燥（干燥症）、湿疹（皮炎）、银屑病、疥疮、烧伤、瘢痕、昆虫叮咬和荨麻疹。

5. 心理因素　部分患有恐螨症或不喜欢所处环境的老年人可能出现皮肤瘙痒，紧张、情绪激动、焦虑、抑郁等亦可引起或加重此症状。

6. 其他　突然受热或遇寒，衣服材质差、不良饮食习惯、接触各种化学物质、服用镇痛药（阿片类药物）等特定药物也可能引起皮肤瘙痒。

链　接　老年人皮肤屏障功能特点

皮肤屏障是皮肤角质层的组织结构，是由角蛋白和中间丝相关蛋白终末分化而形成的角质细胞套膜和细胞间脂质组成“砖墙结构”。老年人皮肤屏障随着机体老化容易受损，皮肤不能阻止潜在的抗原，使细胞因子释放，启动皮肤屏障修复过程中的促炎过程，导致瘙痒发生。

（三）分类

1. 皮肤源性瘙痒　由炎症、感染、干燥或其他皮肤损伤导致的皮肤瘙痒，如荨麻疹及蚊虫叮咬引起的反应。

2. 神经病理性瘙痒　在痒觉传入途径中由疾病所引起的瘙痒，如带状疱疹后遗神经痛。

3. 神经源性瘙痒　指神经通路未受累的中枢性瘙痒，如胆汁淤积引起的瘙痒症是阿片样神经肽作用于阿片样受体所致。

4. 精神性瘙痒　由抑郁、精神分裂症等引起。

二、护理评估

（一）健康史

询问患者是否为易过敏体质，是否有药物、食物过敏史，是否穿戴易过敏的首饰及衣物，是否因情绪紧张、环境变化、不良饮食嗜好（如吸烟、酗酒）和感染等原因造成瘙痒；询问患者抗过敏药物的使用情况、既往史及用药情况。

（二）身心状况

1. 症状体征　瘙痒症表现为全身性和局限性。全身性瘙痒症以夜间为重，开始仅有痒感，而无任何原发皮疹，由于搔抓出现广泛条状或点状抓痕、血痂、色素沉着，皮肤肥厚可继发感染如毛囊炎、疖肿等。局限性瘙痒症常发生在小腿、阴囊、外阴、肛门周围，局部仅自觉瘙痒，并无皮疹，日久可致皮肤增厚，湿疹样改变。

2. 并发症　继发感染如毛囊炎、疖肿等。

3. 心理-社会状况　皮肤瘙痒可使患者烦躁不安、食欲减退、睡眠不佳、精神忧郁等，易产生焦虑、抑郁的心理，消极的情绪会直接影响病情，使病情随着情绪的好坏加重或减轻。

（三）环境评估

了解患者生活环境和卫生情况；评估皮肤瘙痒的部位、程度、时间、频率及诱发因素。评估皮肤有无脱屑、红斑、丘疹、水疱、苔藓样变、感染等症状。

（四）辅助检查

1. 初步检查　血常规、C 反应蛋白、红细胞沉降率、肝功能、肾功能、乳酸脱氢酶、促甲状腺激素、空腹血糖等。

2. 补充检查　对初步检查异常者，需进一步做针对性实验室检查和影像学检查，如肿瘤标志物等；对肛门皮肤瘙痒患者需要检查寄生虫、虫卵，直肠指检，检查前列腺特异抗原；对生殖器部位皮肤瘙痒或不明原因的皮肤瘙痒患者需检查血糖和糖耐量试验。

三、治疗要点

1. 局部治疗　皮肤瘙痒严重者可用保湿润肤霜、糖皮质激素、抗组胺药物、薄荷、樟脑制剂、炉甘石洗剂、3%硼酸溶液、中药制剂等。

2. 系统治疗　当一般治疗和局部治疗效果不佳时，可使用抗炎、免疫抑制剂（糖皮质激素、环孢素 A 等）、抗组胺药物、维生素 C、阿片受体拮抗剂等。

3. 治疗原发病 积极治疗由肝病、肾病、糖尿病、恶性肿瘤等全身疾病引起的瘙痒。

4. 物理治疗 紫外线照射、皮下输氧、淀粉浴或矿泉浴，对全身瘙痒有一定的疗效。对顽固局限性瘙痒，可考虑浅层X线放射治疗。

四、主要护理诊断/问题

1. 有皮肤完整性受损的危险 与皮肤瘙痒搔抓而损坏皮肤有关。

2. 焦虑 与皮肤瘙痒难忍影响日常生活等有关。

3. 有长期低自尊的危险 与长期瘙痒所致的焦虑抑郁有关。

五、护理措施

（一）一般护理

保证患者休息睡眠时间，指导患者清淡饮食，多食含锰的食物，如粗粮、豆类、核桃、花生、葵花籽、芝麻、茶叶等，多食新鲜蔬菜和水果，适量喝水。少吃辛辣刺激性食物，如辣椒、胡椒、大蒜、葱、芥末、生姜等，少食或不食鱼虾蟹等海产品，以免加重皮肤瘙痒程度，戒烟、限酒。

（二）病情观察

用药后观察皮肤局部的变化，重点评估皮肤的完整性、皮肤弹性、有无皮疹、有无红肿破溃等；症状是否减轻，瘙痒有无伴随感觉，有无昼夜变化，是否发生感染等现象。密切关注患者情绪的改变。全身性的瘙痒，要注意查看血糖及甲状腺功能，判断有无糖尿病、甲状腺功能减退症等疾病。

（三）症状护理

协助患者剪短指甲，尽量避免搔抓，预防皮肤继发感染。瘙痒难忍时用指腹按摩代替抓痒，以减轻痒感；指导患者选用宽松的、质地柔软、吸水性好、透气性好的棉质内衣，减少洗澡次数，合理调节水温，控制在40℃左右，忌用碱性肥皂。

（四）心理护理

患者可能因为皮肤瘙痒而产生焦虑、抑郁等悲观情绪，不愿与人交流，照护者应与患者建立信任关系，鼓励患者表达自己的心理感受，让患者正视自己的疾病，进行积极的心理暗示，并且教会患者一些转移瘙痒的技巧，如看书、参加活动、呼吸松弛训练、按摩、冷敷等。

考点：瘙痒症的护理措施

六、健康指导

向患者及照护者介绍皮肤瘙痒的相关知识，积极治疗原发疾病如糖尿病、肝肾疾病等。掌握局部及全身用药的方法，了解药物不良反应，注意用药安全，并养成良好的生活习惯，保持良好的心态，积极配合治疗。

第2节 白内障患者的护理

案例7-2

患者，女，72岁。半年前无明显诱因出现无痛性双眼视物模糊，眼前出现固定不动的黑点，有时出现复视，症状逐渐加重，近两个月来仅能看清人影，但轮廓不清，近3个月眼前仅有光感，并伴有头痛、头晕和头胀，到医院就诊。检查：右眼视力0.09，左眼视力0.08；光定位准确。色觉检查：红绿可辨。双眼睑无红肿，无内外翻，无倒睫。双眼结膜无明显充血。角膜透明，房水清。

虹膜纹理清，色正常，无粘连。瞳孔圆，居中，双侧等大等圆，直径约 3mm，对光反射（+）。晶状体完全混浊，玻璃体可见混浊。眼底不能窥见。眼压正常。

问题：1. 患者发生了什么状况？

2. 请列举患者主要的护理诊断。

3. 对老年性白内障患者应如何护理？

一、概　述

（一）概念

白内障即年龄相关性白内障，是指中年以后因晶状体逐渐变性混浊引起的视觉功能障碍，主要表现为进行性无痛性视力减退。因其主要发生于老年期，习惯称为老年性白内障。我国现有白内障盲人 400 万，其中绝大多数是老年人。本病发病率随年龄增长而增加，50 岁以上多发，我国 60 岁以上人群发病率约为 80%，是患者最主要的致盲原因之一。

（二）病因

各种原因如老化、遗传、局部营养障碍、免疫与代谢异常、外伤、中毒、辐射等，都能引起晶状体代谢紊乱，导致晶状体蛋白质变性而发生混浊，发生白内障。

（三）分类

白内障分类方法较多，常根据部位分为皮质性白内障、核性白内障及后囊性白内障。

1. 皮质性白内障　最为常见，分为四期：初发期，晶状体周边皮质部混浊，后逐渐向中心发展，视力略有减退；膨胀期，又称未成熟期，晶状体膨胀，混浊加重，呈现不均匀灰白色混浊，但仍有透明区，视力明显下降，眼底看不清，前房变浅，可诱发急性闭角型青光眼；成熟期，晶状体完全混浊呈乳白色，前房恢复正常，视力明显下降，只能辨别手动或仅存光感；过熟期，晶状体核下沉、体积缩小，视力可突然提高。过熟期白内障囊膜变性可使囊膜通透性增加或出现细小的破裂，液化的皮质漏出，进入房水的晶状体蛋白诱发自身免疫反应，引起晶状体过敏性葡萄膜炎。此外，晶状体皮质颗粒或吞噬了睫状体的皮质的巨噬细胞容易在房角积聚，堵塞小梁网，产生继发性青光眼，称为晶状体溶解性青光眼。

2. 核性白内障　发病较早，一般 40 岁左右开始，进展缓慢，晶状体混浊从胚胎核位置开始出现密度增加，早期中心呈淡黄色，逐渐加深呈黄褐色、棕色、棕黑色，周边部皮质仍为透明，在强光下瞳孔缩小，视力反而减退。

3. 后囊性白内障　可单独发生，也可与其他类型的白内障合并存在，混浊位于晶状体的后囊膜下皮质，若进一步发展，合并皮质和核混浊，最后成为完全性白内障。

二、护 理 评 估

（一）健康史

1. 询问患者现病史情况，有无家族性遗传史、传染性眼病接触史等；询问其生活行为方式、文化水平、社会经济等情况。

2. 评估患者视力障碍的程度，有无在白天因视力障碍发生跌倒的风险；对自理能力及活动能力的影响，是否需要他人照料。

（二）身心状况

1. 症状体征　典型临床表现为无痛性渐进性视力下降，自觉有一层毛玻璃挡在前面，单眼或双眼发生，两眼发病可有先后，晶状体皮质混浊导致晶状体不同部位屈光力不同，可有炫光感，或单眼复视，近视度数增加等。

2. 并发症 可导致青光眼、过敏性葡萄膜炎等其他眼部疾病，或由视力障碍导致跌倒、焦虑抑郁等，如不及时救治，最终会发展为失明。

3. 心理-社会状况 因视力障碍，影响其自理能力、外出活动和社会交往，可能会造成自我形象紊乱或差错事故的发生，患者可能出现悲观、失落、孤独等负性情绪。患者因惧怕手术及术后复明效果，而产生焦虑心理。

（三）环境评估

了解患者居住环境，是否有安全的活动空间；附近医疗服务状况，是否方便就医；评估患者心理、社会支持情况及照护者的能力与需求。

（四）辅助检查

眼压检查，应用房角镜、超声生物显微镜进行房角检查，眼部 B 超检查；角膜内皮细胞检查、视网膜电流图（ERG）检查、视觉诱发电位（VEP）检查、眼底检查及眼底血管造影检查等。

三、治疗要点

本病目前无特效药，主要以手术治疗为主。

1. 药物治疗 早期应在医生指导下服用维生素 C、维生素 E。非手术患者可用障眼明、吡诺克辛滴眼液等眼药水滴眼，以延缓白内障的发展。

2. 手术治疗 手术方式主要有白内障囊外摘除术、白内障超声乳化吸除术、激光乳化白内障吸除术，术中植入人工晶状体。超声乳化技术切口小，无痛苦，手术时间短，无须住院。

链 接 飞秒激光白内障手术

白内障手术方式从传统的超声乳化手术发展到如今先进的飞秒激光白内障手术，可以精确地切割角膜，减少了手术刀可能引起的人工晶状体偏移和角膜不规则的风险。飞秒激光白内障手术的优势可以总结如下："无刀"，手术过程中全程无刀；"无痛"，在激光过程中没有不适的感觉；"安全"，在精准的人工智能控制下标准操作，安全性更高；"精准"，设备操作误差远低于人工操作；"损伤小"，这种手术方式大大降低了手术操作对眼部的损伤。

四、主要护理诊断/问题

1. 有受伤的危险 与视力下降有关。

2. 焦虑 与视力下降和担心手术效果有关。

3. 自我认同紊乱 与白内障影响正常生活，社会适应能力下降有关。

4. 知识缺乏：缺乏白内障自我保健的相关知识。

5. 潜在并发症：继发性闭角型青光眼、晶状体过敏性葡萄膜炎、晶状体溶解性青光眼。

五、护理措施

（一）一般护理

护理人员应为患者创造一个良好的生活环境，使用的物品应简单、特征性强，放置在其熟悉的位置。营养均衡，保证维生素摄入，遵医嘱给予维生素 C、维生素 E、维生素 B_2 等，脱水者应多饮水，禁烟忌酒，减少辛辣等刺激性食物的摄入。

（二）病情观察

1. 术前护理 术前观察患者的全身状况，勤巡视病房，询问患者有无不适症状，有无头痛、头晕、嗜睡等症状。协助进行术前检查，讲解术前及术中配合要点。术前在仰卧、头部不动情况下，按要求向各方向转动眼球，以便配合手术操作和术后观察效果；术前遵医嘱应用抗生素眼药水滴眼，有咳嗽者，遵医嘱给予止咳药，进行术前准备。

2. 术后护理　术后观察患者伤口情况、敷料有无渗血及分泌物。识别眼痛伴头痛、恶心、呕吐等眼压升高症状并及时通知医生。有无眼部疼痛，疼痛的部位、性质；对症处理视力突然下降、流泪、畏光及分泌物增多等症状。术后当天取自由体位，除进食、如厕外，尽量卧床休息，避免做会使眼压升高的动作，如转头、打喷嚏、咳嗽、弯腰、揉眼睛等；头部尽量少活动，避免引起伤口出血。术后防止手或其他异物意外碰伤眼睛，引起手术切口开裂。遵医嘱按时点眼药水及服用消炎药，防止发生伤口感染和瞳孔粘连。

（三）用药护理

遵医嘱用药，指导患者正确使用滴眼液。

1. 评估　使用前评估滴眼液的生产日期、有效期，检查有无混浊、变质和变色等。

2. 滴药方法　拇指、示指分开眼睑，嘱患者向上看，迅速将滴眼液滴进下穹隆，闭眼，再用拇指、示指把上眼睑轻轻提起，使滴眼液均匀分布在整个眼结膜腔。

3. 注意事项　滴混悬液时，应当摇匀后再滴。滴眼药水时，不要用滴药管接触角膜、巩膜，患者头部偏向用药的一侧，以免药液流入另一只眼，引起不良反应。几种眼药水交替滴时，应间隔几分钟。缩瞳剂晚上临睡前滴用，避免因药物作用出现视物模糊而发生意外。

考点：滴眼液使用方法

（四）心理护理

患者由视力障碍导致性格孤僻或暴躁，根据患者的文化水平、病情和心理特点，耐心启发、开导，主动热情地与其交谈，耐心细致地介绍疾病情况及注意事项，帮助患者解决困难，以消除其对疾病的顾虑，缓解紧张恐惧心理。

六、健康教育

1. 指导患者术后 3 周内洗脸、洗头时，注意不要让污水进入术侧眼内，以防感染。术侧眼压高，禁外力碰撞、按压、低头、揉眼等，睡觉时平卧或向健侧眼侧卧，戴眼罩，防止碰撞。避免用力咳嗽，以防咳嗽致眼压增高、眼内出血。出现眼部持续疼痛、视力突然下降等症状时要及时就医。

2. 指导患者按时滴眼药水，滴药时因手术切口在上部，勿拉上眼皮。戒烟忌酒，给予清淡、易消化的食物，不食辛辣刺激性食物，多吃水果蔬菜，保持大便畅通。

3. 指导患者居室阳光要充足，但要避免强光灯泡和强烈阳光直接照射眼睛，可用纱质窗帘遮挡强光。户外活动时，应佩戴防紫外线深色眼镜或戴遮阳帽。晚间可用夜视灯调节室内光线。选择印刷清晰、字体较大的阅读材料，最好用淡黄色纸张，避免反光，看书报、电视的时间不宜过长。

第 3 节　慢性阻塞性肺疾病患者的护理

案例 7-3

患者，男，73 岁。反复咳嗽、咳痰 20 余年，活动后气促 3 年，加重 6 天。患者嗜烟 30 余年，自 10 年前起出现反复咳嗽、咳白色泡沫痰，以清晨为多。近 3 年来，快步行走或登楼时感觉气不足，休息后缓解。6 天前受凉后鼻塞流涕、咳嗽气促加剧。体检：T 36℃，P 108 次/分，R 26 次/分，BP 110/70mmHg，桶状胸，呼吸浅快。实验室检查：FEV_1 65%，PaO_2 60mmHg，$PaCO_2$ 50mmHg，X 线检查：肺容积增大，胸腔前后径增长，肺野透亮度增高。诊断为慢性阻塞性肺气肿。

问题：1. 患者主要护理诊断是什么？
2. 对该患者病情观察的内容有哪些？
3. 如何对该患者进行呼吸困难的评估？

一、概　　述

（一）概念

慢性阻塞性肺疾病（chronic obstructive pulmonary disease，COPD）是一种慢性气道阻塞性疾病的统称。主要指具有不可逆性气道阻塞的慢性支气管炎和肺气肿两种疾病，呈多基因遗传。起病缓慢，病程较长，主要症状包括慢性咳嗽、咳痰、气短、呼吸困难、喘息和胸闷。

（二）病因

1. 遗传因素　已知的遗传因素有抗胰蛋白酶缺乏，弹性蛋白酶的抑制作用减退，导致肺气肿，最终发展为 COPD。

2. 生理因素　随着年龄的增长，肺的功能逐年降低，生理性的老化，造成肺泡腔扩大，肺弹性丧失。同时，衰老过程中，肾上腺皮质功能减退、机体免疫力逐渐下降，呼吸防御功能减退，反复感染的概率明显增加，COPD 的发生风险增加。

3. 环境因素　主要为吸烟、大气污染、职业粉尘等因素的长期反复刺激，导致气道慢性炎症即氧化与抗氧化失衡。

4. 感染　是 COPD 发生发展的重要因素之一，包括病毒、细菌、支原体和衣原体等病原体的感染，也会造成气管、支气管黏膜的损伤和慢性炎症。患者对各种有害颗粒刺激的异常炎症反应越强烈，越容易发生 COPD。

5. 其他　自主神经功能失调、营养不良、老年性肾上腺皮质和性腺功能减退都可能与 COPD 的发生、发展存在一定关系。

（三）分期

COPD 按病程分为急性加重期和稳定期。

1. 急性加重期　指在短期内咳嗽、咳痰、气短和（或）喘息加重，痰量增多，呈脓性或黏液性痰，伴发热等炎症明显加重的表现。

2. 稳定期　指患者咳嗽、咳痰、气短等症状稳定或症状减轻，病情基本恢复到急性加重前的状态。

二、护 理 评 估

（一）健康史

了解并确认危险因素，如有无吸烟史、呼吸道反复长期感染史、理化因素的长期刺激等。评估季节和生活环境对 COPD 的影响。评估患者意识状态及生命体征，现有的症状和体征，症状的严重程度，有无急性加重的表现等。评估心肺功能及其对日常生活和自理能力的影响程度。评估心理、社会支持情况及照顾者的能力与需求。

（二）身心状况

1. 症状　主要表现为慢性咳嗽、咳痰、气促或呼吸困难。慢性咳嗽通常为首发症状，气促、呼吸困难是 COPD 最突出的症状，也是导致患者焦虑的主要原因。COPD 还具有以下特点。

（1）咳嗽不明显，由衰老导致肺泡腔扩大及肺弹性丧失，咳嗽反射下降，许多 COPD 患者无明显咳嗽咳痰症状。

（2）呼吸困难更突出，尤其是高龄患者，因为肺气肿日趋严重，加重了患者通气和弥散功能障碍，导致日常活动受限，甚至床上变换体位都会引起气促发作。

（3）机体反应差，典型症状被弱化或缺如。如在炎症急性期，患者可能没有出现发热、白细胞水平增高、严重咳嗽等，仅表现为食欲减退、精神萎靡、胸闷、少尿等。

（4）气道屏障功能和全身免疫功能减退，容易出现反复感染，并发症增多，如肺心病、败血症、休克等，甚至引发老年多器官功能衰竭。

2. 体征　早期体征不明显。随疾病进展可出现桶状胸、呼吸运动减弱、呼吸浅快；触诊语颤减弱或消失；叩诊呈过清音、心浊音界缩小或不易叩出、肺下界和肝浊音界下降；听诊两肺呼吸音减弱、呼气延长，部分患者可闻及干、湿啰音。

3. 并发症　阻塞性肺气肿、支气管炎、支气管扩张症、慢性呼吸衰竭、自发性气胸、慢性肺源性心脏病等。

4. 心理-社会状况　患者因明显的呼吸困难导致自理能力下降，从而产生焦虑、孤独、悲伤和失望等消极情绪，病情反复可造成抑郁症及失眠，对治疗缺乏信心。

（三）环境评估

评估患者居住环境的通风情况、空气质量，有无防尘设施；是否安静、温湿度适宜；有无家庭氧疗设备；家庭与社区有无促进呼吸康复和增强体质的设施设备等。

（四）辅助检查

1. 症状评估　COPD 的症状评估分级可以采用改良版英国医学研究委员会呼吸问卷（modified British medical research council，mMRC）（表 7-1）。

表 7-1　改良版英国医学研究委员会呼吸问卷

分级	呼吸困难症状
0 级	剧烈活动时出现呼吸困难
1 级	平地快步行走或爬缓坡时出现呼吸困难
2 级	由于呼吸困难，平地行走时，比同龄人慢或者需要停下来休息
3 级	平地行走 100m 左右或数分钟后需要停下喘气
4 级	因严重呼吸困难而不能离开家，或在穿、脱衣服时出现呼吸困难

2. 肺功能评估　该评估是判断气流受限，评估 COPD 严重程度的主要客观指标之一，对 COPD 诊断、进展程度、愈后及治疗反应等有重要意义。通常采用第 1 秒用力呼气容积（FEV_1）作为客观指标进行判断，一般来说 FEV_1 占预计值≥80%，表示肺功能为Ⅰ级，气流轻度受限；FEV_1 在 50%～79%，肺功能Ⅱ级，气流中度受限；FEV_1 在 30%～49%，肺功能Ⅲ级，气流重度受限；FEV_1＜30%，肺功能Ⅳ级，气流极重度受限。

3. 胸部影像检查　X 线检查对 COPD 诊断特异性不高，对确定肺部并发症及与其他疾病（如肺间质纤维化、肺结核等）鉴别具有重要意义。COPD 早期 X 线片可无明显变化，之后出现肺纹理增多和紊乱等非特征性改变。CT 检查对 COPD 的诊断鉴别有较高价值。

4. 血气分析　对确定发生低氧血症、高碳酸血症、酸碱平衡失调，以及判断呼吸衰竭的类型有重要意义。

5. 其他实验室检查　COPD 合并感染时，外周血白细胞增高。痰涂片中可见大量中性粒细胞，痰培养可检出各种病原菌。

三、治 疗 要 点

治疗的目标是改善呼吸功能和运动能力，减少急性发作和并发症的发生，降低抑郁程度，延缓或阻止肺功能下降。COPD 急性加重期的治疗以控制感染和改善症状为主，而稳定期以改善肺功能和预防感染为主。

（一）稳定期治疗

1. 避免诱发病因 劝导患者戒烟，脱离有职业粉尘和刺激性气体的环境。

2. 药物治疗 常用药物有支气管扩张剂、糖皮质激素、祛痰药，抗感染治疗一般首选静脉治疗。患者基础疾病多，病情复杂，一般用药宜充分，疗程稍长，根据病情变化及时调整治疗方案。

（1）支气管扩张剂 是控制 COPD 症状的主要治疗药物，包括沙丁胺醇、特布他林等 $β_2$受体激动剂，异丙托溴铵等抗胆碱药及氨茶碱等茶碱类。主要作用是扩张支气管、松弛支气管平滑肌，缓解气流受限。短期使用可以缓解症状，长期规律使用可预防和减轻症状。与口服药相比，吸入剂副作用小，因此首选吸入制剂。

（2）糖皮质激素 常用剂型有沙美特罗、布地奈德等，反复加重的 COPD 患者，可以吸入激素联合 $β_2$受体激动剂，可减少肺功能下降的速度。

（3）祛痰药 有盐酸氨溴索、*N*-乙酰半胱氨酸等，患者气道内可产生大量的黏液分泌物，且因肺功能较差，难以排出，易引起继发感染，应用祛痰药有利于气道引流通畅。

3. 长期家庭氧疗 对于 COPD 伴有慢性呼吸衰竭的患者可提高生活质量和生存率，对血流动力学、运动能力、精神状态产生积极影响。

（二）急性加重期的治疗

1. 确定病因 最常见的原因为细菌和病毒感染。

2. 药物治疗 根据病原体的种类选择抗生素进行对症治疗。对于有严重喘息症状的患者给予较大剂量的雾化吸入治疗，如沙丁胺醇；对于处于急性加重期需要住院的患者可口服泼尼松龙。酌情选择祛痰药物，如溴己新等进行治疗。

3. 低流量氧气吸入 发生低氧血症患者可用鼻导管吸氧，或通过文丘里面罩吸氧，一般吸入氧浓度为 28%～30%。

考点：不同分期 COPD 患者的治疗要点

四、主要护理诊断/问题

1. 气体交换受损 与气道阻塞，通气不足有关。

2. 清理呼吸道无效 与分泌物增多、黏稠，无效咳嗽有关。

3. 焦虑 与病情反复，自理能力下降有关。

4. 活动无耐力 与低效性呼吸型态、慢性缺氧有关。

5. 知识缺乏：缺乏用药、氧疗及肺康复相关知识。

6. 潜在并发症：肺源性心脏病、休克、呼吸性酸中毒、肺性脑病、弥散性血管内凝血等。

五、护 理 措 施

（一）一般护理

1. 稳定期 根据病情安排适当活动，以不感到疲惫、不加重症状为宜。

2. 急性加重期 宜卧床休息，采取舒适半卧位。极重度者，宜采取坐位、身体前倾，使用呼吸机辅助呼吸。

3. 给予高热量、高蛋白、高维生素和易消化的饮食，少食多餐，必要时静脉补充营养，保持出入量平衡。

（二）病情观察

密切观察呼吸频率、节律及深度的变化；观察呼吸困难及其严重程度，与活动的关系，有无进行性加重；观察咳嗽、咳痰是否顺畅，痰液的颜色、性质（痰液的黏稠度及性状等）、量，观察体温变化，肺部体征及有无并发症，如出现呼吸困难加重，缺氧、发绀，并伴随烦躁不安，神志恍惚时，提示痰液堵塞气道导致窒息发生，应立即采取抢救措施。

（三）症状护理

1. 保持呼吸道通畅 进行呼吸功能训练是促进 COPD 康复的重要措施。患者因咳嗽无力，常出现排痰困难，要鼓励患者摄入足够的水，适当增加活动量，也可通过雾化、胸部叩击、体位引流的方式促进排痰。

2. 氧疗 是纠正 COPD 导致缺氧最直接有效的方法。急性发作期并发Ⅱ型呼吸衰竭的患者一般采用持续低流量吸氧 1～2L/min。居家严重的 COPD 患者应给予长期家庭氧疗，根据家庭氧疗的适应证评估患者的状况，一般使用鼻导管吸氧，氧流量 1～2L/min，吸氧时间 10～15 小时/天，使患者在静息状态下，能达到氧分压≥60mmHg，血氧饱和度升至 90%以上，提高其生活质量和生存率。

（四）用药护理

遵医嘱应用支气管扩张剂、糖皮质激素、止咳药、祛痰药物等，肝肾功能较差的患者，应密切观察药物的不良反应。β_2受体激动剂用量过大可导致心律失常，长期使用可出现肌肉震颤；使用抗胆碱药时，注意观察有无出现头晕、视物模糊、口干、排尿困难等症状，对合并前列腺增生的患者或前房角狭窄的青光眼患者应慎用。使用茶碱类药物应注意监测血药浓度。使用糖皮质激素类吸入剂时，指导患者用药后及时用清水含漱口咽部。指导患者在同一水平维持长期规律用药，并注意观察患者能否正确用药及药物的治疗效果。

（五）康复护理

1. 缩唇呼吸 患者可取立位、平卧位或半卧位，两手分别放于胸前和上腹部。深吸气 2 秒，屏气 1～2 秒，呼气 4～6 秒。吸气时，胸部与肩部保持不动，腹部向外凸出。呼气时噘嘴、鼓腮，形如吹口哨状，通过缩唇形成的微弱阻力，使气体缓慢经口呼出。同时腹肌收缩，膈肌随腹腔内压增加而上抬，推动肺部气体排出，用手能感到腹部下凹。该训练可 2～3 次/天，每次 2～5 分钟，至少每周锻炼 3 天。

2. 有效咳嗽 协助取坐位或半卧位，上身微向前倾，嘱患者缓慢深呼吸数次后，深吸气至膈肌完全下降，屏气数秒，然后进行 2～3 声短促有力的咳嗽。嘱其将余气尽量呼出，循环做 2～3 次，休息或正常呼吸几分钟后可再重新开始。

3. 振动排痰 根据病变部位采取相应体位，手法叩击时，手背隆起，手掌中空，手指弯曲，拇指紧靠示指，靠腕部力量有节奏地叩击背部，频率大于 120 次/分。使用振动排痰仪时，根据病情选择适当的振动频率和时间，一般设置振速 10～20 次/秒，持续 10～20 分钟，振动时由慢到快。叩击顺序为自下而上、由外向内，叩完一侧再叩另一侧，避开乳房、心脏及骨突部位。叩击 30～60 秒/次，每日数次。边叩击边观察面色，倾听主诉。有心电监测者，观察血氧饱和度、心率、心律及血压变化。

4. 体位引流 根据病灶部位和耐受程度选择合适的体位，肺上叶引流采取坐位或半坐卧位；肺中叶引流由一侧卧位转为仰卧位，再转为另一侧卧位；肺下叶引流采取头低足高位、仰卧位。每种体位维持 5～10 分钟，身体倾斜度为 10°～45°。引流顺序先上叶，后下叶。有 2 个及以上炎性部位时，应引流痰液较多的部位。引流过程中密切观察病情变化，出现心律失常、血压异常时，立即停止，并通知医生对症处理。引流过程中，配合有效咳嗽及振动排痰，及时有效清除痰液。

链　接 肺康复

肺康复是一种基于对患者的全面评估并量身定制的综合干预治疗方案，包括但不限于运动训练、教育和行为改变，旨在改善慢性呼吸道疾病患者的身心状况，促使患者长期坚持促进健康的行为。COPD 患者的肺康复治疗主要是在药物治疗基础上配合肺功能康复治疗，主要内容包括运动训练、呼吸肌训练、排痰训练、无创通气治疗、中医肺康复、健康教育、营养支持及社会心理支持等。

（六）心理护理

由于病程长，反复发作，多次住院，不少患者易产生急躁、自卑和恐惧心理。因此应了解患者对疾病的态度，关心体贴患者，与患者家属共同制订和实施康复计划，消除诱因，进行呼吸功能锻炼，合理用药，减轻症状，帮助患者树立信心。另外，教会患者采取缓解焦虑的放松方法，如听音乐、下棋、做游戏等娱乐活动，以分散注意力，减轻焦虑。

考点： COPD 患者的护理要点

六、健 康 教 育

1. 指导患者注意防寒保暖，适当进行体育锻炼，提高身体素质，增强对外界环境变化的适应能力。
2. 指导做好营养支持，进食高热量、高蛋白、高维生素饮食，提高呼吸道黏膜的修复和抗病能力。
3. 指导正确家庭用药，尤其是气雾剂的使用要领与规范动作，以确保疗效。
4. 告知可定期接种流感疫苗，增强机体对上呼吸道感染的免疫力。
5. 指导患者戒烟，避免在空气污染严重时期的户外活动，在流感和传染性呼吸道疾病流行季节要减少到人员密集的公共场所活动，以减少有毒物质和病原体进入呼吸道。
6. 做好长期家庭氧疗的指导，保证氧疗的有效性和减轻不良反应。

第 4 节　高血压患者的护理

案例 7-4

患者，男，76 岁。3 年前确诊高血压。近日出现头晕、视物模糊症状来医院就诊。医院身体检查为 T 37℃，P 102 次/分，R 22 次/分，BP 180/110mmHg，神志清楚，焦虑不安，心尖搏动位于左侧第 6 肋间锁骨中线外 1cm，心律齐；眼底检查可见小动脉变细、扭曲、反光增强。医生建议马上住院。

问题： 1. 患者的主要护理诊断是什么？

2. 如何预防患者出现直立性低血压？

3. 为患者进行健康指导的内容是什么？

一、概　　述

（一）概念

老年高血压（elderly hypertension）是指年龄≥65 岁，在未使用抗高血压药物的情况下，血压非同日 3 次以上收缩压≥140mmHg（18.7kPa）和（或）舒张压≥90mmHg（12.0kPa）。单纯收缩期高血压是指舒张压＜90mmHg，收缩压≥140mmHg。因单纯收缩期高血压多发生于 60 岁以上的患者，所以又叫老年单纯收缩期高血压。老年单纯收缩期高血压患病率为 29.0%～31.9%，患病人数占老年高血压总人数的 56.9%，是患者致死、致残的一个重要原因。

考点： 老年高血压的概念

（二）病因

1. 生理因素 患者各器官因增龄发生退行性变化，心血管系统老化，动脉硬化明显，使心脏射血时主动脉不能完全膨胀，动脉内骤增的血容量得不到缓冲，导致收缩期血压增高，而舒张压相对较低，脉压增大。

2. 遗传因素 原发性高血压有明显的家族遗传倾向，不仅在血压升高的发生率上有遗传，在血压升高的程度、并发症的发生，以及其他有关因素（如肥胖）方面也有遗传。

3. 生活行为因素 患者的味觉功能减退，喜食含钠高的食品，缺乏运动，胰岛素抵抗和继发性的高胰岛素血症，以及患者的交感神经活动性高，血中肾上腺素水平较高且不易排出。吸烟、饮酒、精神心理压力等都是患者易患高血压的重要因素。

4. 其他因素 超重和肥胖可增加高血压的患病风险，尤其是中心性肥胖，肥胖者发生高血压的风险是 BMI 正常者的 3 倍。另外水钠潴留也会引起患者血压升高，部分药物也可使血压升高，如口服避孕药、麻黄碱、肾上腺皮质激素等药物。

链　接　一天中血压的变化规律

一天中血压的正常日夜节律表现为双峰一谷的现象，双峰指晨峰及午峰。晨峰发生在早晨6～10点，午峰发生在下午2～6点，以4～6点的时间段居多。低谷通常发生在深睡眠期，即夜间2～4点，因为此时迷走神经张力比较高。因此只要具备晨峰、午峰和晚上低谷的现象，日夜节律就是正常的。

（三）分类

1. 原发性高血压 不是某些疾病引起，而是由相应的诱发因素引起的，如遗传、钠摄入过多、长期大量饮酒、肥胖、作息不规律等。

2. 继发性高血压 由急、慢性肾小球肾炎，多囊肾，糖尿病肾病等疾病引起的为肾实质性高血压。由动脉粥样硬化引起的肾动脉狭窄等为肾血管性高血压。肾上腺腺瘤、肾上腺增生、肾上腺腺癌使肾上腺分泌过多的醛固酮，后者导致水钠潴留、高血压和低血钾等原发性醛固酮增多症引起高血压。焦虑症、睡眠呼吸暂停综合征、甲状腺功能亢进症、皮质醇增多症等疾病也可以引起高血压。

二、护理评估

（一）健康史

了解患者高血压病程；有无高血压家族史；了解与血压升高有关的疾病因素，如血管粥样硬化程度等；了解患者有无不良生活方式等危险因素，如高盐饮食、高脂饮食、吸烟肥胖、长时间的精神应激、长期生活在噪声环境中等；了解患者既往史和现病史；了解患者目前用药状况等。

（二）身体状况

1. 症状 患者表现为起病缓慢、进展慢、症状多不典型或无明显自觉症状，常在体检中或并发脑血管病时才被发现。患者常伴有血压昼夜节律的异常，表现为夜间血压下降幅度<10%（非杓型）或>20%（超杓型），甚至表现为夜间血压不降反较白天升高的反杓型高血压，使心、脑、肾等靶器官损害的危险性显著增加。

根据《中国高血压防治指南（2018年修订版）》和《中国老年高血压管理指南2023》，老年人血压水平定义与分级见表7-2，高血压危险分层见表7-3。

表 7-2　老年人血压水平定义与分级

定义与分级	收缩压		舒张压（mmHg）
正常血压	＜120	和	＜80
正常高值血压	120～139	和（或）	80～89
高血压	≥140	和（或）	≥90
1 级	140～159	和（或）	90～99
2 级	160～179	和（或）	100～109
3 级	≥180	和（或）	≥110
单纯收缩期高血压	≥140	和	＜90

注：当收缩压和舒张压分属于不同级别时，以较高的分级为准。单纯收缩期高血压按照收缩压水平分级。

表 7-3　高血压危险分层

其他危险因素和疾病史	血压（mmHg）			
	收缩压 130～139 和（或）舒张压 85～89	收缩压 140～159 和（或）舒张压 90～99	收缩压 160～179 和（或）舒张压 100～109	收缩压≥180 和（或）舒张压≥110
1～2 个其他危险因素	中危	中危	高危	很高危
≥3 个其他危险因素，或靶器官损害，或慢性肾脏疾病 3 期，糖尿病	高危	高危	很高危	很高危
临床并发症，或慢性肾脏疾病 4～5 期	很高危	很高危	很高危	很高危

2. 体征　重点检查周围血管波动、血管杂音、心脏杂音等。心脏听诊可闻及主动脉瓣区第二心音亢进、主动脉瓣区收缩期杂音或收缩早期喀喇音。

3. 直立性低血压　是指从卧位改变为直立体位的 3 分钟内，收缩压下降≥20mmHg 或舒张压下降≥10mmHg，且伴有头晕或晕厥等脑循环灌注不足的表现。由于患者自主神经系统调节功能减退，尤其当高血压伴有糖尿病、低血容量，或应用利尿剂、扩血管药物及精神类药物时，更容易发生直立性低血压。直立性低血压在我国老年高血压人群发生率为 20.6%～28.8%。

4. 并发症　老年患者基础疾病多，血压升高，更易出现心、脑、肾等脏器的损害，这种排除了假性或继发性高血压的全身性疾病，是导致其卒中、冠心病、充血性心力衰竭、肾衰竭和主动脉瘤发病率和死亡率升高的主要危险因素之一。体力活动能力下降的老年高血压患者，以及高龄老年高血压患者应常规做衰弱评估。

5. 心理-社会状况　病情严重时患者会出现焦虑、恐惧或绝望等情绪，应评估有无悲观和沮丧的情绪。评估家属对患者的关注度和照顾情况，掌握其家庭支持情况。

（三）环境评估

评估患者居住环境是否安静、通风、温湿度适宜；有无可能造成意外的危险因素，如蹲便设施、非防滑地面等；家庭与社区有无促进健康和增强体质的基础设施等。

（四）辅助检查

1. 24 小时动态血压检测　患者血压波动大，部分患者血压昼夜节律消失。

2. 血生化检查　包括空腹血糖、糖化血红蛋白、血脂、血尿酸、肝肾功能及电解质（特别是血钾）、血常规、尿液分析和心电图。

3. 其他检查　颈动脉超声、胸片、眼底检查、脉搏波传导速度、踝臂血压指数、头颅 CT 或磁共振等。

三、治疗要点

治疗的目标是强调收缩压达标，而不应过分关注或强调舒张压变化的意义，最大限度降低患者心血管并发症及死亡危险，确定个体化治疗方案。

1. 非药物治疗　生活方式干预是降压治疗的基本措施，主要包括：健康膳食、戒烟限酒、保持标准体重、合理运动、改善睡眠、注意保暖与心理平衡。

2. 药物治疗　药物降压遵循小剂量、长效、联合和个性化的原则，谨防不良反应。在药物种类选择中，常用降压药包括：钙通道阻滞剂、血管紧张素转化酶抑制剂、血管紧张素Ⅱ受体拮抗剂、利尿剂、β 受体阻滞剂 5 种。在剂型选择中，患者以长效制剂为主，能提高依从性，且能平稳降压，减少血压波动、保护靶器官。在用药方法上，应从小剂量开始，缓慢增量，在患者可以耐受的前提下，逐步降压达标，避免因过度降压所导致的重要器官供血不足。

四、主要护理诊断/问题

1. 头痛/头晕　与血压升高或波动过大导致脑供血不足有关。

2. 活动无耐力　与血压增高所致的心、脑、肾循环障碍有关。

3. 有受伤的危险　与反应性低血压、视物模糊有关。

4. 知识缺乏：缺乏药物治疗、非药物干预的相关知识。

5. 潜在并发症：高血压心脏病、高血压危象、心力衰竭等。

五、护理措施

（一）一般护理

保持良好的生活环境，如居室温度 22～24℃，湿度 50%～60%、光线柔和，以利于其充分休息。应采用低钠、低脂、低胆固醇、低糖饮食，减少钠盐摄入，增加富钾食物摄入，多吃蔬菜和水果，多吃含纤维素的食物，适当补充蛋白质，养成良好的饮食习惯，可起到降低血压作用，预防心、脑、肾疾病的发生。

（二）病情观察

密切监测并记录血压变化（详见第 9 章第 1 节）。观察患者有无出现新发症状，如有无头晕、胸闷、心慌等心脑供血不足的情况，尤其对于高龄体质虚弱且多种疾病并存的患者，如出现血压急剧升高、剧烈头痛、呕吐、大汗、视物模糊、面色及神志改变、肢体运动障碍等情况，应立即报告医生进行处理。

（三）症状护理

1. 早期症状不明显，多数患者无特殊不适感受。在寒冷刺激、剧烈运动或情绪激动引起血压出现较大波动，如血压明显升高或降低时，患者出现头晕、头痛、胸闷等表现时，应立即停止活动，平息情绪，若有条件给予测量血压，根据情况对症处理。

2. 直立性低血压者，每餐不宜吃太饱，餐后适当休息再站立活动。平时可穿紧身裤或者弹力袜增加回心血量。减少热水浴的时间，沐浴时切忌锁紧门窗而耽误意外发生时的抢救。睡觉时可抬高床头。定期筛查并治疗慢性疾病及并发症，监测患者血压的变化。患者可适当活动，但强度不宜过大，出现头晕、黑朦等情况时，应立即停止活动。

3. 重度（3 级高血压）高血压者，协助卧床休息，抬高床头 15°～30°，遵医嘱按时监测血压，必要时给予氧气吸入。

4. 高血压危象和脑病症状者，严密观察患者头痛、呕吐、意识障碍、躁动及抽搐等情况，及时告知医生，防止误吸及坠床。如高血压合并靶器官损害而出现症状的，应给予对症护理。

（四）用药护理

观察药物副作用，如虚弱、眩晕、抑郁等。为防止血压过低，应定时监测血压。患者对不同药物的适应性及可能出现的不良反应，利尿剂是高龄老年或难治性高血压，伴心力衰竭患者的基础药物之一，可引起低血钾，长期应用者应定期监测血钾，并适量补钾。钙通道阻滞剂是老年高血压、动脉粥样硬化及周围血管疾病患者使用一线降压药物，可导致心跳加快、面部潮红、脚踝部水肿、牙龈增生等。血管紧张素转化酶抑制剂可降低心脏前后负荷，不引起直立性低血压、无停药反跳现象；最常见不良反应为持续性干咳，症状较轻者可坚持服药，不能耐受者可改用血管紧张素Ⅱ受体拮抗剂；其他不良反应有低血压、皮疹、高钾血症，偶见血管神经性水肿及味觉障碍。血管紧张素Ⅱ受体拮抗剂具有强效、长效、平稳降压的特点，对老年单纯收缩期高血压有效；副作用少，偶有腹泻，长期应用可升高血钾。β受体阻滞剂会引起疲乏、肢体冷感、激动不安、胃肠不适等，影响糖、脂代谢。α受体阻滞剂不作为一般高血压治疗的首选药，适用于高血压伴前列腺增生患者，可引起直立性低血压、晕厥、心悸等。

（五）康复护理

患者生活要有规律，劳逸结合。应有计划进行患者喜爱和适宜的康复运动，如步行、慢跑、游泳等有氧运动及抗阻运动。每天不少于 30 分钟，每周不少于 5 次，以中等强度有氧运动为主，结合抗阻运动、平衡训练、呼吸训练与柔韧性训练等。不推荐老年人剧烈运动。患者在起、卧及各种活动时，动作宜缓慢，避免直立性低血压发生。

（六）心理护理

护理人员应了解患者对疾病的态度，关心体贴患者，与患者、照顾者建立信任关系，与其共同制订治疗计划，鼓励患者表达自己的心理感受，消除其因为担心预后严重而过于关注疾病的不正确疾病心理。在患者发病急性期应给予心理上支持，减轻焦虑，缓解紧张情绪。

考点：高血压患者的护理要点

六、健康教育

1. 告知患者注意防寒保暖，气候寒冷尽量减少外出，以防因受寒而引起反射性血压升高。指导患者保持情绪稳定，生活有规律，保证充足睡眠。教会患者一些放松技巧，参加力所能及的体育活动，如散步、慢跑、打太极拳、做广播操、抗阻运动、平衡训练等，促进血压的降低。

2. 指导患者摄盐量应<5g/d，老年高血压患者应适度限盐，减少烹调用盐及酱油等钠含量高的调味品，推荐肾功能良好者选择低钠富钾替代盐。鼓励老年人摄入多种新鲜蔬菜、水果、鱼类、豆制品、粗粮、脱脂奶及其他富含钾、钙、膳食纤维、多不饱和脂肪酸的食物。

3. 指导患者按医生规定坚持服用降血压药物，向患者与照顾者解释高血压规律用药的重要性，提高服药的依从性。

4. 定期检查，指导家人定时为老年人测量血压并记录，尤其在自觉症状或情绪波动时，应及时测量，发现血压高于正常应及时补充必要的药物或医院就诊。

第 5 节　冠心病患者的护理

案例 7-5

患者，男，66 岁。活动后出现心前区疼痛 1 年，加重 2 小时入院。体检：T 36.5℃，P 86 次/分，R 20 次/分，BP140/80mmHg，神志清楚。既往有高血压病史 10 年，吸烟史 40 年。患者 2 小时前因劳累出现心前区闷痛，伴全身出冷汗、恶心、乏力，休息后可缓解。实验室检查：Hb 130g/L，WBC 8.8×10^9/L，空腹血糖 5.2mmol/L，心电图检查：窦性心律，V_2～V_5 导联 T 波倒置。诊断为冠状动脉粥样硬化性心脏病。

问题： 1. 患者主要护理诊断是什么？

2. 该患者的病情观察要点是什么？

3. 患者健康教育的内容有什么？

一、概　述

（一）概念

冠状动脉粥样硬化性心脏病（coronary atherosclerotic heart disease，CHD）是冠状动脉粥样硬化使管腔狭窄或闭塞导致心肌缺血、缺氧或坏死而引发的心脏病，简称冠心病。衰老使老年人容易发生血管内膜增厚、内皮功能障碍，以及血栓形成，其冠状动脉病变表现为多发、钙化及弥漫性，且易发生左主干病变及心肌梗死，这些与不良预后息息相关。

（二）危险因素及诱因

1. 危险因素　冠心病危险因素包括高龄、男性、高血压、吸烟、血脂异常、糖尿病、早发冠心病家族史（一级亲属男性＜55 岁、女性＜65 岁发生冠心病），其他尚不明确的冠心病危险因素包括肥胖、慢性肾脏疾病、高同型半胱氨酸血症、慢性炎症等。

2. 诱因　感染、低血压、贫血等疾病造成心肌氧耗量增加或冠状动脉血流减少或血液携氧能力下降等。

（三）分类

根据发病情况不同，冠心病可分为稳定性冠心病及急性冠脉综合征。其中急性冠脉综合征又分为 ST 段抬高型心肌梗死、非 ST 段抬高型心肌梗死、不稳定型心绞痛，非 ST 段抬高型心肌梗死和不稳定型心绞痛合称为非 ST 段抬高的急性冠脉综合征。

二、护 理 评 估

（一）健康史

了解患者现病史、用药史、过敏史等，有无家族遗传史，有无饱餐、寒冷、情绪激动、体力活动等诱发因素。有无吸烟、酗酒和长期高盐、高脂、高糖、高胆固醇饮食等不健康的生活方式，有无慢性感染等相关因素。

（二）身心状况

1. 症状　典型心肌缺血的特征为：①胸骨后不适感，性质和持续时间具有明显特征；②劳累或情绪激动可诱发；③休息和（或）含服硝酸酯类药物治疗后数分钟内可缓解。老年冠心病发病表现常不典型，可能与劳累没有直接联系。胸痛是最常见的症状，但随着年龄增长，以全身乏力、恶心、呕吐、呼吸困难等为主诉就诊的比例也变高。

2. 体征　患者不发作时无明显体征，发作时可出现面色苍白、出冷汗、心率加快、血压升高，心尖部听诊有时出现第三或第四心音奔马律；可有暂时性心尖部收缩期杂音。

3. 并发症　心肌梗死、心律失常、心力衰竭、猝死等。

4. 心理-社会评估　患者起病急，疼痛明显，甚至没有明显的诱因，极易让患者产生紧张、焦虑情绪。应重点评估患者对待疾病的态度，有无因疾病反复发作引起的心理、社会负担。评估患者家属对疾病的了解程度及对其支持程度。

（三）环境评估

评估患者居住条件，入住高层有无电梯，是否需要过度用力上楼；室内环境是否安静、温湿度是否适宜；是否有影响患者有效摄入氧气的不利因素，如过多的花草和室内吸烟；家庭厕所是否为坐便式等可减少患者用力活动的设施设备。

（四）辅助检查

1. 实验室检查 血清心肌标志物检查，包括肌酸激酶（CK）及肌酸激酶同工酶（CK-MB）和肌钙蛋白 cTnI 及 cTnT，诊断心肌梗死的特异性和敏感性高。脑钠肽（BNP）可用于心力衰竭、急性冠脉综合征患者病情危险程度的估计。其他包括胆固醇、三酰甘油、血糖、脂蛋白及各种炎症标志物水平等，以明确是否存在冠心病的危险因素。

2. 特殊检查 常用的特殊检查包括超声心动图及心电图。

3. 负荷试验 包括负荷心电图、负荷超声心动图及核素心肌负荷显像。

4. 其他检查 冠状动脉 CT 血管成像和冠状动脉造影，其中冠状动脉造影是诊断冠心病的金标准。

考点：冠心病常见的实验室检查结果的变化

三、治疗要点

1. 一般治疗 对于稳定性冠心病患者，应避免各种诱发因素，如避免进食过饱（尤其是饱餐后运动）、戒烟、限酒、避免过度劳累、减轻精神负担、保持充足睡眠；避免感染；避免输液量过多或输液速度过快；积极控制冠心病危险因素。

2. 药物治疗 稳定性冠心病的药物治疗目标是缓解心绞痛症状和预防心血管事件。

（1）缓解症状、改善缺血的药物 主要包括 3 类，即硝酸酯类药物、β 受体阻滞剂和钙通道阻滞剂。缓解症状与改善缺血的药物应与预防心肌梗死和死亡的药物联合使用，其中 β 受体阻滞剂同时兼有两方面的作用。

（2）改善预后的药物 主要包括抗血小板药物、他汀类等降胆固醇药物、β 受体阻滞剂和血管紧张素转化酶抑制剂或血管紧张素Ⅱ受体拮抗剂。

3. 血运重建治疗 对于稳定性冠心病患者，按照现行指南，治疗性生活方式改变、最佳药物治疗和康复应作为其首选治疗手段，对于血运重建治疗应重视个体化评估并严格掌握适应证。

4. 心脏康复治疗 主要包括心血管综合评估、二级预防循证用药、健康生活方式医学干预、管理社会心理因素。

四、主要护理诊断/问题

1. 急性/慢性疼痛 与心肌缺血、缺氧有关。

2. 活动无耐力 与心肌供血和供氧不足有关。

3. 焦虑 与担心疾病预后有关。

4. 知识缺乏：缺乏控制诱发因素及药物应用的相关知识。

5. 潜在并发症：心肌梗死、心律失常、心源性休克、心力衰竭等。

五、护理措施

（一）一般护理

保持环境安静；急性期卧床休息 12 小时，如没有并发症，则应在 24 小时内鼓励患者进行床上活动肢体。如有严重并发症，以及高龄、体弱者应适当延长卧床时间，下床活动时应专人看护。

（二）病情观察

护理人员应严密监测患者生命体征，心电图的变化，观察患者胸痛的特点及伴随症状，及时发现急性心肌梗死的发生。监测活动中有无胸痛、呼吸困难、脉搏增快等反应，一旦发生，及时进行处理。

（三）生活方式干预

1. 调整饮食 采用地中海饮食模式，指导患者摄取足量的水果、蔬菜、豆类、纤维素、不饱和脂肪酸、坚果和鱼类，减少精细碳水、红肉、饱和脂肪酸以及乳制品的占比，合并高血压的患者还应限制盐的摄入。

2. 运动指导 指导患者坚持轻中度的体育活动，具体运动强度可以根据运动负荷心电图、运动负荷超声心动图的结果，以及患者基本情况进行个体化调整。可采用抗阻训练与有氧运动结合，出院患者参与心脏运动康复。

3. 体重管理 老年冠心病患者适当控制体重，BMI 控制在 20～25kg/m^2，可以减少心血管事件发生风险及老年衰弱的发生。

4. 戒烟限酒 老年冠心病患者应戒烟，避免被动吸烟，建议老年患者每周饮酒不超过 100g。

（四）用药护理

首次使用硝酸甘油时宜平卧，避免由于出现减压反射导致血容量降低而引起头晕，注意观察有无头痛、心率反射性加快等不良反应；使用 β 受体阻滞剂时，应从小剂量开始，并维持心率在 55 次/分以上。同时伴有慢性阻塞性肺疾病、心力衰竭或心脏传导病变的老年人使用时，易出现副作用，故应逐渐减量停药；使用钙通道阻滞剂，应从小剂量开始；使用血小板抑制剂期间，密切观察有无出血倾向，定期监测出凝血时间及血小板计数。

（五）疾病管理

老年冠心病管理应在社区建立患者档案，由社区对老年冠心病患者进行长期随访和复诊，鼓励患者或家属记录患者的自我管理行为，借助互联网、手机等信息技术进行康复管理与健康干预。

（六）心理护理

冠心病患者相较于健康人群更易有情绪和心理的失调。焦虑是冠心病的独立危险因素，多种精神心理问题会影响冠心病患者的预后。对于老年冠心病患者应及时筛查是否有焦虑、抑郁，以及严重失眠等心理障碍，必要时寻找心理医生协助。

医者仁心

惊险时刻！北京朝阳医院护士街头抢救心搏骤停老人

首都医科大学附属北京朝阳医院护士李沫在下夜班经过某地铁站时，发现一位老人躺倒在地，不少群众在围观。李沫来不及多想立即上前查看，评估后发现老人已无自主呼吸、颈动脉也没有搏动！李沫迅速对老人实施胸外按压，拼尽全力展开救治。几分钟后，地铁工作人员拿来了 AED（除颤仪），经过不断抢救，老人颈动脉搏动慢慢恢复。当 120 急救人员到达现场后，李沫已经筋疲力尽，但仍然配合急救人员为老人施救。120 医护人员表示："如果没有李沫在抢救黄金时间内及时处理，老人情况将极其凶险，后果不堪设想。"事后李沫表示她只是做了一位医护人员应该做的，关键时刻挺身而出，这是医护人员的一种本能。

六、健康教育

冠心病属于慢性疾病，需要患者做好自我管理。因此，应加强对冠心病患者的健康教育，提高患者对疾病的认识，指导患者改善生活方式。健康教育的主要内容应该包括：①冠心病相关理论知识，如冠心病的发病机制、临床表现、紧急处理、诊断治疗等。②危险因素，介绍冠心病发病危险因素，如高血压、糖尿病、肥胖、高血脂、吸烟等。③生活方式指导，包括饮食、运动、日常活动等，并鼓励患者遵从处方，坚持药物治疗。④心理教育，对患者进行心理教育，指导患者放松身心、减少压力。

第 6 节　胃食管反流病患者的护理

案例 7-6

患者，男，70 岁。因餐后反酸、烧心、胸痛而就诊，形体消瘦，自诉有十二指肠溃疡病史多年，对疾病的诊断和预后很担心。X 线钡餐检查可见钡剂反流入食管下段，食管下段运动异常。

问题： 1. 分析案例写出最主要的三个护理诊断。

2. 如何做好此患者的饮食护理？

一、概　　述

（一）概念

胃食管反流病（gastroesophageal reflux disease，GERD）是指胃内容物反流入食管、口腔（包括喉部）或肺所致的胃灼热、反酸、胸痛等不适症状和（或）并发症的一种疾病。严重者可导致食管黏膜的病理性损害而致反流性食管炎、癌前病变乃至恶性肿瘤。GERD 的发病率随年龄增加，发病高峰为 60～70 岁，我国老年患者中糜烂性 GERD 内镜检出率为 8.9%。

（二）病因及发病机制

1. 诱因或危险因素　病因与年龄、性别、肥胖、生活方式有关。高脂肪饮食，吸烟，饮酒，喝浓茶、咖啡，喜吃甜食（高淀粉），肥胖等因素增加 GERD 发生的风险，而体育锻炼和高纤维饮食可能为 GERD 的保护因素。

2. 发病机制　胃食管反流的发生取决于抗反流屏障与反流物攻击能力之间的平衡。如抗反流屏障结构和功能异常，食管清除反流物功能降低，食管黏膜屏障作用减弱。

（三）分类

1. 非糜烂性反流病　主要依赖症状学特点进行诊断，患者常以胃灼热症状为主诉，如能排除可能引起胃灼热症状的其他疾病，且内镜检查未见食管黏膜破损，可诊断为此型。

2. 糜烂性食管炎　根据内镜下食管的病变进行诊断，可出现多处的食管黏膜破损。

3. 巴雷特（Barrett）食管　食管远端鳞状上皮被柱状上皮取代，25%的患者无胃灼热、反流等胃食管反流症状。

二、护 理 评 估

（一）健康史

1. 消化性疾病病史　食管裂孔疝可导致压力性反流增多，少数高酸性疾病如胃泌素瘤、十二指肠溃疡常有胃酸分泌过多，幽门梗阻使一过性食管下括约肌松弛增多，各种非器质性病变如非溃疡性消化不良、肠易激综合征常有食管异常运动，以上原因均可引起 GERD。

2. 全身性疾病病史　糖尿病并发神经病变致胃肠自主神经受累，进行性系统硬化症使食管平滑肌受累，均可引起食管、胃肠道蠕动减弱，导致 GERD 发生。

3. 生活史　了解患者之前的职业、饮食习惯、生活方式等。吸烟、浓茶及刺激性饮料可降低食管下括约肌的压力，高脂肪可延缓胃的排空，药物可松弛食管下括约肌，以上因素均与 GERD 的发生有关，了解有无以上因素和患者的文化水平、经济情况。

（二）身心状况

1. 症状体征　三种类型的 GERD 临床表现相似，患者的症状多不典型，表现轻重不一。

（1）食管症状　反流和烧心是最常见的典型症状。烧心和反流常在餐后 1 小时出现，卧位、弯腰或腹压增高时可加重，部分患者烧心和反流症状可在夜间入睡时发生。胸痛、上腹痛、上腹部烧灼感、嗳气等为 GERD 的不典型症状。

（2）食管外表现　伴随哮喘、慢性咳嗽、特发性肺纤维化、声嘶、咽喉症状和牙蚀症等食管外表现。

（3）体征　一般无特异性体征。

2. 并发症　食管狭窄、消化道出血、癌变等。

3. 心理-社会状况　评估患者对待疾病的态度，有无由疾病引起的恐惧焦虑心理、社会负担。评估患者家属对疾病的了解程度及对其支持程度。

（三）环境评估

了解患者生活环境和居家环境，询问患者居住附近就医是否方便，患者及照护者的日常生活护理能力。

（四）辅助检查

1. X 线钡餐检查　可见钡剂频繁地反流入食管下段，食管蠕动有所减弱，食管下段痉挛及运动异常；有时见食管黏膜不光滑，有龛影、狭窄及食管裂孔疝的表现。

2. 内镜检查　食管黏膜可有损伤、炎症或狭窄，同时，结合病理活检，可确定是否为 Barrett 食管。

3. 24 小时食管 pH 检测　确定胃食管反流的程度、食管清除反流物的时间及胸痛与反流之间的关系。

4. 食管酸灌注试验　可区分胸痛，胃食管源性还是心源性。

5. 食管测压试验　可确定食管下括约肌的基础压力及动态变化，了解食管蠕动波幅、持续时限及食管清除功能。

三、治 疗 要 点

本病的治疗原则为一般患者内科保守治疗，对重症患者经内科治疗无效者，可采用抗反流手术治疗。

1. 改变生活方式　指导患者 BMI 尽量控制在＜$25kg/m^2$。改变睡眠习惯，抬高床头 15°～20°，睡前 3 小时不再进食，避免高脂肪饮食、浓茶、咖啡等，戒烟、戒酒。保持大便通畅，避免穿紧身衣、长时间弯腰劳作等。

2. 药物治疗　治疗 GERD 最常用的药物有：①抑制胃酸分泌药：包括 H_2 受体拮抗剂（如雷尼替丁、西咪替丁）和质子泵抑制剂（如奥美拉唑和兰索拉唑）；②促动力药（如西沙必利）；③黏膜保护剂（如硫糖铝）；④抗抑郁或焦虑药，用于伴有抑郁或焦虑症状的 GERD 患者的治疗。避免应用降低食管下括约肌压力的药物，如抗胆碱能药、肾上腺能抑制剂、地西泮、前列腺素 E 等。

3. 其他　抗反流手术治疗，内镜治疗等。

四、主要护理诊断/问题

1. 慢性疼痛　与反酸引起的烧灼及反流物刺激食管痉挛有关。

2. 营养失调：低于机体需要量　与厌食和吞咽困难导致进食少有关。

3. 有孤独的危险　与进餐不适引起的情绪恶化及参加集体活动次数减少有关。

4. 潜在并发症：食管出血、穿孔。

五、护理措施

（一）一般护理

1. 休息与活动 每餐后散步或采取直立位，抬高床头 15°～20°或将枕头垫在背部以抬高胸部，借助重力作用，促进睡眠时食管的排空和饱餐后胃的排空。避免右侧卧位，避免反复弯腰及抬举动作。

2. 饮食护理 为减轻患者与进餐有关的不适，协助患者采取高坐卧位，避免饮食过多、过快、过饱；并尽量减少脂肪的摄入量。避免睡前进食、餐后立即卧床等，应以少量多餐取代多量的三餐制。为防止呛咳，食物的加工宜软而烂，多采用煮、炖、熬、蒸等方法烹调，可将食物加工成糊状或肉泥、菜泥、果泥等。另外，应根据个体的饮食习惯，注意食物的色、香、味、形等感官性状，尽量刺激食欲，食物的搭配宜多样化，主副食合理，粗细兼顾。高酸性食物可损伤食物黏膜，应限制柑橘汁、西红柿汁、山楂汁等酸性食品。刺激性食品可引起胃酸分泌增加，应减少酒、茶、咖啡、可口可乐、辛辣食物的摄入。

考点：胃食管反流病患者饮食护理要点

（二）病情观察

护理人员应密切观察患者的饮食情况，观察患者是否有反酸、嗳气、恶心、呕吐等症状，加重或者减轻，观察患者的营养状况及体重变化情况。进食时，注意患者是否发生呛咳等现象。

（三）症状护理

护理人员应保证患者营养摄入，以维持水、电解质平衡；保持口腔卫生，积极防治口腔疾病；练习有效咳嗽和腹式深呼吸；对手术患者应于术前做好心理疏导，减轻心理负担；术前 1 周口服抗生素；术前一日经鼻胃管冲洗食管和胃。手术后严密监测生命体征；持续胃肠减压 1 周，保持胃肠减压管的通畅；避免摄入咖啡，以防术后早期呕吐；胃肠减压停止 24 小时后，如无不适，可进食清流质，1 周后，逐步过渡到软食；避免进食生、冷、硬及易产气的食物。

（四）用药护理

1. 在用药过程中要注意观察药物的疗效，同时注意药物的副作用，如使用西沙必利时注意观察有无腹泻及严重心律失常的发生，使用硫糖铝时应警惕便秘的危险。

2. 对合并心血管疾病患者应避免服用硝酸甘油制剂及钙通道阻滞剂，合并支气管哮喘则应尽量避免应用茶碱及多巴胺受体激动剂，以免加重反流。慎用损伤黏膜的药物，如阿司匹林、非激素类抗炎药等。提醒患者服药时必须保持直立位，至少饮水 150ml，以防止因服药所致的食管炎及其并发症。

（五）心理护理

护理人员应耐心细致地向患者解释引起胃不适的原因，教会减轻胃不适的方法和技巧，减轻其恐惧心理。与照护者协商，为患者创造参加各种集体活动的机会，如家庭娱乐、朋友聚会等，增加患者的归属感。

六、健康教育

1. 疾病指导 告知患者胃食管反流病的原因、主要的临床表现及并发症、实验室检查结果及意义，使其明确自己的疾病类型及严重程度。

2. 生活指导 改变生活方式及饮食习惯是保证治疗效果的关键。指导患者休息、运动、饮食等各方面的注意事项，避免一切增加腹压的因素，如裤带不要束得过紧，注意防止便秘，肥胖者要采用合适的方法减轻体重等。

3. 用药指导 向患者详细介绍采用的治疗方案，治疗药物的使用方法及可能出现的不良反应等，鼓励患者足量、足疗程治疗，避免随意减药或停药等。

第7节 糖尿病患者的护理

案例 7-7

患者，男，68岁。患糖尿病6年。因昨晚睡眠不佳，今晨起床后食欲不振，进食早餐减少。饭后与老伴去菜市买菜时出现出汗、颤抖、心悸，随后出现视物不清、步态不稳、意识模糊。老伴立即呼叫路人一同送往医院。体检：T 36.1℃，P 80次/分，R 20次/分，BP 146/80mmHg，神志清楚。实验室检查：HbA_{1c} 9%，空腹血糖9.2mmol/L，餐后血糖14mmol/L。诊断为糖尿病，低血糖反应。

问题：1. 患者主要护理诊断是什么？

2. 该患者应如何避免该情况的发生？

3. 患者健康指导的内容是什么？

一、概　　述

（一）概念

糖尿病是由遗传和环境因素共同作用导致胰岛素分泌和（或）胰岛素作用缺陷，进而引起糖类、蛋白质、脂肪等代谢紊乱，临床表现为以慢性高血糖为特征的代谢性疾病。随着病程延长，长期高血糖可出现眼、肾等多器官或系统损害。重症或应激时还可发生酮症酸中毒、高渗高血糖等急性代谢紊乱。老年糖尿病是指年龄≥60岁的糖尿病患者（西方国家≥65岁），包括60岁以前诊断和60岁以后诊断为糖尿病者。

（二）病因

1. 生理因素　在衰老过程中，基础代谢率逐渐下降，参与人体活动的各级组织代谢能力下降，机体对葡萄糖利用能力下降；体力活动相对减少，身体组织即肌肉与脂肪之比也在改变，即使不超重，胰岛素敏感性也会下降；人逐渐衰老，胰岛素原也会相对增多。

2. 遗传因素　1型和2型糖尿病患者均有较为明显的家族史。

3. 生活方式　患者摄入高热量食物或饮食结构不合理，如摄入高脂肪、高蛋白食物导致肥胖，体重增加，胰岛素抵抗会进行性加重。

4. 环境因素　包括年龄增长、化学毒物、现代生活方式、病毒感染、子宫内环境，以及应激、营养过剩、体力不足等都与糖尿病的发生有关。

5. 其他　外伤、手术等都是疾病发生的主要诱因。

（三）分类

按照胰岛B细胞分泌胰岛素的情况及外周组织胰岛素利用情况，分为1型糖尿病和2型糖尿病。老年糖尿病按其发病时间可分为老年期起病的糖尿病和青壮年起病而延续至老年期的糖尿病。前者几乎均为2型糖尿病；后者多数为2型糖尿病。

二、护理评估

（一）健康史

对于初患糖尿病者，询问并评估病史及治疗经过，了解患者患病的相关及诱发因素，如有无糖尿病家族史，病毒感染等，主要症状及特点，有无多食、多饮、多尿、体重减轻等现象；已患糖尿病者，询问目前用药和病情控制情况，评估患者检查治疗经过，对于病程长者，应注意有无并发症发生。

（二）身心状况

1. 症状体征

（1）多尿、多饮、多食和体重减轻　血糖升高引起渗透性利尿导致尿量增多；多尿导致失水，患者口渴而多饮；由于机体不能有效利用葡萄糖，且蛋白质和脂肪消耗增加，体重减轻；为补充糖分，维持机体活动，患者常易饥、多食。常见于 1 型糖尿病患者。

（2）皮肤瘙痒　高血糖及末梢神经病变导致皮肤干燥和感觉异常，患者常有皮肤瘙痒，尤其外阴瘙痒。

（3）其他症状　四肢酸痛、腰痛等。血糖升高较快时可使眼房水、晶状体渗透压改变而引起屈光改变致视物模糊。

2. 并发症

（1）糖尿病酮症酸中毒　临床以高血糖、高血酮和代谢性酸中毒为主要表现。常见的诱因有急性感染、胰岛素不适当减量或突然中断治疗等。血糖多为 16.7～33.3mmol/L，尿酮体强阳性。

（2）高渗高血糖综合征　临床以严重高血糖、高血浆渗透压、脱水为特点，无明显酮症酸中毒，常有不同程度的意识障碍。多见于老年 2 型糖尿病患者，起病较隐匿。血糖一般为 33.3～66.6mmol/L。

（3）糖尿病乳酸酸中毒　发病率较低，但病死率很高。大多发生在伴有肝、肾功能不全或慢性心肺功能不全等缺氧性疾病的患者。表现为疲乏无力、厌食、恶心或呕吐等，酸中毒表现明显。血、尿酮体不升高，血乳酸水平升高。

（4）低血糖　对于非糖尿病患者来说，低血糖的诊断标准为血糖低于 2.8mol/L，而糖尿病患者只要血糖水平小于等于 3.9mmol/L 就属于低血糖范畴。低血糖常见诱因包括：口服降糖药使用不当或过量，胰岛素使用不当或过量等。低血糖临床表现呈发作性，发作时间、频率随病因不同而异。

（5）糖尿病大血管病变　是糖尿病最严重和突出的并发症，患病率比非糖尿病人群高，发病年龄较轻，病情进展快。主要表现为动脉粥样硬化，侵犯主动脉、冠状动脉等，引起冠心病等。

（6）糖尿病微血管病变　微血管是指微小动脉和微小静脉之间，直径在 100μm 以下的毛细血管及微血管网，是糖尿病特异性并发症，病变可累及全身各组织器官，主要表现在视网膜、肾脏。

1）糖尿病肾脏疾病：是指由糖尿病所致的慢性肾脏疾病，是糖尿病主要的微血管并发症之一。其病理改变有 3 种类型：结节性肾小球硬化型，弥漫性肾小球硬化型（最常见，对肾功能影响最大），渗出性病变。

2）糖尿病视网膜病变：糖尿病视网膜病变是糖尿病高度特异性微血管并发症。多见于糖尿病病程超过 10 年者。除视网膜病变外，糖尿病还可引起黄斑病变等。

3）其他：糖尿病心脏微血管病变和心肌代谢紊乱可引起心肌广泛坏死等，称糖尿病心肌病，可诱发心力衰竭等。

（7）糖尿病神经病变　糖尿病可累及神经系统任何一部分，以周围神经病变最常见，最常见的类型是远端对称性多发性神经病变，典型表现呈手套或袜套式对称分布，下肢较上肢严重。临床表现有直立性低血压、晕厥及尿潴留等，还可出现出汗异常等。

（8）糖尿病足　是指与下肢远端神经异常和不同程度的周围血管病变相关的足部感染、溃疡和（或）深层组织破坏，是糖尿病最严重和治疗费用最高的慢性并发症之一。常见诱因有：搔抓趾间或足部皮肤而致皮肤溃破、水疱破裂等。轻者主要临床表现为足部畸形、皮肤干燥等，重者可出现足部溃疡与坏疽。临床通常采用 Wagner 分级法对糖尿病足的严重程度进行分级：0 级为有发生足溃疡的危险因素，目前无溃疡；1 级为表面溃疡，临床上无感染；2 级为较深的溃疡，常有软组织炎，无脓肿或骨的感染；3 级为深度感染，伴有骨组织病变或脓肿；4 级为局限性坏疽；5 级为全足坏疽。

（9）口腔疾病　糖尿病可引起或加重牙周病等各种口腔疾病。

考点：糖尿病患者的主要并发症

3. 心理-社会状况　糖尿病为终身性疾病，病程长、严格饮食控制及多器官功能障碍等易使患者产生焦虑等心理反应，治疗依从性较差。应详细评估患者对疾病知识了解程度，患病后有无恐惧等心理变化。

（三）环境评估

评估生活环境和社会环境是否有利于血糖的控制，如家庭、社区有无提供患者运动的场地与设备，有无提供健康指导等。

（四）辅助检查

1. 血糖测定　方法有静脉血浆葡萄糖测定、毛细血管葡萄糖测定和24小时动态血糖测定3种。前者用于诊断糖尿病，后两种仅用于糖尿病的监测。

2. 尿糖测定　尿糖阳性只提示血糖值超过肾糖阈（大约 10mmol/L），尿糖阴性不能排除糖尿病可能。如并发肾脏疾病时，肾糖阈升高，虽然血糖升高，但尿糖阴性。肾糖阈降低时，虽然血糖正常，尿糖可阳性。

3. 口服葡萄糖耐量试验（OGTT）　当血糖值高于正常范围而又未达到糖尿病诊断标准或疑有糖尿病倾向者，需进行口服葡萄糖耐量试验。试验方法及注意事项如下。

（1）试验前3天，每天糖类摄入量不应低于150g。

（2）试验前停用可能影响试验的药物如避孕药、利尿剂等3～7天。

（3）检查一般在早晨7～9点之前，受试者空腹8～10小时后抽血检验。

（4）试验日早晨，先抽空腹血测定血糖，然后饮入300ml含75g无水葡萄糖的糖水（儿童则按每kg体重1.75g葡萄糖计算口服葡萄糖用量，总量不超过75g），糖水在5分钟内服完；从服药第一口开始计时，于服药30分钟、60分钟、120分钟和180分钟分别抽血测定血糖。

（5）整个试验中不可吸烟、喝咖啡等。如已确诊糖尿病患者为了解胰岛素分泌功能，协助糖尿病的分型和指导治疗，常做馒头餐试验，即以100g馒头代替糖水，测定馒头餐0小时、1小时、2小时血清胰岛素、C肽水平。

考点：口服葡萄糖耐量试验的方法

4. 糖化血红蛋白 A_1 测定　可反映取血前8～12周血糖的平均水平，是糖尿病病情控制的监测指标之一。但其不能反映血糖波动情况。

5. 其他　胰岛细胞特异自身抗体、踝动脉与肱动脉血压比值等。

链　接　老年糖尿病患者血糖标准可适当放宽

老年糖尿病患者在治疗期间，要注意抑制高血糖，更要重视对低血糖的防范，老年人一旦发生低血糖，特别严重，且难以代偿。因此，为了避免发生低血糖，老年糖尿病患者的血糖标准可适当放宽。超过75岁的患者空腹血糖低于8.0mmol/L，餐后血糖低于12.0mmol/L即可。出现偏瘫、昏迷等非典型低血糖症状，首先考虑低血糖，立即进行血糖监测；随身携带糖块等迅速“升糖”食物预防低血糖发生；应该定期随诊。

三、治疗要点

糖尿病的治疗强调早期、长期、综合治疗及治疗方法个体化的原则，综合治疗包括健康教育、饮食治疗、运动锻炼、药物治疗和自我监测五个方面。

1. 健康教育 采取讲解等多种方法进行相关预防知识指导。

2. 饮食治疗 严格控制主食，均衡营养保持体重在标准体重的±5%以内。

3. 运动锻炼 根据患者的病情等安排适宜活动，循序渐进。积极进行体育锻炼。

4. 药物治疗 主要包括磺胺类和非磺脲类促胰岛素分泌剂，双胍类、噻唑烷二酮及 α-葡萄糖苷酶抑制剂可增加胰岛素敏感性，胰岛素治疗。若口服降糖药物与生活方式联合治疗，血糖仍未达控制目标，即可开始口服药物和胰岛素的联合治疗。

5. 自我监测 监测空腹、餐前、餐后 2 小时、睡前、夜间及糖化血红蛋白的变化。

四、主要护理诊断/问题

1. 营养失调：低于或高于机体需要量 与胰岛素分泌或作用缺陷有关。

2. 有感染的危险 与血糖升高、脂代谢紊乱、营养不良、微循环障碍有关。

3. 知识缺乏：缺乏疾病的相关知识。

4. 潜在并发症：低血糖、高渗性昏迷、乳酸性酸中毒、大血管或微血管病变。

五、护理措施

（一）一般护理

（1）制订总热量 首先根据患者性别、年龄、标准体重[标准体重（kg）=身高（cm）–105]等计算每天所需总热量。成年人休息状态下每天每千克标准体重给予热量 25～30kcal，轻体力劳动 30～35kcal，中度体力劳动 35～40kcal，重体力劳动 40kcal 以上。

（2）食物组成和分配

1）食物组成：总的原则是高糖、低脂肪、适量蛋白质和高纤维的膳食。其中：①糖类占饮食总热量的 50%～60%；②脂肪不超过 30%，且饱和脂肪酸不超过 7%；③肾功能正常的糖尿病患者蛋白质占 10%～15%，优质蛋白超过 50%。有显性蛋白尿的患者蛋白质摄入量限制在每天每千克标准体重 0.8g。胆固醇摄入量每天 300mg 以下。膳食纤维摄入量每天以 14g/1000kcal 为宜。

2）主食的分配：应定时定量，根据患者生活习惯等安排。对病情稳定的患者可按每天 3 餐 1/5、2/5、2/5 或各 1/3 分配。

（3）注意事项

1）超重者忌吃油炸食物，炒菜宜用植物油，少食动物内脏等高胆固醇食物。

2）戒烟限酒。女性每天乙醇量不超过 15g，男性不超过 25g。每周不超过 2 次。

3）每天食盐＜6g。

4）严格限制各种甜食。可食用非营养性甜味剂，如蛋白糖等。对于血糖控制正常者，在两餐间或睡前加食水果，如苹果等。

5）根据营养评估结果适量补充维生素和微量营养素。

6）每周定期测量体重 1 次，体重增加＞2kg，进一步减少饮食总热量；消瘦患者体重有所恢复，应适当调整饮食方案，避免体重继续增加。

（二）病情观察

血糖监测是糖尿病管理中的重要组成部分，结果利于评估糖尿病患者糖代谢紊乱程度，制订合理降糖方案，反映降糖治疗效果并指导治疗方案调整。糖化血红蛋白是评估长期血糖控制状况的金标准。糖化白蛋白反映糖尿病患者检测前 2～3 周平均血糖水平，是评价患者短期糖代谢控制情况的良好指标。详见表 7-4。

表 7-4 血糖监测指标

血糖监测指标	未使用低血糖风险较高药物			使用低血糖风险较高药物		
	良好	中等	差	良好	中等	差
HbA_{1c}（%）	<7.5	<8.0	<8.5	7.0～7.5	7.5～8.0	8.0～8.5
空腹或餐前血糖（mmol/L）	5.0～7.2	5.0～8.3	5.6～10.0	5.0～8.3	5.6～8.3	5.6～10.0
睡前血糖（mmol/L）	5.0～8.3	5.6～10.0	6.1～11.1	5.6～10.0	8.3～10.0	8.3～13.9

（三）症状护理

1. 酮症酸中毒、高渗高血糖综合征的预防与护理

（1）预防措施　定期监测血糖，合理用药，不随意减量或停用药物。保证充足水分摄入，特别是发生呕吐、腹泻时。

（2）病情监测　严密观察和记录患者的生命体征、神志等。

（3）急救配合与护理　①立即开放两条静脉通路，准确执行医嘱，确保液体和胰岛素的输入。②绝对卧床休息，给予持续低流量吸氧。③加强生活护理，特别注意皮肤、口腔护理。④昏迷者按昏迷护理。

2. 低血糖的护理

（1）预防措施　了解患者使用的降糖药物，告知患者不随意更改药物及剂量。活动量增加时，减少胰岛素用量。易清晨发生低血糖的患者，晚餐增加主食。短效胰岛素注射后应及时进餐；病情较重者，先进餐再注射胰岛素。从小剂量开始，后根据血糖水平调整剂量。

（2）观察监测　观察患者有无低血糖表现，尤其是服用胰岛素促泌剂和注射胰岛素患者。患者常有神经功能紊乱导致低血糖症状不明显，应加强血糖监测。强化治疗应根据血糖监测结果，及时调整胰岛素或降糖药用量。

（3）急救护理　迅速拨打急救电话；让患者立即休息，给予心理支持；患者意识不清时保持其呼吸道通畅，把头部偏向一侧，避免误吸；出现心慌、冒汗等症状时，应测量血糖，如为低血糖，给予适量糖类食物，直至症状缓解，严重低血糖出现反应迟钝和昏迷，不宜喂食糖类食物，应予静脉补糖；如出现四肢软弱无力，意识不清，尽快就近就诊急救。

3. 足部护理

（1）保持足部清洁，指导患者勤换鞋袜，每天清洗足部1次，不超过10分钟，水温37～40℃，可用手肘代试水温，洗完后用柔软浅色毛巾擦干，尤其是脚趾间。皮肤干燥者可涂油膏类护肤品。

（2）预防外伤，指导患者不赤脚走路，外出时不可穿拖鞋。选择轻巧柔软、前端宽大、圆头的鞋子，鞋底要平、厚。穿鞋前应检查鞋子，清除异物保持里衬的平整。袜子选择浅色、弹性好等棉毛质地，大小适中，无破洞，不穿过紧的袜子。帮助视力不好的患者修剪指甲，指甲与脚趾平齐，锉圆边缘尖锐部分。冬天不要使用热水袋等，谨防烫伤、冻伤。夏天注意避免蚊虫叮咬。

（3）促进肢体血液循环，指导患者采用多种方法促进肢体血液循环，如步行等。避免盘腿坐或跷二郎腿。

（4）积极控制血糖，说服患者戒烟，防止吸烟导致局部血管收缩而促使足溃疡发生。

（四）用药护理

1. 口服用药的护理

（1）磺脲类药物　协助患者于早餐前0.5小时服用，严密观察药物引起的低血糖反应。此外，还应注意水杨酸类、磺胺类等可增强磺脲类降糖药作用；而噻嗪类利尿药、糖皮质激素等可降低磺脲类降血糖的作用。

（2）双胍类药物　注意观察胃肠道反应等药物不良反应，胃肠道反应主要包括腹痛、腹泻，常发生在服药早期，轻度、短暂，可自行消失，餐中或餐后服药或从小剂量开始可减轻胃肠道不良反应。

（3）α-糖苷酶抑制剂类药物　应与第一口淀粉类食物同时嚼服。如与胰岛素促泌剂或胰岛素合用可能出现低血糖，处理时应直接给予葡萄糖口服或静脉注射，进食淀粉类食物无效。

（4）噻唑烷二酮类药物　密切观察有无水肿、体重增加，评估有无心功能不全及骨质疏松等，一旦出现应立即停药。

（5）其他药物　二肽基肽酶抑制剂、钠-葡萄糖耦联转运体-2 抑制剂（SGLT-2 抑制剂）等。

2. 使用胰岛素的护理

（1）准确用药　熟悉胰岛素的名称、剂型及作用特点。准确执行医嘱。注意注射器与胰岛素浓度的匹配。使用胰岛素笔要注意笔与笔芯相互匹配，注射前确认笔内是否有足够剂量，药液是否变质等。

（2）胰岛素的保存　未开封的胰岛素放于冰箱 2～8℃冷藏保存，已开封的胰岛素在常温下（25℃以下）可使用 28～30 天，无须放入冰箱，但应避免过冷、过热、剧烈晃动等，否则可因蛋白质凝固变性而失效。

（3）注射部位的选择与轮换　胰岛素采用皮下注射时，宜选择皮下脂肪丰富的部位，如腹部、大腿外侧等，腹部吸收胰岛素最快，其次分别为上臂、大腿和臀部。尽量每天同一时间在同一部位注射，并进行腹部、上臂、大腿外侧和臀部的“大轮换”，如餐时注射在腹部，晚上注射在上臂等；在同一部位注射时，也需要进行“小轮换”，即与每次注射点相距 1cm 以上，且选择无硬结的部位；如产生硬结，可热敷，但要避免烫伤。

（4）监测血糖　患者监测血糖 2～4 次/天，如发现血糖波动过大，应及时通知医生。

（5）防止感染　应严格无菌操作，针头保证一次性使用。使用胰岛素泵时应定期更换导管和注射部位以避免感染及针头堵塞。

（6）胰岛素不良反应的观察及处理

1）低血糖反应（参见本节低血糖的护理）。

2）过敏反应：注射部位瘙痒或荨麻疹样皮疹，严重过敏反应罕见。自从胰岛素广泛在临床应用后，过敏反应发生减少。处理措施如更换胰岛素制剂等。严重者停止或暂时中断胰岛素治疗。

3）注射部位皮下脂肪萎缩或增生：采用多点、多部位皮下注射和针头一次性使用可预防其发生。若发生则停止该部位注射后可缓慢自然恢复。

4）水肿：胰岛素治疗初期可因水钠潴留而发生轻度水肿，可自行缓解。

5）视物模糊：部分患者出现，多为晶状体屈光改变，常于数周内自然恢复。

（五）康复护理

1. 运动的方式　有氧运动为主，如快走、骑自行车等。最佳运动时间是餐后 1 小时（以进食开始计时）。如无禁忌证，每周最好进行 2 次抗阻运动，如举哑铃等，若有心、脑血管疾病，应按具体情况选择运动方式。

2. 运动强度与运动量　了解和评估个体的心肺功能、有氧运动能力等，合适的运动强度为活动时患者的心率达到个体 60%的最大耗氧量（心率=170−年龄）。肥胖者可适当增加活动次数。用胰岛素或口服降糖药者最好每天定时活动。

3. 注意事项

（1）运动前评估糖尿病的控制情况，根据患者具体情况决定运动方式、时间及运动量。当空腹血糖＞16.7mmol/L，应减少活动，增加休息。运动不宜在空腹时进行，随身携带糖果、饼干，防止低血糖发生。

（2）抗阻运动先从小负荷开始，逐渐加量。力量训练不要屏住呼吸，以免增加血压，应规律呼吸，慢慢用鼻子吸气，用口呼气。运动中需注意补充水分。

（3）下列几种情况应暂停运动。血糖大于 16.7mmol/L，伴尿酮体阳性；明显的低血糖症状或者血糖波动大；在运动中若出现胸闷、胸痛、视物模糊等应立即停止运动；血压超过 180/120mmHg；对于合并心功能不全等疾病者，应咨询医生后选择合适的运动。

（六）心理护理

患者极易出现情绪不稳定的心理状态，表现为焦虑、恐惧等。因此应给予患者心理疏导，与患者沟通等，使患者积极配合治疗。

（七）组建医院-社区-家庭一体化互动管理团队

1. 组建医院-社区-家庭一体化互动管理团队 包括医院多学科教育小组、社区管理随访小组、居家照顾管理小组。

2. 医院多学科教育小组 负责住院期间患者的诊疗及健康教育。

（1）系统化培训社区医护人员专业知识和技能，为患者提供技术指导。

（2）制订双向转诊制度、标准及流程，帮助社区建立糖尿病健康小屋等平台。

（3）多沟通交流并组织小组成员下社区，指导协助其管理工作及开展专题讲座等活动。

3. 社区管理随访小组

（1）将医院转诊等多渠道发现的社区糖尿病患者建立档案，录入糖尿病患者信息网络管理平台。

（2）制订社区糖尿病患者随访制度。

（3）培训、指导社区糖尿病患者居家照顾人员，承担家庭咨询工作。

（4）利用糖尿病健康小屋的资源，进行健康教育、并发症筛查等，包括患者及居家照顾管理人员。

（5）定期与上级医院、居家照顾管理小组人员沟通交流。

4. 居家照顾管理小组 负责指导、协助并督促患者进行糖尿病自我管理。

考点：糖尿病患者的护理要点

医者仁心

执着探索，攻坚克难，科学家班廷发现胰岛素的过程

在胰岛素被发现之前，糖尿病患者只能依靠饥饿来延长生命，但很快就会因为营养不良死亡。为了解决这一难题，人们展开了漫长的科学研究。真正揭开血糖代谢之谜，寻找到有效治疗糖尿病方法的是加拿大的外科医生弗雷德里克·班廷。班廷从文献中推测胰脏中可能含有能控制血糖的物质，而这种物质极有可能会存在于胰岛之中，当时他没有任何实验条件，凭着一腔热情，班廷来到了加拿大多伦多大学，找到著名的生理学家麦克劳德，恳请得到他的指导和帮助。麦克劳德两个大四的学生来帮忙，中间存在经费、技术等各种难题。班廷凭着对科学的好奇心和坚定的信心，克服了种种困难，首次成功地提取了胰岛素，被称为“胰岛素之父”。

六、健康指导

1. 疾病知识指导 采取多种方法，让患者和照护者了解糖尿病的病因、临床表现等，提高患者对治疗的依从性。

2. 病情监测指导 指导患者定期检查各项指标，指导患者学习和掌握监测血糖等的方法，了解糖尿病的控制目标。

3. 用药与自我护理指导 告知患者口服降糖药及胰岛素的名称、剂量等，教会其观察药物疗效和不良反应。使用胰岛素者，应教会患者掌握正确的注射方法。指导患者掌握饮食、运动治疗具体实施及调整的原则和方法，生活应规律。指导患者及照护者掌握糖尿病常见急性并发症的主要临床表现等。外出时携带含糖、食物等。掌握糖尿病足的预防和护理知识。指导患者正确处理疾病所致的生活压力，树立战胜疾病的信心。

4. 血糖试纸使用注意事项 血糖测试不能用含碘、氯的消毒液消毒。勿使用过期的、弯曲、潮湿、破碎或其他已经受损的血糖试纸。采血部位通常选择指尖两侧等末梢毛细血管全血，水肿或感染的部位不宜采血；采血时请避免过分挤压手指，如出血较少可由手指远端向指尖轻轻推动形成 1 滴血。勿将血标本直接向下滴到试纸上；勿用手指按压试纸；试纸血标本端自动吸收血液时，勿移动试纸和血糖仪。

5. 指导患者选择适合的血糖仪，掌握正确的末梢血糖测量方法，进行自我血糖监测。

6. 指导患者不要随意停药，避免诱发血糖变化的因素。

第 8 节　卒中患者的护理

案例 7-8

患者，男，67 岁。既往有高血压病 10 年，冠心病 5 年。患者于 5 天前晨起发现左侧肢体无力，2 天前左侧肢体完全瘫痪，医院就诊，查头颅 CT：右侧基底节区脑梗死。发病以来无头痛、恶心、呕吐及二便障碍。查体：BP 160/90mmHg，心肺查体正常。神志清楚，言语流利，饮水轻度呛咳，左鼻唇沟浅，左侧肢体肌力 0 级，肌张力低，腱反射稍弱，左侧霍夫曼征及巴宾斯基征阳性，右侧正常，不能保持坐位。

问题： 1. 患者存在哪些障碍（包括功能和能力障碍）？

2. 患者被动的康复项目包括哪些？

3. 患者能否进行主动性康复训练？

4. 患者康复训练时注意事项有哪些？

一、概　述

（一）概念

卒中（stroke）是指由于急性脑循环障碍所致的局限或弥散性神经功能缺损的脑部疾病的总称，24 小时之后往往留有后遗症（包括症状、体征及新的脑梗死病灶），又称脑血管意外、中风。卒中具有发病率高、死亡率高等特点。有研究表明 2020 年中国卒中的患病率、发病率和死亡率分别为 2.6%、每年 505.2/10 万人和每年 343.4/10 万人。卒中患者残留神经功能障碍的患者占 58.40%，残疾占 31.59%，其中 14.80%轻度残疾，16.89%中-重度残疾。急性卒中发病率随年龄的增长呈明显增加的趋势；90%以上的脑血管病事件发生在 50 岁以后，严重威胁中老年人群的身心健康。

（二）病因

1. 血管壁病变　以高血压性动脉硬化和动脉粥样硬化所致的血管损害最常见，其次为结核病等疾病所致的动脉炎，再次为先天性脑血管病（如动脉瘤）和各种原因（外伤等）所致的血管损伤。另外，还有药物等所致的血管病损等。

2. 心脏病和血流动力学改变　如血压的急剧波动、心功能障碍等。

3. 血液成分和血液流变学改变　包括各种原因所致的高黏血症，如红细胞增多症等及凝血机制异常，应用抗凝剂等。

4. 其他疾病　包括空气、脂肪等栓子，脑血管外伤等。

（三）分类

1. 缺血性卒中　是由于脑血管阻塞导致局部血流中断而引起的一类脑血管疾病。根据病因和临床特征的不同可分为几种主要类型：①大动脉粥样硬化性脑梗死，主要是由于大脑动脉的粥样硬化形成斑块，导致血栓形成或栓子脱落，堵塞了脑血管，引发脑梗死。②心源性脑梗死，源于心脏问题，如心房颤动、心脏瓣膜病变等，导致心脏内形成血栓，随血液流动到脑血管，引起脑梗死。③小动脉疾病性脑梗死（涉及小脑动脉或微血管），通常由于小动脉硬化和炎症导致血栓形成，引起小区域的脑梗死。④其他特定病因脑梗死及未特定病因脑梗死。

2. 出血性卒中　因脑动脉本身出血妨碍到脑部细胞氧气及营养素的供应，主要为某支动脉其内壁受损历经长期血液冲击而膨出（称作动脉瘤）后突然爆裂而大量出血造成。

二、护 理 评 估

（一）健康史

了解患者患病的病因及诱发因素，如有无卒中家族史、吸烟、饮酒等；询问患者起病时间，主要症状及特点，有无言语障碍等现象；评估患者检查治疗经过，目前用药和病情控制情况等。对已有卒中者，应注意有无再发卒中风险。

（二）身心状况

1. 症状体征

（1）缺血性卒中　约 25%的患者发病前有短暂性脑缺血发作史，多在睡眠或安静状态下起病。发病时一般神志清楚，局灶性神经系统损伤的表现多在数小时达高峰，且因不同动脉阻塞表现各异，其中大动脉粥样硬化性脑梗死尤其大脑中动脉闭塞引起的最为常见，可出现典型的"三偏征"：对侧偏瘫、偏身感觉障碍、同向偏盲。如果患者存在心房颤动、瓣膜病等情况，要考虑是否为心源性脑梗死。

（2）出血性卒中　突然发生的剧烈头痛，可呈爆裂样剧痛，其始发部位常与动脉瘤破裂部位有关。头痛严重者多伴有恶心呕吐，面色苍白，呕吐多为喷射性、反复性。半数患者可有不同程度的意识障碍，轻者有短暂意识模糊，重者出现昏迷。

考点：卒中患者的主要症状体征

2. 并发症　患者由于多病并存，心、肺、肾功能较差，易出现各种并发症。脑出血可引起多个系统受累，同时作为应激反应可使交感神经刺激强化，导致患者心血管功能紊乱进一步加重，在急性期常出现心肌梗死等表现。另外，脑出血可影响到内分泌和凝血功能，可出现非酮症高渗性昏迷等并发症。

3. 心理-社会状况　因偏瘫、失语及肢体和语言功能恢复速度慢、病程长，日常生活依赖他人照护，患者会产生焦虑等心理问题，应评估患者的心理状况及照护者的社会支持状况。

（三）环境评估

了解患者生活环境和居家环境等，询问患者居住附近是否方便就医及患者照护者的日常生活护理能力，以及照护者对卒中的了解情况。

（四）辅助检查

1. CT 检查　是脑出血的首选检查，可显示血肿的部位、大小、形态及周围组织情况。脑出血为边界清楚、均匀的高密度影。脑梗死患者的 CT 一般 24 小时内显示低密度影。CT 血管造影术（CTA），用于脑颈部大血管的影像检查，可以定义脑血管闭塞、狭窄及血管结构异常（动脉瘤等）。

2. 磁共振（MRI）检查　可清晰显示早期缺血性梗死、脑干梗死等，比 CT 更早发现梗死灶，尤其是对脑干及小脑梗死的诊断率高。MRI 用于脑出血患者可提供更详细信息，有助于全面评估脑出血情况。

3. 经颅多普勒超声/颈动脉彩超（DSA）　是血管病变检查的"金标准"。检查颅内外血管是否存在严重狭窄或闭塞，判断颅内外血管闭塞后侧支代偿及闭塞血管再通情况。

4. 选择性数字减影血管造影　是明确血管病变的最可靠方法。动脉内溶栓时（急诊即刻安排）、拟行血管内成形术等仍不能明确诊断时进行。

三、治 疗 要 点

1. 急性期治疗

（1）早期溶栓　脑梗死患者在发病后 6 小时内可进行溶栓使血管再通，及时恢复血流和改善组织代谢。常用的药物为重组组织型纤溶酶原激活剂（rt-PA）和尿激酶。

（2）调整血压　脑梗死急性期应维持患者的血压水平于较平时高的水平，以保证脑部灌注，防止梗死面积扩大。应针对导致血压升高的相关因素如疼痛、呕吐等采取措施。出现持续性低血压时应遵医嘱使用多巴胺等升压药物和补液治疗。脑出血急性期血压可根据患者情况积极控制，个性化调整。

（3）防治脑水肿　当患者出现剧烈头痛、喷射性呕吐等高颅内压征象时，常用甘露醇等降低颅内压。

（4）抗凝治疗　常用药物包括肝素、华法林等。一般不推荐急性期应用，可预防卒中的复发、阻止病情的恶化或改善预后。

（5）其他　脑保护治疗、高压氧舱治疗等。

2. 恢复期　稳定患者的病情，高血压患者应控制血压，高血脂患者控制血脂等。早期进行康复治疗，原则是综合各种康复手段如物理疗法等，为患者早期回归家庭和社会做好必要的准备。

考点：卒中患者的治疗要点

四、主要护理诊断/问题

1. 活动受限　与卒中有关。

2. 头痛　与卒中有关。

3. 营养缺乏　与吞咽障碍有关。

4. 语言障碍　与卒中有关。

5. 有下肢深静脉血栓形成的危险　与卧床、肢体活动受限有关。

6. 有压力性损伤的危险　与卧床、肢体活动受限有关。

7. 有肺部感染的危险　与误吸、卧床有关。

8. 有跌倒的危险　与肢体活动受限、衰弱有关。

五、护 理 措 施

（一）一般护理

急性期卧床休息，保持安静，避免声光等刺激，给予优质蛋白、高维生素、低盐、低脂及低热量的清淡饮食。观察吞咽情况、进食量、进食速度等。协助偏瘫者用健侧肢体进食，将食物放入健侧咀嚼。如进食中出现气喘、发绀等症状，立即停止进食，对症处理。吞咽障碍者，遵医嘱给予鼻饲饮食。

（二）病情观察

严密观察患者神志、言语等功能变化，以判断病情进展，听取患者主诉，如出现头痛、恶心、呕吐，意识障碍等表现，应立即通知医生，配合急救。溶栓者给予心电监护，血压监测要求每 15 分钟监测一次，持续 2 小时；每 30 分钟监测一次，持续 6 小时；每 60 分钟监测一次，持续 16 小时。观察有无牙龈、皮肤黏膜出血等情况。溶栓治疗后 2 小时内绝对卧床，转头及翻身不宜过猛、过急，有创操作延长按压时间，关注凝血相关检验结果。

（三）症状护理

1. 下肢深静脉血栓形成

（1）预防　早期筛查，入院后及早完善下肢静脉血管检查，早发现早治疗。应避免对患者进行下肢输液，尤其是瘫痪侧。鼓励患者进行床上及床下活动。运动功能的训练应循序渐进，幅度由小到大，尽早协助患者下床活动。完全瘫痪或长期卧床患者可穿弹力袜或应用循环压力泵。

（2）治疗与护理　对于诊断明确的下肢静脉血栓患者，应给予患侧肢体抬高。密切观察患者病情变化，观察健侧肢体与患侧肢体对比有无突然肿胀、皮温和颜色异常变化，疑似异常应用卷尺精确测量两侧腿围；询问患者有无局部疼痛等。如有上述病情变化，及时报告医生进行处理。对于有深静脉血栓形成风险的患者，遵医嘱给予预防性抗凝药物治疗。抗凝药物治疗症状无缓解者，遵医嘱给予溶栓治疗。注意抗凝、溶栓禁忌证，并按照护理常规进行护理。

2. 压力性损伤

（1）预防　评估患者发生压力性损伤的风险，动态应用 Braden 压力性损伤危险因素评估表，依据评分等级给予相应护理措施。对大小便失禁等随时清理，保持床单元清洁、平整、干燥。患者仰卧位时，身体一侧垫楔形垫，使其和床面保持 25°～30°；每 2 小时对患者进行翻身一次，对于 Braden 压力性损伤危险因素评分小于 12 分的患者，变换体位的时间要相应缩短。对于合并低蛋白血症的患者，使用气垫床减压措施；评估患者营养状态，遵医嘱纠正低蛋白血症，记录出入量；合并糖尿病患者，监测血糖值变化，遵医嘱调整胰岛素用量。避免输液管路、电极线等压迫患者皮肤。

（2）治疗与护理　评估压力性损伤的伤口面积、深度等，准确记录，动态评估。及时给予局部清创换药。有效处理感染性伤口。选择适宜的敷料进行伤口保护，促进愈合。改善全身症状，提高营养状况，减轻水肿。增加翻身频率、减少局部受压时间或避免局部受压。

3. 肺部感染

（1）预防　在病情允许情况下，取半卧位或床头抬高 30°～45°。正确喂养，预防误吸及吸入性肺炎。定时翻身、扣背、咳嗽锻炼，并鼓励清醒患者充分深呼吸。保持呼吸道通畅，有舌后坠者可使用口咽通气道；做到有效叩背、吸痰等，保持口腔清洁。

（2）治疗与护理　发热患者，给予降温护理。遵医嘱合理应用抗菌药物。定期监测体温等指标。遵医嘱采用高维生素、高蛋白、高热量与易消化饮食，确保充足的能量与营养供给，必要时静脉输注免疫球蛋白，改善机体抵抗力。人工气道患者定期监测气囊压力，及时、彻底清洁口腔及气道分泌物。有机械通气者执行机械通气护理常规。

4. 吞咽障碍　护理详见第 6 章第 10 节。

5. 营养不良　护理详见第 6 章第 2 节。

6. 便秘　护理详见第 6 章第 14 节。

7. 跌倒　护理详见第 6 章第 15 节。

（四）用药护理

1. 脱水药物　是治疗脑水肿和降低颅内压的首选药物。应用甘露醇时根据患者病情每日准确记录出入量变化，观察尿液颜色、性质、量。脱水药输注速度快，易加重心肾功能不全，长期应用利尿药可引起水和电解质紊乱，密切观察血压和心肾功能的变化；对有高血压等其他疾病的患者，应用多种药物前应了解患者肾功能情况；患者有心力衰竭时输入速度不可过快，注意生命体征变化。

2. 抗凝、抗血小板聚集药物　使用抗凝、抗血小板聚集药物需关注患者凝血功能检查数值，观察患者神志有无加重，有无血尿、血性便排出，如皮肤出现瘀斑需关注瘀斑部位等，应及时联系医生。告知患者活动过程中注意避免磕碰、外伤等。阿司匹林肠溶片应空腹或饭后两小时服用。

3. 扩血管药物　可使脑血流量增加，可导致患者头部胀痛、颜面发红等症状，应监测血压变化，注意滴速。

（五）康复护理

1. 良肢位摆放　鼓励患侧卧位，适当健侧卧位，尽可能少采用仰卧位，应尽量避免半卧位，保持正确的姿势。

（1）协助患侧卧位　将患者患侧肢体摆放在下，健侧肢体摆放在上；头部垫枕，后背垫枕稳固支撑；患侧上肢外展 90°前伸旋后，双手托出患肩，保持其向前伸展。患侧下肢髋、膝屈曲，健侧下肢采取舒适体位，勿压患侧肢体。

（2）协助健侧卧位　将患者健侧肢体在下，患侧肢体在上；头部垫枕，后背垫枕稳固支撑。患侧上肢肩屈曲，肘、腕、手指关节均伸展放于枕上，高于心脏水平。双腿间垫枕，患侧下肢在前稍屈曲放于枕上，踝关节同时垫起，健侧下肢在后自然屈曲。

（3）协助仰卧位　让患者头部垫枕，患侧肩胛下垫薄枕，使两肩处在同一水平，肩关节外展与身体呈 45°。患侧肘、腕、手指关节均为伸展位，掌心向上。在患侧髋下、臀部、大腿外侧垫薄枕，膝下垫软枕与床面呈 5°～10°。床上坐位时，嘱患者保持上身直立，后背垫枕支撑。打开床上餐桌，上面放置软枕；将上肢置于餐桌的软枕之上，手指自然伸展；在患侧下肢外侧垫软枕，膝下垫软枕与床面呈 5°～10°　。

2. 运动障碍的康复　在患者病情稳定 48 小时后，指导其按照康复计划进行被动或主动训练（肢体摆放等）及日常生活能力训练（穿衣等）。康复过程中注意动作由小到大、由简单到复杂，从近端到远端，循序渐进。

3. 言语障碍的康复　佩戴腕带，以便身份确认。可利用具体实物等多种方法进行交流；对感觉性失语的患者要注意观察其表情、动作，摸索规律，满足其需求。与患者共同约定手势，利用手势进行示意，如伸拇指代表排便，伸小指代表排尿，伸示指代表有痰，握空心拳（形如水杯）代表口渴，握实心拳代表疼痛，用手拍床代表想将进行交流，握笔写字式代表想写字等。可以根据患者具体情况设计个性化手势，除双侧肢体瘫痪和听力障碍患者不能应用外，其他失语患者均可应用。还可利用一些实物图片进行简单的交流以满足生理需求。利用常用物品如茶杯等，反复教患者：茶杯表示要喝水等。此种方法最适合于听力障碍的交流。能够书写的患者，可使用提示板写出自身需求进行沟通。

4. 感觉障碍的护理　一般不给予热疗法，以免引起烫伤。对于存在感觉障碍合并运动障碍的患者，应防止压力性损伤的发生。

考点：卒中患者的康复要点

（六）心理护理

护理人员应同情并理解患者，鼓励患者，指导并帮助其增强战胜疾病的信心。使老年人正确认识自身所患疾病，必要时陪同进行心理咨询和护理。充分鼓励患者能够正确地面对其所患的疾病，必要时可以以已治愈患者为榜样，帮助树立战胜疾病的信心；解决患者及其家属所提出的有关问题，消除患者思想疑虑。

考点：卒中患者的护理要点

医者仁心

溶栓治疗的历史进程

1933 年，蒂利特（Tillett）和加纳（Garner）在处理发热患者血液标本时发现溶血型链球菌可降解纤维蛋白，“溶栓”的概念由此诞生。这种产物被命名为链激酶。1947 年麦克法兰（Macfarlane）和皮林（Pilling）又描述了人的尿液具有溶解纤维蛋白的功能，其有效成分在尿液中被成功分离，并被命名为尿激酶。组织型纤溶酶原激活剂（t-PA）作为产生于人体内皮细胞的天然溶栓药物，1979 年 Rijken 等在黑色素瘤细胞系中成功培养出 t-PA，从此开启了溶栓治疗的新篇章。随着生物工程技术的成熟，又诞生了半衰期更长、纤维蛋白特异性更高的新一代溶栓药物，如替奈普酶等，为缺血性卒中的溶栓治疗提供了更多选择。科学家们孜孜以求、坚持不懈、努力钻研的精神，不断推动着卒中溶栓治疗的发展。

六、健康教育

1. 告知患者及照护者控制卒中危险因素的方法。

2. 指导居家患者及照护者早期识别突然出现的单侧肢体麻木、无力，不明原因的剧烈头痛，语言不清或不理解语言等卒中的发病先兆，及时就医。

3. 指导居家患者正确的进食体位及速度，防止误吸发生。

4. 指导服用双联抗血小板药物的居家患者观察出血倾向的方法，发现便血、血尿等异常，及时就诊。

5. 教会居家患者及照护者言语训练、床上运动等训练的方法。

第9节　帕金森病患者的护理

案例 7-9

患者，男，77岁。近3年来右上肢抖动，静止时明显，活动后减轻，便秘1年，近日病情逐渐进展，白天语言减少，睡眠中出现喊叫及肢体活动，有嗅觉减退，存在视幻觉来就诊。既往：脑梗死病史3年。体检：意识清楚，四肢肌力5级，四肢及中轴肌张力增高，双侧对指、握拳、轮替笨拙，行走时摆臂动作减少。实验室检查：WBC 6.8×10^9/L，TG 2.2mmol/L，HDL 1.3mmol/L，LDL 0.4mmol/L；经颅超声：黑质回声异常增强；头颅磁共振：左侧丘脑陈旧腔隙性脑梗死，脑萎缩。诊断为帕金森病。入院后给予多巴丝肼、盐酸普拉克索等药物治疗。

问题： 1. 该患者护理评估包括哪些内容？

2. 如何对该患者进行护理？

3. 口服左旋多巴的注意事项是什么？

一、概　　述

（一）概念

帕金森病（Parkinson disease，PD）又称震颤麻痹（tremor paralysis），是一种中老年患者常见的中枢神经系统变性疾病，临床以静止性震颤、运动迟缓、肌强直和姿势平衡障碍为特征，主要病理改变是黑质多巴胺能神经元进行性退变减少和路易小体形成。发病年龄通常在40岁以上，发病率随年龄的增高而增加，我国65岁以上人群患病率为1.7%，严重影响了患者的生活质量、安全和预后。

（二）病因

帕金森病病因尚不清楚，一般认为与下述因素有关。

1. 神经系统老化　发病与神经系统老化有关，本病多见于老年人，50岁后发病率明显增高，且随增龄发病率进一步增高。

2. 遗传　大部分帕金森患者为散发型，与遗传相关的帕金森多为早发型，在人群中有基因点突变引起帕金森病者低于全部病例的5%。

3. 环境因素　老年帕金森病患者多为散发型，环境因素起着重要作用，已知外源性或内源性毒素可引起黑质纹状体神经元的死亡而出现帕金森病症状，如可卡因衍生物、除草剂，以及杀虫剂如百草枯和重金属锰等。

（三）分类

1. 原发性帕金森病　是指依据现有临床检测手段不能找到确切病因的帕金森病。其典型病理改变为黑质纹状体多巴胺能神经元脱失变性、坏死和凋亡、多巴胺递质分泌减少，残留神经元胞质中形成路易小体伴胶质细胞增生。

2. 继发性帕金森病 是指依据现有检测手段可检测到确切病因，其病理改变、临床表现与原发性帕金森病颇为相似的一组疾病。

链 接 多巴胺能神经元

多巴胺能神经元是含有并释放多巴胺作为神经递质的神经元。在各脑区的含量不同，其中，尾核、壳核内含量最高。在中枢神经系统内，其胞体主要位于中脑，由此发出的神经纤维有三条通路：①黑质纹状体系统，起于中脑黑质，止于纹状体，主要是尾核和壳核及中央杏仁核；②中脑边缘系统，起于中脑脚间核背侧，轴索上行达伏隔核和嗅结节；③结节漏斗系统，起于丘脑下部，发出短轴索下行，终止于正中隆起。它参与调控锥体外系统的运动功能，如刺激黑质纹状体束，可引起好奇、探究、运动增多、觅食等活动；如将两侧黑质纹状束完全损毁，可引起不饮不食、运动减少、对周围事物无反应等表现，甚至可出现木僵状态。

二、护 理 评 估

（一）健康史

了解患者基础疾病的情况，如高血压、糖尿病、心功能不全等可能加重疾病发展的因素。询问患者的工作及环境、有无工业化学品接触史、接触的时间等。评估患者的发病情况，如病情进展，伴随症状，进食能力，有无便秘、夜间尿频、直立性低血压、睡眠障碍等。

（二）身心状况

1. 症状体征

（1）运动症状

1）静止性震颤：静止状态下出现，活动时减轻，典型者出现“搓丸样动作”，表现为手指的节律性震颤使手部不断地做旋前旋后的动作。50%左右的患者震颤为首发症状，先从一侧上肢的远端开始，逐渐扩展到其他肢体。

2）肌强直：出现铅管样强直，表现为促动肌和拮抗肌张力均高，在做关节被动运动时，检查者感到有均匀的阻力。也可出现齿轮样肌强直，伴有震颤者可感到在均匀增高的阻力上有不断的停顿，像齿轮的转动。面部、颈部、躯干及四肢肌肉均可受累。肌强直严重者可引起肢体的疼痛，称为痛性痉挛。

3）运动迟缓或减少：动作速度缓慢，幅度减少，日常生活中各种动作笨拙，轮替动作幅度小，动作过程中常有停顿，可出现呼吸不畅、慌张言语、面具脸等。

4）姿势和平衡障碍：帕金森病患者常出现特殊姿势，全身呈前倾屈曲体态，头颈部前倾，躯干俯屈，肘关节屈曲前臂内收，髋及膝关节略为弯曲。行走时缺乏上肢前后摆动等联合动作及姿势反射减少直至丧失，容易跌倒。步态障碍早期表现为下肢拖曳，逐渐发展为起步困难，想迈步但迈不开，双足似黏在地面上一般，一旦迈开后即可行走，一停步会再次出现起步困难。或迈开步后，即以极小步伐（小碎步）向前冲去，越走越快，不能及时转弯或停步。

（2）非运动症状

1）嗅觉障碍：是最早出现的症状，但以此为主诉者罕见。

2）睡眠障碍：白天睡眠增多、失眠及快速动眼期睡眠行为障碍。常做噩梦，梦中喊叫，少数可出现无征兆的不可控制的短暂睡眠。

3）认知和精神行为障碍：出现记忆力障碍，回忆受损，再认良好。执行力受损，难以完成常规性任务。视觉空间障碍，注意力下降，语言理解和判断力下降。也可出现焦虑、抑郁和性格改变。

4）自主神经功能障碍：出现顽固性便秘、尿频、排尿不畅、尿失禁、出汗增多、直立性低血压等。

（3）临床分期及表现见表 7-5。

表 7-5　帕金森病临床分期及表现

分期	病变累及肢体	表现形式
Ⅰ期	单侧	单侧手抖、脚抖或有僵硬感，走路不如平时利索，拿东西不稳
Ⅱ期	双侧	双手抖，甚至全身抖，僵直加重，扣纽扣、拿筷子等日常活动变得困难，走路吃力，平衡感差
Ⅲ期	双侧	早期平衡障碍，抬腿困难，腿上像绑着沉重的沙袋，走路小碎步、拖步且身体前倾，易跌倒
Ⅳ期	双侧	常不自觉地流口水，吞咽困难，进食缓慢。言语不清，说话声音很小，要旁人凑近才能听清楚。表情呆板，出现面具脸，面部肌肉也越来越僵硬，脸上无表情，很少眨眼睛，眼球运动也减少。运动艰难，日常生活离不开家人的护理
Ⅴ期	双侧	日常生活完全不能自理，局限于床上或轮椅上，生活完全不能自理

（4）分级评价　采用 1967 年由玛格丽特·霍恩（Margaret Hoehn）和梅尔文·亚尔（Melvin Yahr）提出的帕金森分级量表。该量表简明清晰、易于掌握，用于临床分级或分期及病情严重程度的评价。原表只有 1 期到 5 期。近年来，医学家加入 0 期、1.5 期和 2.5 期。此表的用途在于评估病患的障碍级别。0 期：无症状。1 期：单边/侧身体受影响，但没有影响平衡。1.5 期：身体单侧受影响，并影响平衡。2 期：身体双侧受影响，但没有影响平衡。2.5 期：身体双边受影响，但是在拉动试验（pull test）下能够自行恢复平衡。3 期：平衡受影响，轻度到中度疾病。但患者可以独立生活。4 期：严重无活动能力。但患者可以自行走动和站立。5 期：在没有他人帮助的情况下，只能卧床或坐轮椅。

2. 并发症　患者出现运动障碍，中轴肌张力增高，不能自主改变体位，长时间卧床容易出现压力性损伤和易出现肺部感染等；患者常不自觉地流口水，吞咽困难，进食缓慢，易造成窒息。

3. 心理-社会状况　患者因出现不自主运动、流涎和步态异常等，导致生活和外出行动不便，生活不能自理，易出现自卑、焦虑、恐惧的情绪，担心自己成为家庭的累赘，不想与人交往而出现言语沟通障碍等。

（三）环境评估

评估患者居住环境是否安静、通风及温湿度适宜；有无可能造成意外的危险因素，如蹲便设施等；家庭与社区有无促进健康和增强体质的基础设施等。了解患者生活环境和居家环境等，询问患者居住附近是否有方便就医的医院。

（四）辅助检查

1. 实验室检查　脑脊液中多巴胺代谢产物高香草酸和 5-羟色胺代谢产物含量降低。

2. 影像学检查　头颅 CT 和 MRI 检查均无特异性改变。^{18}F-多巴 PET 检查发现帕金森病患者早期两侧基底节多巴胺转运蛋白较正常人减少，且左右侧明显不对称，晚期双侧基底节多巴胺转运蛋白均明显减少。

3. 特殊检查　经颅超声可通过耳前的听骨窗探测黑质回声，多数帕金森病患者的黑质回声增强。

三、治疗要点

帕金森病的治疗是包括药物治疗、手术治疗、对症治疗、运动疗法、中医治疗、心理治疗及照料护理等的综合全面管理，其中药物治疗是最主要的治疗方法，以及早使用替代性药物和抗胆碱药治疗药物为主，辅以行为治疗，从而达到减轻症状，减少并发症，增强自理能力，延长患者寿命的目的。

1. 药物治疗　左旋多巴和复方左旋多巴是目前最有效的抗帕金森病药物，应从小剂量开始，逐渐增加至满意效果为止，并以此剂量长期维持。其他的药物如多巴胺受体激动剂、金刚烷胺、抗胆碱能药物等。患者用药选择应遵循医学证据，也应强调个体化特点，尽可能减少药物副作用和运动并发症。

2. 手术治疗　包括脑深部灰质立体定向损毁术和脑深部电刺激术。一般病程需要 5 年以上，经过最佳的药物治疗出现疗效减退及运动并发症，可以考虑手术治疗，根据手术的目的及患者症状选择手术方法。

3. 对症治疗 当患者出现焦虑、抑郁、认知障碍、睡眠障碍等非运动症状时，需对症使用抗焦虑抑郁药、镇静催眠药等，改善临床症状和生活质量。

4. 运动疗法 鼓励患者多运动，可改善症状和延缓病情进展，根据运动症状选择运动方式，如打太极拳、慢跑、快步走或健康操等。长期坚持可改善生活质量。

5. 中医治疗 以口服中草药达到滋补肝肾、育阴息风、益气养血、息风止颤、活血化瘀、息风通络、清热化痰之效。同时配以针灸疗法。

考点：帕金森病患者的药物治疗

四、主要护理诊断/问题

1. 自理能力下降 与多巴胺能神经元变性所致的震颤、肌强直、体位不稳、随意运动异常等有关。

2. 知识缺乏：缺乏本病相关知识与药物治疗知识

3. 营养失调：低于机体需要量 与吞咽障碍、饮食减少有关。

4. 有跌倒的危险 与多巴胺能神经元变性所致的震颤、肌强直、体位不稳、随意运动异常等有关。

五、护 理 措 施

（一）一般护理

1. 环境与休息 保持室内空气新鲜，温度维持在 22～24℃，湿度 50%～60%，定时通风。保持地面整洁干燥，宽敞、光线明亮，减少障碍物。

2. 生活护理 协助晨晚间护理；加强巡视，主动了解患者的需要，指导和鼓励患者自我护理，协助洗漱、进食、沐浴等，增进患者的舒适。无法翻身者，协助床上翻身；协助大小便料理，做好安全防护，预防并发症。

3. 饮食护理 给予高热量、高维生素、高纤维素、低盐、低脂、低胆固醇、优质蛋白的易消化饮食，主食多选粗粮，多食新鲜蔬菜水果、多饮水；适当的奶制品和肉类（全瘦）、家禽、蛋、豆类；少吃油、盐、糖。每天应补充 1000～1500mg 钙质。对于上肢震颤严重者可协助进食，进食或饮水时抬高床头，保持坐位或半坐位。吞咽障碍者根据病情需要给予鼻饲饮食，也可遵医嘱给予静脉补充足够营养，如葡萄糖、氨基酸、脂肪乳等。

4. 安全护理

（1）上肢震颤的患者，应避免拿热水壶、热汤，餐具选择不易打碎的材质；下肢运动障碍患者，提供大小适宜病号服及防滑鞋，床面降至最低，房中物品妥善固定，避免患者前冲后物品移位出现跌倒。冻结步态者，可以在床边、屋门口、沙发边等启动行走姿势的地方粘贴颜色醒目的横线，帮助患者行走。给予患者提供必要的辅助用具，如手杖（建议使用带手环的手杖）、助行器、助行推车，并教会其使用。

（2）避免患者单独行走及外出；存在焦虑、抑郁、幻觉或痴呆的患者，需要专人陪护，每次药物定时定量送服到口；严禁患者自行使用锐器及危险品，严密监控，避免自伤、坠床、走失、伤人等意外发生。

（3）跌倒的护理详见第 6 章第 15 节。

（二）病情观察

注意患者有无便秘、尿潴留、尿频、尿急、出汗多、皮脂腺分泌过多或持续性低血压等问题。大多数患者可能会出现嗅觉减退，注意观察嗅觉减退的程度。要注意观察震颤出现的部位，持续的时间。肌张力明显增高时，注意观察肌张力增高的程度，是否出现姿势障碍或步态障碍。

（三）症状护理

睡眠障碍者，应改变睡眠习惯，规律进行日间锻炼，避免晚上服用刺激性食物，在安全舒适的环境中入睡。对于顽固性便秘者，护理人员应指导进食含纤维素多的食物，多喝水，双手顺时针腹部按摩，必要时遵医嘱使用开塞露、灌肠及人工排便等。运动功能障碍者应与患者及照护者共同制订个体化护理方案，增强自我照护的能力。

（四）用药护理

1. 疗效观察　服药过程中观察震颤、肌强直和其他运动功能、语言功能的改善程度，观察患者坐起的速度、步行的姿态、讲话的语调等。

2. 药物的不良反应

（1）左旋多巴制剂　避开进餐时间，以免药物与蛋白质发生反应，这样不仅会降低药效而且易造成胃肠道不适。若出现胃肠道反应，可选用多潘立酮缓解症状。服用左旋多巴期间易发生心律失常及心绞痛等，活动或改变体位时应缓慢。

（2）抗胆碱能药物　青光眼、前列腺增生患者禁用。服用期间应保证规律排便，必要时使用促排便药物及导尿。中枢神经抑制药、中枢降压药可增加其镇静作用，但与氯丙嗪合用时可使其吸收减少、血药浓度降低，应避免两种药同服。

（3）金刚烷胺　有口渴、失眠、食欲不振、头晕、足踝水肿、视力障碍、心悸、精神症状等不良反应，严重肾病者禁用。

（4）多巴胺受体激动剂　缓慢增加药物剂量，减少消化道症状。常见不良反应有恶心、呕吐、头晕、乏力、皮肤瘙痒、便秘，剂量过大时可有精神症状、直立性低血压。

（5）服药期间避免使用维生素 B_6、利血平、氯丙嗪等药物，以免降低药物疗效或导致直立性低血压。

（五）康复护理

护理人员应鼓励患者参与家务，进行适当体育锻炼；根据患者制订有针对性的康复指导。利用激光引导手杖、视觉、听觉提示，练习行走，指导患者进行康复练习；卧床患者，保证功能位摆放，坚持踝泵运动，预防下肢静脉血栓。

考点：帕金森病患者的康复要点

（六）心理护理

护理人员应细心观察患者心理变化，多倾听、多关爱，讲解案例，帮助患者建立信心，坚持治疗。耐心向患者及照护者讲解心理精神因素在疾病进展和治疗中的作用，鼓励患者积极配合治疗、保持良好的心态，指导照护者为患者营造良好的亲情和人际关系氛围。

六、健康教育

1. 指导服药　遵医嘱按时按量服药，告知患者药物的种类和剂量因人而异，应从小剂量开始逐渐达到疗效最好而不良反应最轻为止，切勿自行调量，注意药物之间及药物与食物之间的反应，遵医嘱逐渐加量，避免一次加大剂量，产生药物急性副作用。

2. 指导饮食　多吃含有优质脂肪的坚果和含有抗氧化成分的花青素浆果，特别是核桃、夏威夷果和腰果；含有维生素、辅酶 Q_{10} 等对神经元有一定保护作用的食物；并指导患者使用有粗柄的汤匙或者叉子，以方便进食。

3. 指导直立性低血压患者　告知患者当起床、如厕后、洗漱后、看电视等卧位—坐位—站位改变体位时，应每个姿势停留半分钟，再继续下一个动作。如醒后起床时：醒来后不要马上起床，在床上躺半分钟，起床前适当在床上进行下肢活动、辅助使用弹力袜及腹带。坐起来后再坐半分钟，两条腿垂在床沿再等半分钟。

4. 指导肌张力高患者　上下床时，嘱患者背对床站于床旁，缓慢坐在床边，身体向一侧躺下，起身时，嘱患者侧身坐起，然后先双脚下床，再借助床挡或照护者协助完成站起。

5. 指导起身困难者 选择带有扶手的高脚椅。起身时通过按压扶手协助站起，坐下时利用扶手保持平衡、控制速度。

6. 告知患者感冒流行时，尽量不去公共场所，避免交叉感染。

第 10 节 骨质疏松症患者的护理

案例 7-10

患者，女，61 岁。平日喜欢喝浓茶，3 年前开始出现腰背、膝关节疼痛，卧位时疼痛减轻，久站或久坐后疼痛加剧。今日高处取物时，患者突然出现腰背部剧烈疼痛，家人将其送入医院。X 线检查显示第 5 腰椎压缩性骨折，骨密度低，透明度加大。

问题： 1. 为确诊患者是否发生骨质疏松，还需要做哪些检查？

2. 患者主要的护理问题有哪些？

3. 应采取哪些有针对性的护理措施？

4. 如何指导骨质疏松症患者正确补钙？

一、概　　述

（一）概念

骨质疏松症（osteoporosis，OP）是一种以骨量降低和骨组织微结构破坏为特征，导致骨脆性增加和易于骨折的全身性代谢性骨病。骨质疏松症可发生于任何年龄，但多见于绝经后女性和老年男性。骨质疏松症是引起患者卧床率和伤残率增高的主要因素。

（二）病因

1. 生理因素 老年期的骨量丢失合并骨转换的减慢是老年骨质疏松症的主要病理表现。在性激素水平正常的情况下，骨髓中的骨细胞随着年龄的增加而减少，并导致骨质疏松。成骨细胞生成减少同时伴随着脂肪生成增加、破骨细胞生成减少，是骨质疏松症的主要原因。

2. 遗传学因素 骨量获得过程中存在遗传因素影响，50%～60%以上的骨峰值由遗传决定。成熟期的骨量和老年期骨丢失决定患者的骨量多少，这两种因素决定了 70 岁时骨量含量。

3. 性腺功能减退 老年女性因雌激素缺乏使降钙素分泌减少；雌激素不足时，骨对甲状旁腺素敏感性增加，骨质吸收作用加强，导致骨质丢失。

4. 钙调节类激素改变 降钙素可使破骨细胞内的钙离子转移至线粒体内，从而抑制破骨细胞活性，并可抑制大单核细胞向破骨细胞转化。大剂量甲状旁腺激素抑制成骨细胞而使大单核细胞转化为破骨细胞，从而增加骨质吸收。活性维生素 D 合成减少，促进骨吸收和形成作用减弱。

5. 失用性因素 各种原因的失用如石膏固定、瘫痪或严重关节炎等，导致运动量减少，肌肉力量衰退，对骨骼和成骨细胞机械刺激减弱，造成肌肉萎缩，骨形成减少，骨质吸收增加。

6. 营养缺乏 消化系统功能减退，易出现营养素及微量元素摄入不足，影响成骨细胞的活性，导致骨形成减少。

7. 日照偏少 日光可促进人体内的维生素 D 活化，促进钙的吸收。患者光照不足，可致维生素 D_3 缺乏，导致骨质疏松。

（三）分类

本病按病因可分为原发性、继发性和特发性三类。原发性骨质疏松症最常见，占发病总数的 85%～

90%，以女性患者最多见，女性发病率是男性的 2～3 倍。原发型还分为Ⅰ型（绝经后骨质疏松症）好发于松质骨较多的部位；Ⅱ型（老年型骨质疏松症）好发于大量皮质骨及松质骨的部位。继发性骨质疏松症由血液疾病、内分泌疾病、癌症、遗传性疾病、胃肠疾病和药物等所诱发。特发性骨质疏松症则多见于 8～14 岁青少年或成人，多有家族遗传病史。

二、护 理 评 估

（一）健康史

询问患者饮食及生活习惯，如饮食结构是否合理，是否日照充足。询问药物史、骨折史、月经史、孕产史、吸烟饮酒史等；评估有无长期卧床、雌激素减少、应用糖皮质激素等危险因素；了解患者文化程度和经济情况。

（二）身心状况

1. 症状体征 临床表现为全身性骨痛、乏力；身长缩短、驼背；呼吸功能下降，出现胸闷、气促、呼吸困难等症状。腰背痛是最常见的症状，由安静状态起身活动时出现，特别是久站、久坐后变换姿势，大幅度伸展肢体时各关节疼痛加重，多于夜间发生。

2. 并发症 骨折是最常见和最严重的并发症，患者常因轻微活动或外伤诱发骨折，骨折发生的部位主要有胸腰椎体、桡骨远端、股骨近端及踝关节。

3. 心理社会状况 询问患者对疾病知识的了解程度，有无因疼痛、驼背、活动受限或骨折而产生焦虑、烦躁、悲观、失望等心理问题，是否因行动不便而影响社交活动。了解家属及其照护者对患者的心理支持程度和照护情况。

考点：骨质疏松症患者的身心状况

（三）环境评估

了解患者社区居住环境。室外是否有患者活动休息的场所，居住附近是否有方便就医的医院，以及患者照护者的日常生活护理能力，照护者对骨质疏松症的了解情况。

（四）辅助检查

1. 生化检查 包括骨形成和骨吸收指标及血、尿、骨内矿物质含量。骨形成的指标主要有血清碱性磷酸酶、血清骨钙素、血清Ⅰ型前胶原展开肽。骨吸收的指标主要有血清钙、空腹尿钙、肌酐比值、空腹尿羟脯氨酸、肌酐比值和脱氧吡啶啉及血抗酒石酸酸性磷酸酶。

2. X 线检查 当骨量丢失超过 30%时才能在 X 线片上显示出骨质疏松。

3. 骨密度检查 常用单光子骨密度吸收仪、双能 X 线吸收仪、定量 CT 检查和定量超声测定。基于双能 X 线吸收法（dual energy X-ray absorptiometry，DXA）测量的骨密度是目前通用的骨质疏松症诊断指标。骨密度低于同性别峰值骨量 2.5 SD 以上可诊断为骨质疏松。

链 接 骨质疏松程度诊断标准

目前，国际上对骨质疏松程度的诊断标准倾向于下列 4 条。正常骨量：骨密度或骨矿物含量较同性别峰值减少 12%以内；骨量减少：骨密度或骨矿物较同性别减少 13%～24%。骨质疏松症：骨密度或骨矿物较同性别减少 25%以上。重度骨质疏松症：骨密度或骨矿物较同性别减少 37%以上。

三、治 疗 要 点

药物治疗包括使用钙剂和维生素 D，计量不宜过大或过小。也可用双膦酸盐或降钙素，抑制骨吸收，减慢骨丢失，同时有镇痛、增进活动功能。绝经后女性如无禁忌证，可用少量雌激素替代治疗。对骨质疏松症性骨折给予牵引、固定、复位或手术治疗。

四、主要护理诊断/问题

1. 疼痛 与骨质疏松、骨折有关。

2. 躯体活动障碍 与骨痛、骨折引起的活动受限有关。

3. 焦虑 与骨痛或骨折限制活动有关。

4. 知识缺乏：缺乏骨质疏松的相关知识。

5. 潜在并发症：骨折。

五、护 理 措 施

（一）一般护理

1. 休息与活动 为减轻疼痛，可使用硬板床，取仰卧位或侧卧位，卧床休息数日到一周。能运动的患者，坚持户外活动及适当体育锻炼；疼痛活动受限的患者，指导进行关节的功能活动及肌肉等长等张训练，以保持肌肉张力；因骨折而固定或牵引者，指导其上下甩动臂膀，扭动足趾，做足背屈和趾屈等动作。

2. 饮食护理 增加摄入高钙、高维生素 D 的食物，如牛奶、鱼虾、肉禽类、海藻类、奶制品、豆制品、芝麻和深绿色蔬菜等。患者每天钙的摄入量不少于 800～1000mg，维生素 D 摄入量不少于 400U。戒烟酒，少饮浓茶、咖啡和碳酸饮料等。补充足够维生素 A、维生素 C 及含铁的食物，促进钙的吸收。

考点：骨质疏松症患者的饮食护理

（二）症状护理

骨质疏松引起的骨痛常发生在动作突然改变后，因此患者动作宜缓慢，疼痛时注意休息；休息时卧于硬板床上，取仰卧位或侧卧位，使腰部和脊柱的肌肉松弛，以缓解疼痛；可以对疼痛部位进行热疗、光疗、电疗、暗示疏导等，以缓解疼痛；应进行四肢功能性锻炼，防止骨质疏松进一步加重；对剧烈疼痛者遵医嘱使用镇痛剂和肌肉松弛剂等。

（三）用药护理

护理人员应注意观察药物的疗效及不良反应。患者补钙宜选择可咀嚼的钙制剂，在饭后 1 小时或睡前服用，同时服用维生素 D，以促进钙的吸收。使用降钙素时要注意观察有无食欲减退、恶心、双手或颜面潮红等不良反应。服用维生素 D 时要定期监测血清钙和肌酐的变化。

（四）心理护理

长时间卧床患者会产生消极、悲观情绪，多与患者交谈，鼓励其表达内心的感受，了解心理活动及生活情况，做好疏导工作。

六、健 康 教 育

1. 积极开展社区健康教育，提供有关患者骨质疏松症的书籍、图片和影像资料，宣传和普及骨质疏松症发生的原因、危害及预防护理等。多在户外晒太阳，可进行慢走、慢跑、打太极拳、跳舞等体育运动，以增加和保持骨量。加强妇女自我保健意识，绝经后应每年进行 1 次骨密度及相关检查。

2. 指导患者尽量避免弯腰、负重等行为，防止跌倒和损伤；居室布置简单整齐、光线充足、地面平整防滑；日常用品放在患者容易取放之处，卫生间和楼道安装扶手；选择舒适、防滑的平底鞋，活动时使用腋杖或助步器等；对卧床患者，每 2 小时翻身 1 次；指导患者进行呼吸和咳嗽训练；做主、被动关节活动训练。

第 11 节　前列腺增生患者的护理

案例 7-11

患者，男，78 岁。夜尿次数增多 1 年，排尿不尽 1 周，排尿困难 5 小时入院。体检：T 36.3℃，P 92 次/分，R 22 次/分，BP 150/88mmHg，神志清楚。实验室检查：残余尿量测定 350ml。B 超检查：前列腺断面增大，以前后径、上下径增大明显，断面左右对称。诊断为前列腺增生，尿潴留。

问题： 1. 患者主要护理诊断是什么？

2. 良性前列腺增生的典型表现有哪些？

3. 对该患者进行哪些健康指导？

一、概　　述

（一）概念

良性前列腺增生，简称前列腺增生（benign prostatic hyperplasia，BPH），也称良性前列腺肥大，由于前列腺间质和腺体成分的增生，以排尿困难为主要特征，是中老年男性排尿障碍最常见的一种良性疾病。前列腺增生一般发生在 40 岁以后，发生率随年龄的增长而逐年增加，发病率由 41～45 岁的 13.2% 增至 81～90 岁的 83.3%。

（二）病因

前列腺增生发生的病因至今仍未能阐明，但普遍认为有功能的睾丸及年龄增长是本病发生的主要因素，且两者缺一不可。其他因素还包括雄激素及其与雌激素的相互作用、生长因子、炎症细胞等。诱因包括慢性前列腺炎症未治愈、尿道炎、膀胱炎等使前列腺组织充血而增生。过度性生活、缺乏体育运动、经常酗酒和长期饮酒也是该病的诱因。

（三）分类

按照前列腺增生发生造成的病理生理学改变，本病主要分为以下几种。

1. 机械性梗阻　前列腺的体积增加，在前列腺包膜的包裹和受压下，向后尿道和膀胱膨出，造成后尿道延长、变窄及膀胱出口梗阻。

2. 动力性梗阻　前列腺增生时，α 肾上腺素受体数量和活性增加，造成平滑肌紧张、压力增加，尿道阻力增加。

3. 继发膀胱功能障碍　长期的后尿道阻力增加，会使膀胱内的网状结构发生变化。下尿路梗阻症状长期存在，会导致逼尿肌失代偿，出现尿潴留和膀胱内压增高，尿液反流会引起上尿路积水和肾功能损害。

二、护 理 评 估

（一）健康史

了解患者是否有过尿道炎、膀胱炎等疾病；是否有不良生活方式如吸烟、酗酒等；患者下尿路梗阻症状、持续加重的时间，以及用药情况；患者有无其他伴随症状及合并慢性疾病。

（二）身心状况

1. 症状体征　储尿期症状包括尿频、尿急、尿失禁及夜尿增多等。尿频是最早出现的症状，早期排尿次数增加，随梗阻加重，夜尿次数逐渐增多。进行性排尿困难是前列腺增生最典型的症状。排尿期症状包括排尿踌躇、排尿困难及间断排尿等。排尿后期症状包括排尿不尽、尿后滴沥等。轻度梗阻时排尿迟缓、断续，尿后滴沥；中重度梗阻时排尿费力，射程缩短，尿线变细而无力，甚至呈点滴状；严重者发生急性尿潴留。下尿路梗阻时，50%～80%的患者有尿急或急迫性尿失禁；如梗阻进一步加重，患者须增加腹压以帮助排尿。呼吸使腹压增减，出现尿流中断及淋漓；当残余尿量很大，膀胱过度膨胀，其压力高于尿道阻力时，尿便自行从尿道溢出，出现充溢性尿失禁。

2. 并发症 合并感染时可出现膀胱刺激征；合并膀胱结石时表现为尿流中断；若长期排尿困难易导致肾积水、肾衰竭。

3. 心理-社会状况 评估患者排尿不畅、如厕频繁、尿后滴沥等的原因，是否羞于表达而出现紧张、恐慌心理。患者是否因排尿异常导致经常尿湿衣被而感到自卑、烦躁不安或焦虑抑郁等。评估照护者对疾病了解程度及对患者支持程度。

考点：前列腺增生患者的身心状况

（三）环境评估

评估居家环境的安全性，厕所是否有扶手，如厕是否有人协助，休息环境是否光线适宜、安静。评估照护者对患者的照护水平和耐心程度。

（四）辅助检查

1. 直肠指检 是诊断前列腺增生简单易行的方法，需要在膀胱排空后进行。前列腺增生时，腺体可长度变长或宽度增宽，或两者同时存在。

2. B超检查 观察前列腺的大小、形态及结构，有无异常回声、突入膀胱的程度，以及残余尿量。

3. 残余尿量测定 因为膀胱逼尿肌可通过代偿的方式克服增加的尿道阻力，将膀胱内尿液排空，所以前列腺增生早期即使无残余尿，也不能排除下尿路梗阻。残余尿量达 50～60ml，即提示膀胱逼尿肌处于早期失代偿状态。

4. 尿常规 确定下尿路症状患者是否有血尿、蛋白尿、脓尿及尿糖等。

链 接 膀胱残余尿量测定

膀胱残余尿量测定是排尿后立即导尿或 B 超检查测定膀胱内残余尿量。正常情况下其小于 5ml。残余尿的出现表示膀胱排尿功能已代偿不全。残余尿量与下尿路梗阻程度成正比。在下尿路梗阻治疗过程中，重复测定残余尿量可判断疗效。通过此项检查可以判断相应的病症。

三、治 疗 要 点

处理原则主要包括观察随访、药物治疗、手术治疗（开放性前列腺切除术或经尿道前列腺切除术）等。

症状轻微者，可观察，无须治疗；梗阻较轻或难以耐受手术者，可采取非手术疗法或姑息性手术，常用药物包括 5α-还原酶抑制剂、α_1受体阻滞剂、M 受体拮抗剂、植物制剂、中药等；膀胱残余尿超过 50ml 或曾经出现急性尿潴留者应采取手术治疗。

四、主要护理诊断/问题

1. 排尿障碍 与前列腺增生导致尿道梗阻有关。

2. 舒适度减弱 与排尿型态紊乱影响睡眠与活动有关。

3. 有跌倒的危险 与患者夜尿增多有关。

4. 潜在并发症：感染、出血、尿失禁等。

五、护 理 措 施

（一）一般护理

患者应生活规律，多饮水多排尿。通过尿液冲洗尿道帮助前列腺分泌物排出，以预防感染。过度憋尿会导致前列腺包膜张力的增高，加重前列腺增生。低脂肪、清淡饮食，避免辛辣食物和烟酒，多食谷类、坚果与蔬菜类食物。注意个人卫生，保持会阴部的清洁。

（二）病情观察

护理人员应密切监测病情，如症状和体征加重，及时治疗。如患者进行手术治疗，则术后密切观察引流管的引流情况，做好膀胱冲洗的护理，预防尿路感染；观察和预防出血、尿失禁等并发症的发生。

（三）症状护理

护理人员应指导患者优化排尿习惯，如伴有尿不尽症状时，采用放松排尿、二次排尿和尿后尿道挤压等措施；对伴有尿急症状的患者，采用分散尿意感觉，转移患者的注意力的方法。残余尿量多或有尿潴留者，应留置尿管持续引流尿液。

（四）用药护理

护理人员应注意观察药物的疗效及不良反应。患者服用α受体阻滞剂，应注意告知其服药后先在床上躺10～20分钟，防止发生直立性低血压。

（五）康复护理

对采取手术治疗的患者，护理人员应做好术后康复的护理。指导患者进行提肛锻炼，以减轻患者的尿频及尿失禁的症状，还可改善血液循环，促进前列腺液分泌增多和术后恢复。

（六）心理护理

护理人员应关心体贴患者，理解患者的痛苦，帮助患者正视疾病，树立信心，积极乐观地面对生活；加强对照护者的指导，使照护者能给予患者心理上的支持和安慰。

医者仁心

天下兴亡匹夫有责，一生专注泌尿外科

他将“天下兴亡匹夫有责”的信念铭记在心，一步步推动新中国泌尿外科的创立和发展。他主张医学教育以“学本领”代替“学知识”，为我国医学事业发展培养了一大批骨干和中坚力量。他就是我国著名的医学科学家和教育家、泌尿外科专家吴阶平。从北平协和医学院博士毕业后，吴阶平远赴美国深造。在中华人民共和国成立前，他谢绝国外导师挽留毅然回国。1949年在北京医学院第一附属医院开创我国泌尿外科事业。1978年，吴阶平建立了中华人民共和国第一家泌尿外科研究所，协助协和医学院、北京医院、北京友谊医院建设泌尿外科。吴阶平深知要改变我国医疗卫生落后面貌，抓好教育、培养人才是第一要务。他重视教书育人，毕生致力于泌尿外科医学研究，积极推动我国泌尿外科事业发展，取得累累硕果。

六、健康教育

1. 指导患者养成良好的生活习惯，避免受凉，戒除烟酒，饮食清淡及富含纤维素多的食物，少进辛辣刺激性食物，以免引起性器官充血，压迫前列腺，加重排尿困难。

2. 告知患者多饮水，日饮水量2000～3000ml，达到自洁的作用，以预防尿路感染。

3. 告知术后一个月内避免用力排便，保持大便通畅，必要时口服缓泻药。

4. 指导患者不可憋尿，因为憋尿会造成膀胱过度充盈，使膀胱逼尿肌收缩力减弱，从而发生排尿困难，易诱发急性尿潴留。

5. 指导保持积极、乐观的心态，适当参加体育锻炼，避免久坐，注意劳逸结合，提高机体的抵抗能力。

考点：前列腺增生患者的健康教育

自 测 题

A_1/A_2 型题

1. 老年人冬季容易出现皮肤瘙痒的原因，**不包括**
   A. 冬季晚上脱衣时寒冷刺激微血管收缩，兴奋神经末梢，引起皮肤瘙痒
   B. 北方冬季有暖气，室内比较干燥，皮肤蒸发加快，角质层失水，伴有痒感
   C. 沐浴水温较热，洗澡次数较频繁，用力搓擦
   D. 老年人较少使用含有油脂的润肤剂
   E. 皮肤老化，缺少皮脂滋润，角质层含水量极度降低
2. 护理老年人冬季皮肤瘙痒，哪项措施**不妥**
   A. 居室温度以 18～22℃，湿度以 50%左右为宜
   B. 内衣应选择纯棉制品，避免化纤制品
   C. 洗澡水温选择 50℃左右并用碱性浴液
   D. 冬季洗澡次数最好每周 1～2 次
   E. 皮肤瘙痒的治疗原则是润肤止痒
3. 老年人皮肤瘙痒的最常见原因是
   A. 皮肤干燥　B. 皮肤感染
   C. 慢性肾衰竭　D. 高血压
   E. 药物过敏
4. 下列因素中，**不会**引起老年人皮肤瘙痒的有
   A. 皮肤干燥　B. 皮肤感染
   C. 慢性肾衰竭　D. 高血压
   E. 药物过敏
5. 老年人皮肤的清洁护理，**不恰当**的是
   A. 避免空腹或饱餐后洗澡
   B. 老年人能自行洗澡者，洗澡时勿反锁浴室门
   C. 由于老年人体质较年轻人差，故建议老年人用盆浴，以防发生意外
   D. 洗澡水温控制在 40℃左右
   E. 洗澡时宜用中性肥皂或硼酸浴皂
6. 老年性白内障发病与以下哪项因素**无关**
   A. 晶状体生理性变化
   B. 物理因素
   C. 维生素及微量元素缺乏
   D. 遗传因素
   E. 眼部外伤
7. 老年白内障患者手术后的护理措施**不正确**的是
   A. 术后取健侧卧位
   B. 疼痛时在眼上摩擦和按压
   C. 指导患者术后戴眼罩
   D. 近期内避免诱使眼内压升高的动作
   E. 注意眼部清洁
8. 滴眼药方法**不正确**的是
   A. 滴眼药时嘱患者眼睛向上看，轻轻拉住下眼睑的皮肤，暴露出结膜囊，然后再滴
   B. 闭眼后，再用示指和拇指提起上眼睑
   C. 滴药时滴管轻轻触及角膜，以方便药物滴入
   D. 每种眼药水在使用前均要了解其适应证和禁忌证
   E. 检查有无浑浊、沉淀，是否超过有效期
9. 老年性白内障临床表现下列正确的是
   A. 是老年人常见的致盲性眼病
   B. 老年性白内障分为皮质性和核性两种
   C. 主要表现为疼痛性、突发性视力下降
   D. 核性白内障是本病最常见的一种
   E. 视力障碍程度与晶状体混浊轻重无关
10. 皮质性白内障开始出现视力明显下降是在
   A. 初发期　B. 膨胀期
   C. 成熟期　D. 过熟期
   E. 凋亡期
11. 老年 COPD 患者在平地快步行走或爬缓坡时出现呼吸困难，用问卷（mMRC）评估，可判断为
   A. 0 级　B. 1 级
   C. 2 级　D. 3 级
   E. 4 级
12. 老年 COPD 患者疾病发作的症状描述**不相关**的是
   A. 咳嗽　B. 咳痰
   C. 呼吸困难　D. 体温升高
   E. 厌食少尿
13. 关于老年人呼吸系统的生理变化，**不正确**的是
   A. 上呼吸道的防御和保护功能降低
   B. 由于通气与换气功能均减退，故血氧分压和血二氧化碳分压均下降
   C. 肺弹性降低，回缩力减退，有效呼吸面积减少
   D. 肺与胸廓的顺应性下降
   E. 呼吸肌衰退
14. 已知引起 COPD 的最重要的原因是
   A. 气道感染　B. 吸烟
   C. 空气污染　D. 过敏
   E. 遗传因素
15. 为老年患者痰液黏稠不易咳出者提供的护理措施，**错误**的是
   A. 遵医嘱给予雾化吸入，以稀释痰液
   B. 做呼吸练习前可先做胸部叩击
   C. 胸部叩击时，护士应规律地在背部进行自下而上地拍背叩击 10 分钟左右
   D. 胸部叩击可在餐后进行
   E. 咳嗽练习有助于患者排痰
16. 导致 COPD 患者死亡的常见原因是

A. 肺心病 B. 严重肺部感染
C. 急性呼吸衰竭 D. 肺癌
E. 肺动脉高压

17. 关于COPD患者的氧疗，描述正确的是
A. 给氧应直接从高流量、高浓度开始
B. 氧疗的目的是使SaO_2上升至＞80%
C. 吸氧持续时间不应少于10小时/天
D. 长期家庭氧疗可改善COPD伴慢性呼吸衰竭患者的生存率
E. 氧疗应达到PaO_2≥70mmHg而不使$PaCO_2$上升超过基础的10mmHg的效果

18. 关于COPD患者的呼吸训练的叙述，**不正确**的是
A. 腹式呼吸时用鼻吸气、用口呼气，吸气时腹部下陷，呼气时腹部鼓起
B. 腹式呼吸时以卧位或半卧位、双膝半屈曲为宜
C. 腹式呼吸时，呼与吸时间比例为2～3：1
D. 腹式呼吸的目的是加强腹肌、膈肌训练，以提高呼吸效率
E. 缩唇呼气的目的是使肺气肿患者呼气时提高支气管内压，防止小气道过早陷闭

19. 慢性肺心病的病因最多见的是
A. 肺炎 B. COPD
C. 支气管哮喘 D. 肺癌
E. 支气管扩张

20. 患者测量血压值为145/82mmHg，请选择正确血压水平及分级
A. 正常高值血压 B. 高血压1级
C. 高血压2级 D. 高血压3级
E. 单纯收缩期高血压

21. 高血压患者每天盐的摄入量应控制在多少克以下
A. 8g B. 7g
C. 6g D. 5g
E. 4g

22. 下列药物哪个是可用于治疗胃食管反流病的质子泵抑制剂
A. 奥美拉唑 B. 雷尼替丁
C. 西咪替丁 D. 硫糖铝
E. 地西泮

23. 患者，男，73岁。有糖尿病病史20年，饭后胃灼热、反酸1年，内镜检查可见食管黏膜有炎症改变，病理活检为Barrett食管，本病的治疗要点**不包括**
A. 减少胃食管反流
B. 一般采取内科保守治疗
C. 内科治疗无效者可采用抗反流手术治疗
D. 避免反流物刺激损伤食管黏膜
E. 饭后立即平卧休息

24. 老年糖尿病患者的健康教育**不包括**
A. 规律进餐 B. 运动量力而行
C. 尽量减肥 D. 自我监测血糖
E. 随身携带糖果饼干

25. 下列哪项是脑梗死最主要的临床特点
A. 多在安静时急性起病，病情几天内达高峰
B. 多在情绪激动或活动时急性起病，病情几天内达高峰
C. 多在安静时缓慢起病，病情几天内达高峰
D. 多在安静时急性起病，病情逐渐平稳
E. 以上描述都不对

26. 卒中最大的危险因素是
A. 高血压 B. 肥胖
C. 痛风 D. 过多的脂肪摄入
E. 年龄

27. 脑梗死患者如需要溶栓最好在发病后多长时间内进行效果相对最佳
A. 2小时 B. 3小时
C. 4小时 D. 5小时
E. 6小时

28. 下列哪项是老年帕金森病患者典型运动症状
A. 感觉异常 B. 反应迟钝
C. 焦虑 D. 面具脸
E. 淡漠

29. 帕金森病和特发性良性震颤的区别是
A. 有家族遗传史 B. 起病隐匿，缓慢进展
C. 肌强直 D. 静止性震颤
E. 精神紧张时震颤加重

30. 发生帕金森病的原因，是由于下列哪种神经递质的减少
A. 乙酰胆碱 B. 多巴胺
C. 5-羟色胺 D. 肾上腺素
E. γ-氨基丁酸

31. 帕金森病临床表现中下列哪项**不对**
A. 运动减少 B. 静止性震颤
C. 写字过大症 D. 慌张步态
E. 睡眠紊乱

32. 帕金森病常用药物**不包括**
A. 盐酸苯海索 B. 苯妥英钠
C. 金刚烷胺 D. 多巴丝肼片
E. 甲磺酸培高利特片

33. 下列为帕金森病患者提供的护理措施中，**不妥**的是
A. 注意环境安全，避免发生跌倒等外伤
B. 供给较硬的固体食物，锻炼咀嚼功能
C. 保证排便通畅
D. 向患者讲解药物常见副作用，密切观察病情变化
E. 指导患者注意纠正异常姿势，以防畸形

34. 帕金森病的用药原则**不包括**
A. 小剂量开始 B. 缓慢递增

C. 突然停药　　　　D. 终身服用
E. 遵医嘱按时按量服药

35. 下列**不适宜**帕金森病患者的饮食是
A. 低盐低脂饮食　　B. 高钙饮食
C. 高蛋白质饮食　　D. 高纤维素饮食
E. 高维生素饮食

36. 关于帕金森病以下哪项表述是**不正确**的
A. 多在中老年期发病
B. 常规辅助检查无特殊发现
C. 早期发现，早期治疗可治愈
D. 黑质多巴胺含量显著性减少而致病
E. 主要表现为静止性震颤、运动迟缓、肌强直

37. 骨质疏松症最常见的临床表现是
A. 驼背　　　　　　B. 腰背痛
C. 肌无力　　　　　D. 骨折
E. 身材缩短

38. 有关骨质疏松症的健康教育哪项**不妥**
A. 戒烟、少饮酒和咖啡
B. 教育老年人摄入足够维生素
C. 坚持经常适量运动
D. 钙制剂要嚼碎以促进吸收
E. 食用钙剂和维生素 D，剂量可以过大些

39. 下列关于骨质疏松症的特点，描述**错误**的是
A. 多见于 60 岁以上的老年人
B. 女性发病率低于男性
C. 易导致患者发生骨折
D. 包括原发性和继发性两类
E. 继发性骨质疏松症病因明确

40. 以下**不属于**骨质疏松症危险因素的是
A. 老龄　　　　　　B. 性激素水平低下
C. 缺乏体力活动　　D. 营养物质缺乏
E. 肥胖

41. 老年骨质疏松症临床表现描述下列**不妥**的是
A. 本病早期多无明显表现
B. 易发生骨折，以胸腰椎压缩性骨折最多见
C. 脊柱椎体压缩性骨折可引起身长缩短
D. 疼痛是骨关节病所致
E. 部分患者以全身骨痛、腰背痛多见

42. 检查骨密度最简单易行的方法是
A. X 线平片
B. 定量 CT
C. 骨代谢生化指标测定
D. 双光线骨密度测定
E. 单光线骨密度测定

43. 老年骨质疏松症的护理措施正确的是
A. 以卧床休息为主
B. 康复训练应于急性期后实施
C. 豆腐与菠菜同时烹调有利于钙的吸收
D. 可早期应用激素类药物
E. 注意环境安全防止跌倒

44. 诱发骨质疏松症的病因**不包括**
A. 膳食结构中缺乏钙磷或维生素 D 等物质
B. 妇女在停经后缺乏雌激素的分泌
C. 妊娠或哺乳期妇女会大量流失钙
D. 长期大量饮酒、咖啡，吸烟
E. 长期服用补充维生素的药物

45. 患者，女，68 岁。2 年前于干活后出现腰背酸痛，休息后缓解，近来腰酸背痛的症状逐渐加重，驼背明显，诊断为骨质疏松症。下列对该患者的康复教育中**错误**的是
A. 每天坚持适当活动
B. 康复训练应在病情缓解后实施
C. 多摄入含钙和维生素 D 丰富的食物
D. 洗热水浴按摩擦背可减轻疼痛
E. 尽量避免弯腰负重等行为

46. 老年骨质疏松症的发病机制**不包括**
A. 老年成骨细胞活性降低
B. 老年期肾功能减退，合成活性维生素 D 减少
C. 诱发老年退行性甲状旁腺功能亢进
D. 女性更年期刺激素骤减，破骨细胞活跃
E. 老年期关节软骨退行性变化

47. 前列腺增生易发生于
A. 儿童　　　　　　B. 青年
C. 壮年　　　　　　D. 老年
E. 幼儿

48. 导致老年男性排尿困难最常见的疾病是
A. 膀胱结石　　　　B. 神经源性膀胱功能障碍
C. 前列腺增生　　　D. 前列腺癌
E. 肾癌

49. 老年前列腺增生患者最主要的临床表现是
A. 排尿次数增加　　B. 尿潴留
C. 间歇性尿失禁　　D. 进行性排尿困难
E. 无痛性血尿

50. 老年前列腺增生患者常出现的尿失禁类型是
A. 压力性尿失禁　　B. 急迫性尿失禁
C. 反射性尿失禁　　D. 充盈性尿失禁
E. 无阻力性尿失禁

51. 前列腺增生的一种最简单而重要的诊断方法为
A. 直肠指检　　　　B. 残余尿量测定
C. B 超　　　　　　D. 尿动力学检查
E. 尿常规

52. 老年男性患者饮酒后出现急性尿潴留，其首要处理是
A. 针刺　　　　　　B. 肌内注射卡巴胆碱
C. 耻骨上膀胱造瘘　D. 膀胱穿刺

E. 试行导尿并留置导尿管

53. 患者，男，70岁。半年来夜间尿频，有排尿不尽感，尿流变细，排尿时间延长，排尿困难逐渐加重。近两天排尿时下腹部疼痛。考虑为

A. 膀胱癌　　B. 肾结核
C. 慢性膀胱炎　　D. 前列腺增生
E. 膀胱及尿道结石

54. 患者，男，80岁。因前列腺增生造成排尿困难，尿潴留，已10小时未排尿。目前正确的护理措施是

A. 让患者放松促自主排尿
B. 行导尿术排尿
C. 温水冲会阴部诱导排尿
D. 让患者坐起试排尿
E. 让患者听水声试排尿

55. 患者，男，68岁。排尿困难3年，近1个月加重伴食欲不振。直肠指检见前列腺明显增大，约7cm×5cm×3cm，入院行手术治疗，术后护士对其进行出院指导，下列哪项**不正确**

A. 行肛提肌锻炼
B. 进食含纤维素丰富的食物
C. 术后2个月可恢复性生活
D. 定期复查尿流率及残余尿量
E. 术后1～2个月内多跑步、骑自行车等

A_3/A_4型题

（56、57题共用题干）

患者，女，65岁。患糖尿病5年。体型肥胖，喜食零食，不爱运动。坚持服药。近一周出现手足肢端发麻，感觉异常，视力下降，即到医院就诊。查体：T 36.3℃，P 88次/分，R 20次/分，BP 150/72mmHg。实验室检查：空腹血糖13.2mmol/L。

56. 该患者出现了哪项糖尿病并发症

A. 低血糖反应　　B. 乳酸性酸中毒
C. 微血管病变　　D. 大血管病变
E. 糖尿病肾病

57. 该患者的健康教育重点**不包括**

A. 按时进餐　　B. 规律服药
C. 增加运动　　D. 减轻体重
E. 监测血糖

（58～60题共用题干）

患者，男，62岁。3月前家人发现患者行动变慢，表现为洗澡、吃饭、做饭时间延长，询问患者无不适主诉，未予重视，随后出现面部表情减少，少言，淡漠，随即至医院就诊，查体：四肢肌力5级，肌张力增高，小碎步，一字步不能，轮替笨拙，头颅MRI未见异常。

58. 应首先考虑的诊断是

A. 老年痴呆　　B. 帕金森病
C. 抑郁症　　D. 脑梗死
E. 焦虑

59. 为预防患者发生跌倒，**错误**的护理措施是

A. 穿防滑拖鞋
B. 教会患者使用助行器
C. 提供大小适宜病号服
D. 外出检查使用轮椅转运
E. 将患者床面降至最低

（60～62题共用题干）

患者，女，69岁。慢性下腰痛7年，今晨洗漱后在卫生间不慎跌倒，跌倒后出现剧烈疼痛。家人将其送往医院，X线显示第4腰椎压缩性骨折。

60. 下列结果能确诊患有骨质疏松症的是

A. 骨密度低于同性别峰值骨量的2.5SD以上
B. 骨矿物低于同性别峰值骨量的2.5SD以上
C. 骨密度低于同性别峰值骨量的2.0SD以上
D. 骨密度低于同性别峰值骨量的1.5SD以上
E. 骨矿物低于同性别峰值骨量的2.0SD以上

61. 该老人目前存在的最主要的护理问题是

A. 疼痛　　B. 活动无耐力
C. 营养失调　　D. 知识缺乏
E. 体温升高

62. 预防老年人骨折的发生，最主要的措施是

A. 用激素类药物　　B. 户外活动
C. 日光浴　　D. 服用钙剂
E. 环境安全

（63、64题共用题干）

患者，男，69岁。排尿不畅6个月入院，自诉每次排尿后总感觉自己还想要小便，否认排尿异物感。喜饮酒、不抽烟、饮食偏爱肉食，经常便秘，近一周出现排尿次数增加，每次仅排出少量，排尿时感觉有烧灼感，即到医院就诊。查体：T 36.90C，P 92次/分，R 22次/分，BP 156/90mmHg。

63. 该患者目前首优的护理诊断是

A. 舒适的改变　　B. 排尿障碍
C. 疼痛　　D. 水电解质紊乱
E. 焦虑

64. 该患者的健康教育重点**不包括**

A. 少进辛辣刺激性饮食
B. 保持大便通畅
C. 进行提肛锻炼
D. 减轻体重
E. 适量多饮水

（张素萍　韦　薇　刘翠英　黄媛媛）

第8章 生命末期患者的护理

学习目标

1. 素质目标　培养学生对临终老年人的尊重与关爱之情。

2. 知识目标　掌握临终关怀、安宁疗护、脑死亡的概念，与生命末期患者沟通的方法；熟悉死亡的判断标准、死亡分期、“四全”照顾；了解生前预嘱理念、安宁疗护机构设置要求。

3. 能力目标　能依据安宁疗护要求为老年人制订个性化的临终关怀照护计划，并能有效实施。

第1节　概　　述

案例 8-1

患者，男，68 岁。胃痛十余年，反复发作。再次入院，经检查发现癌肿已扩散至肝、结肠、直肠等处。腹部包块日益增大，白细胞下降至 $3\times10^9/L$ 以下，患者不能进食，极度衰竭，靠输液维持每日营养所需。患者不堪忍受病痛折磨，要求告诉真实病情，如不可治愈就放弃治疗，早日解脱病痛之苦。妻子也难以抉择，医务人员意见也不统一。

问题： 1. 患者放弃治疗的真实含义是什么？

2. 生命末期患者护理的根本目的是什么？

3. 结合生命末期患者护理的伦理要求，请做出护理计划。

一、概　　念

（一）生命末期

生命末期是指罹患严重伤病，经两个以上专科医生诊断为不可治愈，且有医学上证据，近期内病程进展至死亡不可避免者，一般认定为死亡前 3～6 个月。主要包括晚期恶性肿瘤患者、并发危及生命疾病的卒中偏瘫患者、伴有多种慢性疾病的衰老衰竭将死患者、严重心肺疾病危重患者等。

（二）安宁疗护

安宁疗护是指以终末期患者和家属为中心，以多学科协作模式进行实践，为患者提供身体、心理、精神等方面的照料和人文关怀等服务，控制患者的痛苦和不适症状，提高生命质量，帮助患者舒适、安详、有尊严地离世，最终达到逝者安详，生者安宁，观者安顺的目的。安宁疗护的概念起源于欧洲，早期用语为“hospice care”，指一类慈善服务机构，后改为“palliative care”。1988 年，我国在天津医学院成立第一所临终关怀研究中心，将“Hospice care”翻译成“临终关怀”正式使用。临终关怀是为了满足临终阶段患者及家属需求而产生和发展起来的一种照护模式。此后“palliative care”一词引入我国，“palliative care”最早被翻译为“姑息治疗”“舒缓医疗”等。直至 2017 年，国家卫生和计划生育委员会颁布了《安宁疗护实践指南（试行）》，其中将临终关怀、姑息治疗、舒缓医疗等统称为安宁疗护。

（三）生前预嘱

生前预嘱通常是一份表格化文件，当事人对列出的内容进行选择，既可以说明自己不要什么，如临终时的心肺复苏、气管插管；也可以说明自己要什么，如充分止痛、舒适等。

链　接　“生前预嘱”

美国广泛使用的名为《五个愿望》(Five Wishes)的“生前预嘱”中，列出了详细的内容。

——我希望能得到个人护理，如修胡须、剪指甲、理发和刷牙，直到它们会引起我的疼痛和其他不适……

——如果我不能控制我的肠道或者膀胱功能，我希望床能保持干净，如果它被污染了请尽可能快速更换……

——我希望家人和朋友把我的死亡视为每个人都必须经历的生命过程，这可以使我的最后日子变得有意义。

——我希望家人和朋友对于我的死亡有困扰的话接受心理咨询，希望对我的记忆能给他们享受而不是遗憾……

《五个愿望》完全改变了患者对死亡的想象，改变了其面临死亡时的谈话内容和方式，甚至改变了其对生命的看法。患者不仅能在事先对自己履行最后的责任，更能在病重和临终时得到善良的对待。患者不仅能要求缓解身体的痛苦，更能在精神上得到极大的安慰。患者在生命尽头感受到了爱与关怀，感受到个人的意愿被尊重，其亲人也因此更能面对他们的死亡。

二、死 亡 认 识

(一)死亡的判断

1. 心肺死亡标准　死亡是机体生命活动和新陈代谢的终止，在死亡过程中，依据心肺功能停止的先后，可以将死亡分为心性死亡、肺性死亡或脑心综合死亡。

2. 心性死亡　又称心脏死亡，指原发于心脏功能不可逆中止所引起的死亡。此时心搏停止先于呼吸和脑功能的完全停止。心性死亡多由心脏的原发病变、功能障碍和外因损伤导致，如心肌缺血、心力衰竭或严重心律失常所致的猝死。

3. 肺性死亡　也称呼吸性死亡，是指呼吸系统功能丧失导致的生命终结状态。通常是由呼吸衰竭、慢性肺疾病或急性呼吸道疾病等引起的。

4. 脑心综合死亡　在人工支持的器械撤去后，如果一个医生根据一般标准和医疗实践认为一个人的自主呼吸和循环功能已经经历了不可逆的停止，则该人可以被认为已经死亡。

(二)脑死亡标准

1. 脑死亡概念　脑死亡是指全脑(包括小脑、脑干)功能不可逆终止所引起的死亡。任何严重的脑外伤、脑疾病(如脑炎、脑肿瘤)和阻碍中枢神经系统的毒物(如巴比妥类和非巴比妥类镇静催眠药、兴奋剂等)，甚至电击、辐射和放射线，都可以引起全脑功能的不可逆终止而发生脑死亡。

2. 我国脑死亡标准　成人脑死亡判定标准如下。

(1)判定先决条件　①昏迷原因明确；②排除各种原因的可逆性昏迷。

(2)临床判定　①深昏迷；②脑干反射消失；③无自主呼吸(靠呼吸机维持，自主呼吸激发试验证实无自主呼吸)。以上三项必须全部具备。

(3)确认试验　①正中神经短潜伏期体感诱发电位显示 N_9 和(或)N_{13} 存在，P_{14}、N_{18} 和 N_{20} 消失；②脑电图显示电静息；③经颅多普勒超声显示颅内前循环和后循环呈振荡波、尖小收缩波或血流信号消失。以上 3 项中至少 2 项为阳性。

(4)判定时间　临床判定和确认试验结果均符合脑死亡判定标准者，方可最终确认为脑死亡。首次判定 12 小时后再次复查，结果仍符合脑死亡判定标准者，方可最终确认为脑死亡。

3. 死亡过程的分期

（1）濒死期　又称临终状态，是死亡过程的开始阶段。此期机体各系统的功能极度衰弱，中枢神经系统脑干以上部位的功能处于深度抑制状态，表现为意识模糊或丧失，各种反射减弱或迟钝，肌张力减退或消失，心跳减弱，血压下降，呼吸微弱或出现潮式呼吸及间断呼吸。此期生命处于可逆阶段，及时有效的抢救治疗，生命可复苏；反之，则进入临床死亡期。

（2）临床死亡期　此期中枢神经系统的抑制过程已由大脑皮质扩散到皮质下部位，延髓处于极度抑制状态。表现为心跳、呼吸完全停止，瞳孔散大，各种反射消失，但各种组织细胞仍有微弱而短暂的代谢活动。此期一般持续 5～6 分钟，超过这个时限，大脑将发生不可逆的变化。但在低温条件下，尤其是头部降温，脑耗氧降低时，临床死亡期可延长达 1 小时或更久。

（3）生物学死亡期　是死亡过程的最后阶段。此期整个中枢神经系统及各器官的新陈代谢相继停止，并出现不可逆的变化，整个机体已不可能复活。随着此期的进展，相继出现早期尸体现象，即尸冷、尸斑、尸僵等；晚期尸体现象，即尸体腐败等。

医者仁心

温暖海医，爱在前行

北京市海淀医院安宁疗护病房不仅是一个特殊的病房，同时也举办过婚礼、生日会、党日活动。这个病房，是一个呵护生命的最后历程，让患者尽可能少痛苦、有尊严的地方。北京市海淀医院安宁疗护病房是全国第一批安宁疗护试点病房。科室负责人秦苑主任提及说接触安宁事业之前，对他们来说，“死亡”是一个绝对的“负能量事件”，是让人恐惧的，甚至从来没想过什么是死亡。“以前我们的理念更多的是‘生命不息，抢救不止’，但自从接触了安宁事业之后，才发现人生的告别可以是温暖的、令人尊敬的。”带着这样的理念前行，秦苑及其团队的每个人都开始真正理解安宁疗护的真正意义，开始理解了死亡实际上是自然生命过程中的一部分。作为第一批安宁疗护试点病房，他们极大带动了安宁疗护事业的发展。他们对人的尊敬，对事业的热爱值得我们每一个人学习。

第 2 节　安宁疗护机构设置基本要求

一、机构设置基本标准

安宁疗护医疗机构是为疾病终末期患者在临终前通过控制痛苦和不适症状，提供身体、心理、精神等方面的照护和人文关怀等服务，以提高生活质量，帮助患者舒适、安详、有尊严离世的医疗机构。2017 年国家卫生计生委印发了《安宁疗护中心基本标准和管理规范（试行）的通知》，对安宁疗护中心基本标准做出了规定。

（一）床位

床位应根据当地实际需求和资金情况，并兼顾发展等设置床位数，床位总数应在 50 张以上。

（二）科室设置

1. 临床科室　至少设内科、疼痛科、临终关怀科。住院病区应当划分病房、护士站、治疗室、处置室、谈心室（评估室）、关怀室（告别室）、医务人员办公室、配膳室、沐浴室和日常活动场所等功能区域。

2. 医技和相关职能科室　至少设药剂科，医疗质量管理、护理管理、医院感染管理、病案管理部门。医学影像、临床检验及消毒供应服务等，可以由签订协议的其他具备合法资质的机构提供。

（三）人员配置

安宁疗护中心至少有 1 名具有副主任医师以上专业技术职务任职资格的医生。每 10 张床位至少配备 1 名执业医生。根据收治对象的疾病情况，可以聘请相关专科的兼职医生进行定期巡诊，处理各专科医疗问题。安宁疗护中心至少配备 1 名具有主管护师以上专业技术职务任职资格的注册护士。每 10 张床至少配备 4 名护士，并按照与护士 1∶3 的比例配备护理员。可以根据实际需要配备适宜的药师、技师、临床营养师、心理咨询（治疗）师、康复治疗师、中医药师、行政管理人员、后勤人员、医务社会工作者及志愿服务者等人员。

（四）建筑要求

1. 建筑设计布局应当满足消防安全、环境卫生学和无障碍要求。

2. 病房每床净使用面积不少于 $5m^2$，每床间距不少于 1.5m。两人以上房间，每床间应当设有帷幕或隔帘，以利于保护患者隐私。每床应配备床旁柜和呼叫装置，并配备床挡和调节高度的装置。

3. 每个病房应当设置卫生间，卫生间地面应当满足无障碍和防滑的要求。

4. 病区设有独立洗澡间，配备扶手、紧急呼叫装置。充分考虑生命末期患者的特殊性，配备相适应的洗澡设施、移动患者设施和防滑倒等安全防护措施。

5. 设有室内、室外活动等区域，且应当符合无障碍设计要求。患者活动区域和走廊两侧应当设扶手，房门应当方便轮椅、平车进出；功能检查用房、理疗用房应当设无障碍通道。

6. 设有关怀室，考虑民俗、传统文化需要，尊重民族习惯，体现人性、人道、关爱的特点，配备满足家属告别亡者需要的设施。

（五）设施设备

病房每个床单元符合医疗机构二级综合医院的标准。至少配备听诊器、血压计、温度计、身高体重测量设备、呼叫装置、给氧装置、电动吸引器或吸痰装置、气垫床或具有防治压力性损伤功能的床垫、治疗车、晨晚间护理车、病历车、药品柜、心电图机、血氧饱和度监测仪、超声雾化机、血糖检测仪、患者转运车等。临床检验、消毒供应与其他合法机构签订相关服务合同，由其他机构提供服务的，可不配备临床检验和消毒供应设备。

二、行为规范

2017 年我国国家卫生和计划生育委员会颁布了《安宁疗护实践指南（试行）》，在我国实践指南基础上，结合美国安宁疗护临床实践指南，列出以下安宁疗护行为规范作为参考。

（一）组织和服务流程

1. 由跨学科专业团队提供安宁疗护，包括但不限于医生、护士、社会工作者、药剂师、心理咨询师及其他初级卫生保健专业人员等。

2. 制订并落实安宁疗护专业人员岗前培训和在岗培训计划，使工作人员具备与本职工作相关的专业知识，定期组织工作人员参加培训，落实相关管理制度和工作规范。

3. 基于对患者和家属的需求、价值观、意愿、目标进行跨学科综合评估，制订护理计划，并适时评价，不断调整，保证上述措施都在目前医疗法规允许范围内。

4. 确保多学科之间有效协作，及时深入沟通患者的目标、意愿、需求和临床等信息，保证护理的连续性。

5. 根据患者的个性化护理计划，向其家属和家庭护理人员提供教育和支持，以确保患者安全。

6. 向患者进行有关疾病过程、预后，以及干预措施潜在的益处及伤害方面的健康教育，让患者对治疗做出知情决策。

（二）症状控制

1. 使用有效的标准化工具评估并记录患者出现的疼痛、呼吸困难、咳嗽、咳痰、恶心、呕吐、呕血、便血、腹胀、水肿、发热、厌食/恶病质、口干、睡眠/觉醒障碍（失眠）、谵妄等症状及不良反应。

2. 遵循相应的治疗原则、护理要点及注意事项，及时、安全、有效地控制症状。

（三）环境和舒适照护

1. 保持病室环境的空间、光线、温度、湿度、卫生适宜，床单位安全、方便、整洁，并设置相应的安全保障设施。

2. 评估患者的病情如意识状态、营养状况、皮肤状况等，评估管道通路、肠内外营养、输注方式、配合程度等。为患者提供口腔护理、肠内外营养的护理、静脉导管的维护、留置导尿管的护理，协助沐浴和床上擦浴、床上洗头、协助进食和饮水；促进卧位护理、体位转换、轮椅与平车使用等舒适照护服务。

（四）心理支持和人文关怀

1. 使用标准工具筛查和评估患者的焦虑、抑郁程度、有无自杀倾向和其他常见心理症状。

2. 规律持续地评估和处理患者及家庭的心理反应。

3. 观察患者在医院的适应情况，人际关系状况，家属的支持情况。对患者家属进行教育，让家属了解治疗过程，参与心理护理。

4. 评估患者是否由于种族、文化和信仰的差异而存在特殊习俗，尊重患者的价值观与信仰，知情权和隐私权。

5. 了解患者对死亡的态度，为患者提供死亡教育，引导患者面对和接受当前疾病状况，正确认识死亡。

6. 制订和提供哀伤辅导护理计划，为患者和家属提供丧亲辅导服务。

（五）文化方面的照护

1. 评估患者的决策过程，实情告知，促进家庭沟通、提供支持措施。

2. 按照患者和家庭的习俗提供个性化服务。

（六）伦理法律方面的照护

1. 所有患者享有初级卫生保健，严重和长期被照顾者享有安宁疗护和生命末期照护的权利。

2. 将患者的治疗目标转换成医嘱，并确保信息在医疗环境中转化适用，包括贯穿方案的长期医疗、紧急医疗服务和住院医疗护理。

3. 保护患者的隐私，遵守保险规程与责任法案、法令法规。

4. 记录患者的意见及医疗偏好，包括治疗意愿，尊重患者自主权。

第 3 节　生命末期患者的沟通与护理

案例 8-2

患者，男，88 岁。胃癌行次全切除术及空肠造瘘两个月，尿潴留而留置导尿管，无法脱离呼吸机。近日发现腹腔种植性转移，腹胀、腹泻，每天稀便 340～600g/6～8 次。造瘘口周围皮肤浸润发红。患者听到监测器警报声显得紧张，并不停询问：“我会不会死，医生你一定要救我，拜托！”由于患者病情不断恶化，家庭经济不堪重负，建议由重症监护转成安宁疗护。

问题：1. 患者是否属于安宁疗护对象？

2. 患者主要护理诊断有哪些？

3. 如何做好患者的安宁疗护？

患者是具有身体、心理、社会及精神各层面需要及反应的整体，因此如果在疾病无法治愈，濒死无法挽回的情况下，应给予患者全人整体照顾，尽可能满足患者各层面的需要，最后协助其平安、有尊严地死亡。

一、有效沟通

当听到末期疾病的诊断时，患者常常表现出对未来的诸多不确定感和害怕，害怕痛苦不堪的治疗、身体失去控制等。

1. 维持舒适且支持性的沟通环境　照护者必须先了解自我对死亡的看法，方能坦诚地诱导患者说出恐惧，进而以患者为主谈论其需要和问题。

2. 坦诚而开放的态度　以真诚、开放的态度协助患者面对死亡，当患者准备好要谈论死亡时，应以不躲避且不退缩的态度与其共同讨论。

3. 主动而敏锐地倾听　主动倾听、敏锐地接受任何患者或照护者所想表达的语言或非语言内容，并了解其对死亡和疾病的感受，协助解析其潜在的担心与焦虑，如害怕成为家人的负担或与所爱的人分开，担心亲友在其死亡后如何过渡等。

4. 做最佳倾诉对象　善用非语言沟通技巧，确保听懂患者讲述的内容，不要急于提供建议，患者需要的是能了解其内心的倾听者。

5. 有效沟通技术　①患者主导型沟通模式；②坏消息告知技术；③情绪安抚技术；④安宁家庭会议；⑤保持及时沟通和持续支持。

考点：与生命末期患者沟通的要点

二、身体照护

身体照护是让患者身体舒适，对疼痛和其他不适症状的照护管理过程，是由经验丰富的多学科团队，对患者的病情、疼痛、其他症状、治疗方式和副作用，以及现有功能状态进行持续全面评估，确定导致患者痛苦的主要症状及原因，利用循证最佳证据制订照护计划，包括药物治疗、行为治疗及补充性干预等，及时进行对症处理，尽快缓解痛苦，建立信任，为其提供心理、社会和精神支持。

三、心理关怀与支持

在给予患者疾病治疗和症状控制的同时，还需要关心其忧郁、悲伤和绝望的情绪。注意倾听和沟通，不仅需要满足患者缓解症状的要求，还要注意满足他们的一些特殊要求。

（一）保持患者尊严

患者生命末期时的尊严问题不容忽视。进行心理干预治疗时，应由接受过培训的医护人员、心理治疗师或精神病学家，对患者过去经历的事件/记忆深刻的人等进行访谈，可以在患者床边进行，也可以使用电话、电子邮件等方式进行。减轻患者的悲伤情绪，减少痛苦，降低精神和心理负担，从而提高患者生活质量，增强患者尊严感。

（二）帮助患者接受

在症状得到控制的前提下，护理人员应了解患者对疾病的认知度和对死亡的接受程度，协助患者达成心愿。

（三）协助患者回顾人生

回顾、评价及重整一生的经历，使人生历程中一些未被解决的矛盾得以剖析、重整，从而发现新的生命意义。为患者提供回顾一生经历的机会，促进其解决过去的矛盾与冲突，从而全然接纳自己、接纳生活，达到自我身、心、灵的和谐。

（四）社会支持照护

社会支持照护主要是由多学科团队与患者及其家属来共同发挥作用，为患者提供舒适的环境，关心其家庭、生活状况，帮助解决经济困难等社会支持。鼓励家人多陪伴患者，指导家属如何与患者沟通；排查、发现哀伤高风险人群；对有特殊需求的患者，邀请精神科医生和心理医生等提供专业、个性化心理疏导；邀请经过专业培训的志愿者每周进入病房2次，为患者提供陪伴等多种帮助。

（五）生命末期患者家属的照护

患者入院后，安宁团队对家属进行评估，包括有无情绪困扰、对疾病认知、家庭沟通状况等方面，哀伤辅导包括：于患者逝去后的1个月、3个月和6个月分别由医护或社工对家属进行电话随访并记录，对需要支持并愿意接受辅导的家属进行每月一次的小组辅导；对需要进一步专业支持的个案提供转介资源。

四、“四全”照顾

安宁疗护遵循全人、全家、全程和全队的“四全”照顾理念。

1. 全人照顾　是指从患者身、心、灵三个层面上给予全方位的照顾，减轻身体疼痛不适、满足终末期患者心愿、坦然面对绝症和死亡，消除恐惧。

2. 全家照顾　是指除了照顾患者外，也要照顾家属，帮助他们正视亲属即将离去的现实，减轻悲伤，同时解决因亲属即将离去所带来的身体、心理等方面的问题。

3. 全程照顾　是指从患者接受安宁疗护开始（包括住院及居家照顾）一直到死亡，乃至家属的悲伤辅导的过程，使悲伤减至最轻，而不至于产生一些后遗症。

4. 全队照顾　是指由一组训练有素的工作团队成员，分工合作，共同照顾患者及家属，这些成员包括医生、护士、社会工作者、营养师、心理医生、义工（志愿者）等。凡是患者所需要的都可以是团队的成员。

考点：“四全”照顾的主要内容

自 测 题

A_1/A_2型题

1. 临终关怀护理最终是达到什么目的
   A. 省钱　B. 优死
   C. 延长死亡时间　D. 缓解疼痛
   E. 治愈疾病
2. 临终老年人最常见的症状是
   A. 疼痛　B. 恶心、呕吐
   C. 肌肉痉挛　D. 压力性损伤
   E. 感知觉功能减弱
3. 为临终老年人提供的心理服务内容**不包括**
   A. 尊重老年人生命与人格
   B. 耐心解释消除疑虑
   C. 陪伴和聆听
   D. 满足一切要求
   E. 合理运用肢体语言安抚老年人
4. 护理临终老年人时，**不正确**的措施方法是
   A. 严密观察生命体征
   B. 采取有效方法缓解疼痛
   C. 减少巡视，降低外界干扰
   D. 保持环境安静，光照适宜
   E. 满足老年人的心理需要
5. 实施临终关怀的主要对象是
   A. 预计存活期在2个月以内
   B. 预计存活期在3个月以内
   C. 预计存活期在4个月以内
   D. 预计存活期在5个月以内
   E. 预计存活期在6个月以内
6. 临终患者通常最后消失的知觉是
   A. 视觉　B. 嗅觉　C. 听觉
   D. 触觉　E. 味觉

（李海莲）

第9章 老年人日常生活护理技术

学习目标

1. 素质目标　树立“以人为本”的服务理念，培养尊老、爱老、助老情怀。

2. 知识目标　掌握生命体征的概念、口腔护理常用溶液及其作用，熟悉生命体征测量、口腔护理、义齿维护、协助喂食、床上排泄、更换纸尿裤、协助更衣、体位改变、床椅转移、助行器使用、噎食急救的操作要点和注意事项。

3. 能力目标　能够正确为老年人测量生命体征、进行口腔护理、协助喂食、协助床上排泄和帮助更换纸尿裤、协助更衣、根据需求改变体位、使用轮椅转移、指导使用助行器、实施噎食急救。

第1节　生命体征的测量

案例 9-1

患者，男，78岁。日常生活活动能力下降，高血压病史11年，冠心病病史5年。3天前因血压升高住院，现日常活动活动能力下降，护士定时给予生命体征监测，观察患者情况。

问题：如何正确测量患者生命体征？

一、概　　述

生命体征是用来判断患者的病情轻重和危急程度的指征。主要有体温、脉搏、呼吸、血压。正常人在安静状态下，脉搏为60～100次/分（一般为70～80次/分）。当心功能不全、休克、高热、严重的贫血和疼痛、甲状腺危象、心肌炎，以及阿托品等药物中毒时，心率和脉搏显著加快。当颅内压增高、完全性房室传导阻滞时，脉搏减慢。在一般情况下心率与脉搏是一致的，但在心房颤动、频发性期前收缩等心律失常时，脉搏会少于心率，称为短绌脉。

生命体征是维持机体正常活动的支柱，缺一不可，无论哪项异常都可能会导致严重或致命的疾病，同时某些疾病也可导致这四大体征的变化。

（一）体温

人正常体温是比较恒定的，但因种种因素它会发生变化，但变化有一定规律。

1. 体温正常值及测量方法

（1）口测法　先用75%乙醇消毒体温计，放在舌下，紧闭口唇，放置5分钟后拿出来读数，正常值为36.3～37.2℃。此法禁用于神志不清患者和婴幼儿。嘱患者不能用牙咬体温计，只能上下唇紧闭，不能讲话，防止咬断体温计和脱出。

（2）腋测法　此法不易发生交叉感染，是测量体温最常用的方法。擦干腋窝汗液，将体温表的汞柱端放于腋窝顶部，用上臂把体温表夹紧，嘱患者不能乱动，10分钟后读数，正常值为36～37℃。

（3）肛测法　多用于昏迷患者或小儿。患者仰卧位，将肛表头部用油类润滑后，慢慢插入肛门，深达肛表的1/2为止，放置5分钟后读数，正常值为36.5～37.7℃。

正常人的体温在24小时内略有波动，一般情况下不超过1℃。生理情况下，早晨略低，下午或运动和进食后稍高。老年人体温略低，妇女在经期前或妊娠时略高。

2. 体温的异常

（1）体温升高　37.3～38.0℃为低热，38.1～39.0℃为中等度热，39.1～41.0℃为高热，41℃以上为超高热。体温升高多见于肺结核、细菌性痢疾、支气管肺炎、脑炎、疟疾、甲状腺功能亢进、中暑、流感及外伤感染等。

（2）体温低于正常　见于休克、大出血、慢性消耗性疾病、年老体弱、甲状腺功能低下、重度营养不良、在低温环境中暴露过久等。

（二）脉搏

心脏舒缩时，动脉管壁有节奏地、周期性地起伏称作脉搏。检查脉搏通常用两侧桡动脉。正常脉搏次数与心跳次数相一致，节律均匀，间隔相等。白天由于进行各种活动，血液循环加快，脉搏快些，夜间活动少，脉搏慢些。婴幼儿 130～150 次/分，儿童 110～120 次/分，正常成人 60～100 次/分，老年人可慢至 55～75 次/分，新生儿可快至 120～140 次/分。

1. 常见的异常脉搏

（1）脉搏增快（≥100 次/分）　生理情况有情绪激动、紧张、剧烈体力活动（如跑步、爬山、爬楼梯、扛重物等）、气候炎热、饭后、酒后等。病理情况有发热、贫血、心力衰竭、心律失常、休克、甲状腺功能亢进等。

（2）脉搏减慢（≤60 次/分）　颅内压增高、阻塞性黄疸、甲状腺功能减退等。

（3）脉搏消失（即不能触到脉搏）　多见于重度休克、多发性大动脉炎、闭塞性脉管炎、重度昏迷患者等。

2. 脉搏的计数法

（1）直接测法　最常选用桡动脉搏动处。先让患者安静休息 5～10 分钟，手平放在适当位置，坐卧均可。检查者将右手示指、中指、环指并齐按在患者手腕段的桡动脉处，压力大小以能感到清楚的动脉搏动为宜，数半分钟的脉搏数，再乘以 2 即得 1 分钟脉搏次数。在桡动脉不便测脉搏时也可采用以下动脉：颈动脉——位于气管与胸锁乳突肌之间；肱动脉——位于臂内侧肱二头肌内侧沟处；股动脉——大腿上端，腹股沟中点稍下方的一个强大的搏动点。

（2）间接测法　用脉搏描记仪和血压脉搏监护仪等测量。

（三）呼吸

呼吸是呼吸道和肺的活动。人体通过呼吸，吸进氧气，呼出二氧化碳，是重要的生命活动之一，一刻也不能停止，也是人体内外环境之间进行气体交换的必要过程。正常人的呼吸节律均匀，深浅适宜。

1. 呼吸正常值　平静呼吸时，成人 16～20 次/分，儿童 30～40 次/分，常为 44 次/分，儿童的呼吸随年龄的增长而减少，逐渐到成人的水平。呼吸次数与脉搏次数的比例为 1∶4。

2. 呼吸计数法　呼吸的计数可观察患者胸腹部的起伏次数，一吸一呼为一次呼吸；或用棉絮放在鼻孔处观察吹动的次数，数 1 分钟的棉絮摆动次数是多少次即每分钟呼吸的次数。人正常呼吸有两种方式，即胸式呼吸和腹式呼吸。以胸廓起伏运动为主的呼吸为胸式呼吸，多见于正常女性和年轻人，也可见于腹膜炎患者和一些急腹症患者；以腹部运动为主的呼吸为腹式呼吸，多见于正常男性和儿童，也可见于胸膜炎患者。

3. 呼吸频率的改变

（1）呼吸增快（＞20 次/分）　正常人见于情绪激动、运动、进食、气温增高。异常者见于高热、肺炎、哮喘、心力衰竭、贫血等。

（2）呼吸减慢（＜12 次/分）　见于颅内压增高，颅内肿瘤，麻醉剂、镇静药使用过量，胸膜炎等。

4. 呼吸深度的改变　深而大的呼吸为严重的代谢性酸中毒、糖尿病酮症酸中毒、尿毒症时的酸中毒；呼吸浅见于药物使用过量、肺气肿、电解质紊乱等。

5. 呼吸节律的改变

（1）潮式呼吸　见于重症脑缺氧、缺血，严重心脏病，尿毒症晚期等患者。

（2）点头样呼吸　见于濒死状态。

（3）间停呼吸　见于脑炎、脑膜炎、颅内压增高、干性胸膜炎、胸膜恶性肿瘤、肋骨骨折、剧烈疼痛时。

（4）叹息样呼吸　见于神经症、精神紧张或抑郁症的患者。

（四）血压

肱动脉压是衡量心血管功能的重要指标之一。当收缩压和舒张压均低于正常值下限（90/60mmHg）时，应考虑可能为急性周围循环衰竭、心肌梗死、心力衰竭、急性心脏压塞等。当高血压脑病或颅内压增高时，血压常在 200/120mmHg 以上。

1. 血压的产生　推动血液在血管内流动并作用于血管壁的压力称为血压，一般指动脉血压。心室收缩时，动脉内最高的压力称为收缩压；心室舒张时，动脉内最低的压力称为舒张压。收缩压与舒张压之差为脉压。

2. 血压的正常值　正常成人收缩压为 90～140mmHg，舒张压 60～90mmHg。新生儿收缩压为 50～60mmHg，舒张压 30～40mmHg。在 40 岁以后，收缩压可随年龄增长而升高。39 岁以下收缩压＜140mmHg，40～49 岁＜150mmHg，50～59 岁＜160mmHg，60 岁以上＜170mmHg。

3. 血压测量法　一般选上臂肱动脉为测量处，患者取坐位，暴露并伸直肘部，手掌心向上，打开血压计，平放，使患者心脏的位置与被测量的动脉和血压计上的汞柱的零点在同一水平线上。

4. 血压异常

（1）高血压　是对收缩压和舒张压均增高而言的。成人的收缩压≥140mmHg 和（或）舒张压≥90mmHg，称高血压。如出现高血压，但其他脏器无症状，属原发性高血压病；如由肾血管疾病、肾炎、肾上腺皮质肿瘤、颅内压增高、糖尿病等引起的高血压，属继发性高血压病。

（2）低血压　是指收缩压≤90mmHg，舒张压≤60mmHg，多见于休克、心肌梗死、心功能不全、肾上腺皮质功能减退、严重脱水、心力衰竭、低钠血症等。

二、生命体征的测量

（一）操作目的

1. 判断体温、血压有无异常，脉搏、呼吸频率及节律变化。

2. 协助诊断，为预防、治疗、康复及护理提供依据。

（二）操作流程

1. 评估老年人的意识状态、基础血压、肢体活动度、口腔黏膜、排泄、皮肤、心理状况、合作程度等情况。

2. 准备用物，如体温计、秒表、血压计、听诊器、笔和记录单等。

3. 携用物至床旁，向患者解释操作目的、方法，取得其配合；协助取舒适体位。

4. 测量体温

（1）腋下测温　协助患者解开衣扣，用纱布或毛巾擦干腋下，将体温计测温部放于腋窝深处，嘱其屈臂过胸夹紧（图 9-1）；电子体温计蜂鸣提示音响后取出读数；汞柱式体温计 10 分钟后取出读数。

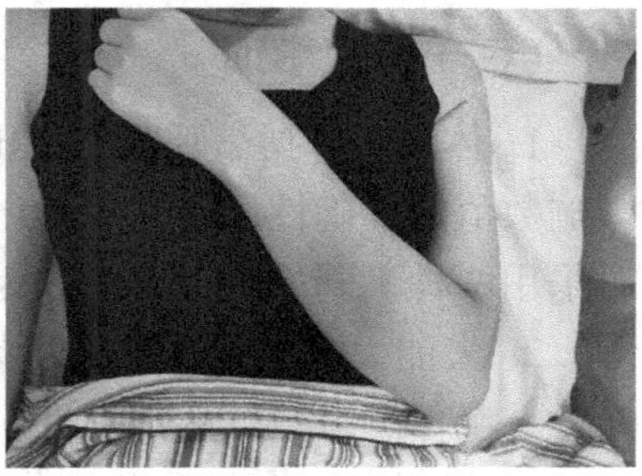

图 9-1　测腋温

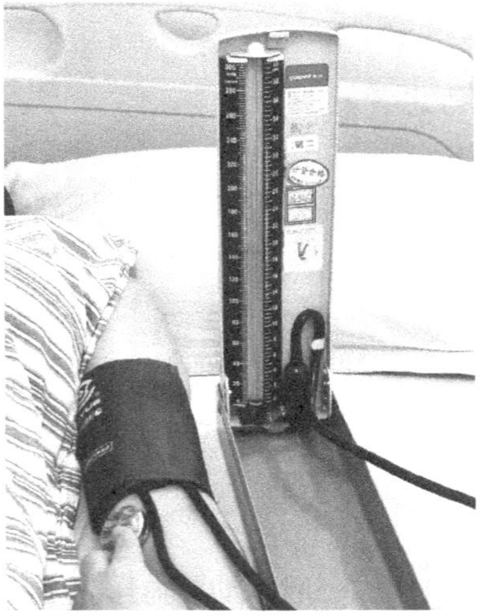

图 9-2 测血压

（2）直肠测温 协助患者取侧卧或屈膝仰卧位，露出臀部；润滑肛表汞端，轻轻插入肛门 3～4cm；3 分钟后取出读数。

5. 测量脉搏 用示指、中指及环指的指腹按于桡动脉搏动处或其他浅表大动脉搏动处，计数脉搏 30 秒。脉搏细弱难以触诊时，可用听诊器听心率 1 分钟代替。不可用拇指诊脉。对脉率/律异常者应计数 1 分钟，如存在心律不齐或脉搏短绌，应两人同时分别测量心率和脉率。

6. 测量呼吸 保持测量脉搏姿势不动，观察胸部、腹部起伏，计数呼吸频次至少 30 秒。呼吸不易测量时，将少许棉絮置于鼻孔前，计数 1 分钟内棉絮被吹动的次数。

7. 测量血压 协助取坐位或卧位，选取测量部位，将手臂露出并伸直，掌心向上，使肱动脉与心脏处于同一水平。将血压计放妥，排尽袖带内空气，将袖带缠于上臂中部，下缘距肘窝 2～3cm，调节袖带松紧，以能伸入一指为宜（图 9-2）。

（1）汞柱式血压计的测量方法

1）将听诊器的胸件放在肱动脉搏动最强处固定。

2）充气至肱动脉搏动音消失，再加压使压力升高 20～30mmHg。

3）缓慢放气，放气速度以汞柱下降速度每秒 4mmHg 为宜，注意汞柱刻度和肱动脉声音的变化。

4）判断测值：当听诊器中出现第 1 声搏动声，此时汞柱所指的刻度，即为收缩压；当搏动声突然变弱或消失，此时汞柱所指的刻度即为舒张压。

5）解除袖带，驱除余气，整理平整。

6）将血压计向右倾斜 45°，使汞柱回流入汞槽内，关闭汞槽开关。

（2）上臂式电子血压计的测量方法

1）缠绕袖带时，注意将导管伸向末梢端，与中指延长线平行。

2）按下开始键，测量血压。

3）记录数值，按下停止键或结束键。

（3）臂筒式电子血压计

1）将其上臂置于臂筒内，前臂和肘部置于凹陷处，上身坐直，使臂筒中心与心脏保持在同一高度。

2）按下开始键，测量血压。

3）记录数值，按下停止键或结束键。

8. 记录测量结果并告知患者，协助其取舒适体位，整理床单元。

9. 处理用物 将体温计放入 500mg/L（隔离患者使用 2000mg/L）含氯消毒液中浸泡 30 分钟，清水冲洗、擦干，甩至 35℃以下，放入清洁容器内备用。听诊器耳塞用酒精棉球擦拭。

（三）注意事项

1. 体温、脉搏、呼吸、血压测量前 30 分钟避免冷热敷、洗澡、运动、灌肠及进食冷热食物，以免影响数值的准确性，应休息 20～30 分钟后再测量。测量的数值和病情不相符合时，需重新测量，可同时采用两种不同的测温方式作为对照。测量出的数值要告知患者，以减轻其焦虑。

2. 失能失智者选择腋下测量法；腋温测量时，患者身旁应无热源，并擦干腋下汗液，测量时间要充分，确保测量数据的准确性。

3. 腋下有创伤、手术、炎症、出汗较多及极度消瘦者，不宜用腋下测温法；心肌梗死、腹泻、直肠及肛门手术者，不宜用直肠测温法；老年人慎用口腔测温法。

4. 为偏瘫患者测量脉搏和血压时应选择健侧肢体；服用洋地黄类药物者，两人同时分别测量心率和脉率。

5. 测量血压时，衣袖不可过紧，选择大小合适的袖带；血压测量过程中应使老年人保持安静，避免情绪波动影响所测血压数值的准确性。

6. 测量血压时应做到“四定”（定时间、定部位、定体位、定血压计），以确保所测数值的可比性。

7. 如发现血压听不清或异常时，应先驱净袖带内空气，使汞柱降至“0”，间隔 1～2 分钟后再测。

8. 如有正在输液、上臂受伤、骨折、乳腺癌术后等情况，不宜在此侧肢体测量血压。

第 2 节　口 腔 护 理

案例 9-2

患者，女，85 岁。高血压病史 15 年。现日常活动能力下降，虚弱无力，有冠心病病史，自行清洁口腔不净，口腔有异味，需给予口腔护理，保持口腔卫生，护士需要观察患者情况，并做相应解释和指导。

问题：如何对患者进行口腔护理？

（一）操作目的

1. 保持患者口腔清洁，预防口腔感染，促进食欲。
2. 观察患者口腔黏膜及舌苔的改变，提供病情观察的动态信息。
3. 调节患者的心理状态，为预防、治疗、康复及护理提供依据。

（二）操作流程

1. 评估患者意识状态、肢体活动度、自理程度、口腔状况、有无义齿、心理状态、合作程度。

2. 备齐口腔护理包、吸水管、杯子、手电筒、口腔护理液、压舌板、弯盘（检查口腔护理液及外用药的药名、有效期、浓度）等用物。

3. 携用物至床旁，解释操作目的、方法，取得其配合。

4. 协助患者取合适体位（平卧位头偏向一侧或侧卧位），下颌铺小巾，放置弯盘，漱口（昏迷患者禁止漱口）。

5. 手持压舌板检查口腔情况（图 9-3）。

6. 清点棉球，并用蘸有口腔护理液的棉球湿润口唇，漱口，检查口腔情况，用棉球清洁对侧牙齿外侧面（图 9-4）→对侧牙齿上内侧面（图 9-5）→对侧牙齿上咬合面→对侧牙齿下咬合面（图 9-6）→对侧牙齿下内侧面→对侧颊部→同法擦拭近侧→上颚→舌面→舌下顺序擦拭。

7. 再次漱口，并用毛巾擦拭面颊部。

8. 协助患者取舒适体位。

图 9-3　口腔检查

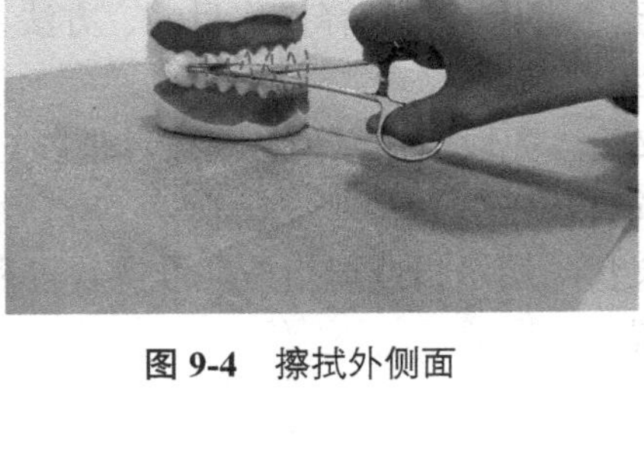

图 9-4　擦拭外侧面

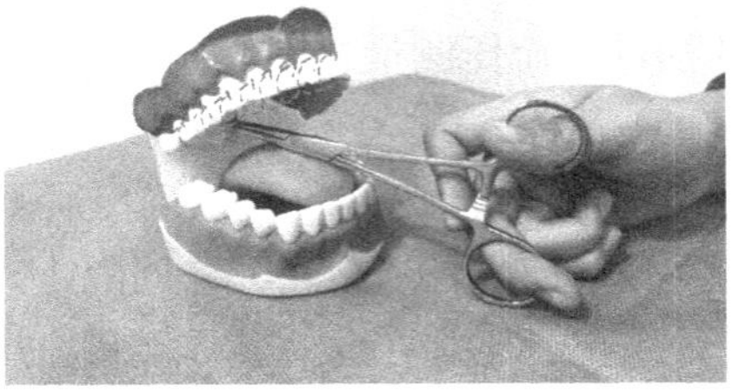

图 9-5 擦拭内侧面

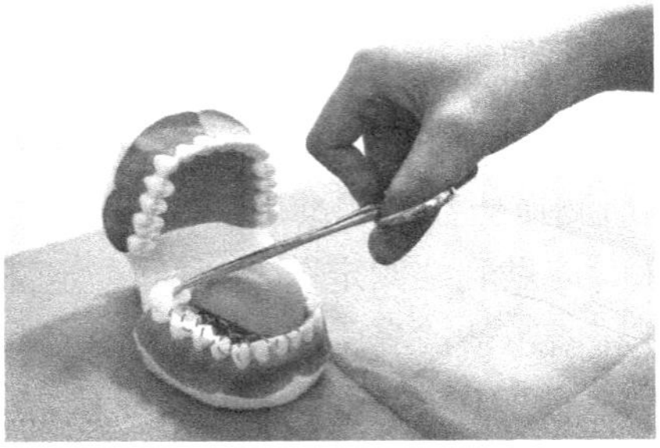

图 9-6 擦拭咬合面

（三）注意事项

1. 操作过程中要尊重患者，动作轻柔，力度适宜，防止损伤黏膜及牙龈。

2. 擦洗前将患者的义齿取下，浸泡于凉开水中。

3. 擦洗时需用止血钳夹紧棉球，每次 1 个，防止棉球遗留在口腔内，棉球不宜过湿，以不滴水为宜，以防止溶液吸入呼吸道。

4. 擦拭舌面和硬腭时，应避免擦拭过深，以免触及腭和咽部，引起恶心。

5. 根据患者的口腔情况，选择适宜的口腔护理液。常用漱口液有：生理盐水（清洁口腔预防感染，首选）、复方硼酸溶液（除臭、抑菌，轻度口腔感染）、1%～3%过氧化氢溶液（防腐、防臭，适用于口腔感染有溃烂、坏死）、2%～3%硼酸溶液（酸性防腐溶液，防腐抑菌）、1%～4%碳酸氢钠溶液（碱性溶液，适用于真菌感染）、0.02%呋喃西林（广谱抗菌，清洁口腔）、0.1%醋酸（广谱抗菌，清洁口腔）、0.08%甲硝唑溶液（适用于厌氧菌感染）、0.02%氯己定（广谱抗菌，清洁口腔）。

第 3 节　义齿的维护

案例 9-3

患者，女，85 岁。有高血压病史 15 年。现日常活动能力下降，虚弱无力，有冠心病病史，自行清洁口腔不净，口腔有异味，有义齿，需给予口腔护理，保持口腔卫生，护士要观察患者情况，并做相应解释和指导。

问题：如何对患者的义齿进行维护？

（一）操作目的

1. 预防由义齿污染造成的龋齿、牙周疾病、口臭。

2. 防止干燥引起的破损及变形。

（二）操作流程

1. 评估患者意识状态、口腔情况、义齿情况、心理状况、合作程度。

2. 用物准备，如义齿专用刷、存放盒、一次性手套等。

3. 携用物至患者床旁，解释操作目的、方法，取得其配合。

4. 取下义齿

（1）全口义齿　先取下颚义齿，嘱患者张口，抓住前齿部分，向上提；再取上颚义齿，同样抓住前齿部分，向上前方按压摘下。

（2）局部义齿　用示指或拇指按住维持装置和卡子，向摘除方向用力摘出（图 9-7）。摘下前务必记住卡子的位置。

5. 协助患者进行口腔护理（同特殊口腔护理）。

6. 清洗义齿　用义齿专用刷及流动水洗掉食物残渣和齿垢。

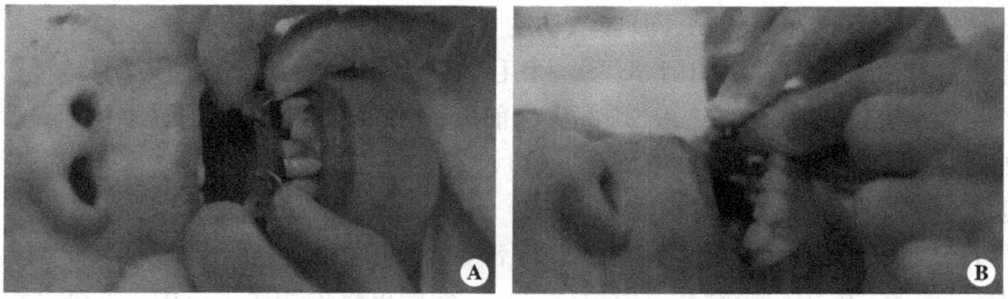

图 9-7　局部义齿摘出方法

7. 佩戴义齿

（1）全口义齿　先从上颚义齿开始佩戴。手持义齿的前齿部分放入口中，用拇指按住义齿牙床的中央部分，如同吸入上腭一般轻轻放入；佩戴下颚义齿时，握住义齿的一端放入口中，两手示指放在里面的牙齿上，拇指按住下颚，如同夹住一般轻轻地装入。

（2）局部义齿（图 9-8）　抓住卡子，沿着带卡子的牙，用手指轻压人造牙，压至义齿稳定位置。

8. 确认义齿正确安装，协助患者取舒适体位。

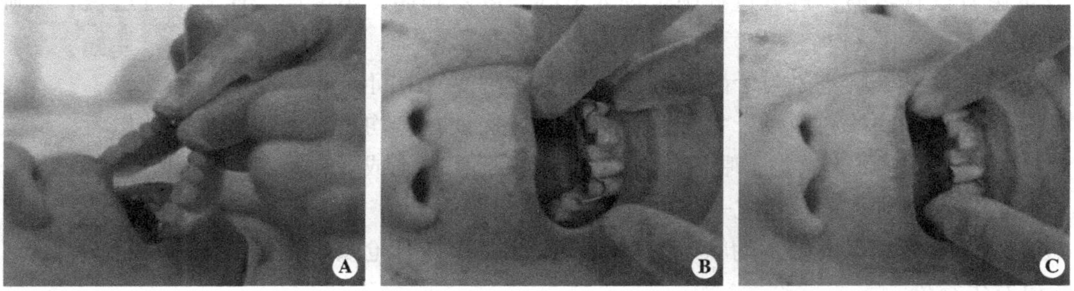

图 9-8　局部义齿安装方法

（三）注意事项

1. 摘取局部义齿时，较小的义齿头稍侧，注意不要滑落在口腔内，易发生窒息。

2. 义齿专用刷有软硬之分，卡子等金属部分用硬刷，牙齿与牙床用软刷。

3. 暂不佩戴的义齿，应放在凉开水中浸泡，不可使用高浓度漂白剂或放入热水中，会导致义齿变形、褪色。使用时清水冲洗即可。

第 4 节　协 助 喂 食

案例 9-4

患者，男，74 岁。脑梗死后导致左侧肢体偏瘫，活动受限，经康复锻炼，现神志清，说话口齿不清，吞咽费力，原用左手进食，现改用右手，不自如，进食过程缓慢，并有呛咳现象。给予饮食护理，注意观察患者进食情况并给家属做护理指导。

问题：如何对患者进行饮食护理？

（一）操作目的

1. 保持患者正常进食，改善其心情。

2. 观察患者进食情况，为预防、治疗、康复及护理提供依据。

（二）操作流程

1. 评估患者意识状态、吞咽状况、肢体活动度、心理状况、合作程度。
2. 准备清洁餐具（适合患者用的勺、筷）、小毛巾（纸巾）、温水、围兜等用物。
3. 协助患者取半坐位（30°～45°），颈部少许前屈；偏瘫患者取健侧卧位。
4. 根据患者情况，戴围兜或铺毛巾，协助漱口，安装义齿。
5. 协助进食

（1）把食物轻放在患者舌头中间，用勺背轻按舌头，嘱其咀嚼、吞咽。

（2）认知障碍患者，先用勺接触其下唇敦促张口，然后再将食物送入口中。整个过程可以一边招呼患者，一边做空吞咽动作，请其模仿。

（3）偏瘫者，将食物送至健侧进行咀嚼。

（4）吞咽障碍者，使用小勺，将饭送到舌根部，轻压舌根，刺激吞咽。可根据吞咽障碍程度采用颈部前屈的低头式吞咽、颈部转向患侧的横向式吞咽和颈部侧屈式吞咽。

6. 餐后协助其饮水，必要时给予口腔护理。

（三）注意事项

1. 营造良好的饮食环境，进食过程中不要打扰；安置患者取舒适体位，使之保持稳定，防止跌落。
2. 尊重患者饮食习惯，进食过程中护理人员的态度要和蔼，不催促。速度不宜过快，要确保口中无残留食物后，再喂下一口。
3. 喂饭的食具要尽量避免与牙齿接触，食物要放在舌的中间。
4. 喂饭时先喂一些饮料或汤，每样食物轮流喂，保证营养均衡。对于进食少的患者，应先喂营养丰富的食物如蛋白质、维生素类，喂固体食物3～4次后应喂汤或饮料。
5. 吞咽能力较低时，请患者吃一口食物，空咽一次。
6. 进食过程中随时观察患者的状态，有无误吸征兆，如有呛咳应暂停喂饭，要轻拍背部，防止食物误入气道发生意外。
7. 餐后为防止胃食管反流，保持坐姿30分钟。

第5节　床上排泄

案例9-5

患者，女，76岁。半年前发生脑梗死导致下肢体活动受限，现经康复锻炼，神志清，能对答交流，下肢肌力有恢复，但大小便失禁，给予排泄护理，注意观察患者皮肤情况并给家属做护理指导。

问题：如何对患者进行排泄护理？

（一）操作目的

1. 保持患者皮肤清洁、舒适。
2. 协助患者安全、舒适地进行排泄。

（二）操作流程

1. 评估患者意识状态、肢体活动度、心理状况、合作程度。
2. 准备卫生纸、浴巾、尿垫、便器、集尿器、床单等用物。
3. 携用物至患者床旁，解释操作目的、方法。
4. 关闭门窗，保护患者隐私。

5. 铺尿垫，协助患者将裤子脱至膝下，盖上浴巾或被子。

6. 放置便器

（1）嘱患者双下肢屈曲，双脚踩实床面，用力抬起臀部，顺势将便器放于臀下。

（2）偏瘫患者，护士站于患侧，嘱其健侧下肢屈曲用力，将小臂伸到患者的臀部，利用杠杆原理，以肘部为支点抬起臀部，另一手放置便器（图 9-9）。

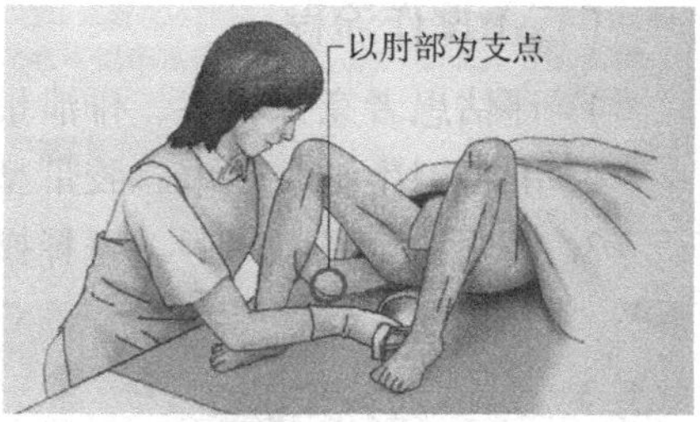

图 9-9　杠杆原理

（3）瘫痪者，先协助患者取侧卧位，将便器放置于臀部，顺势转成仰卧位（图 9-10）。

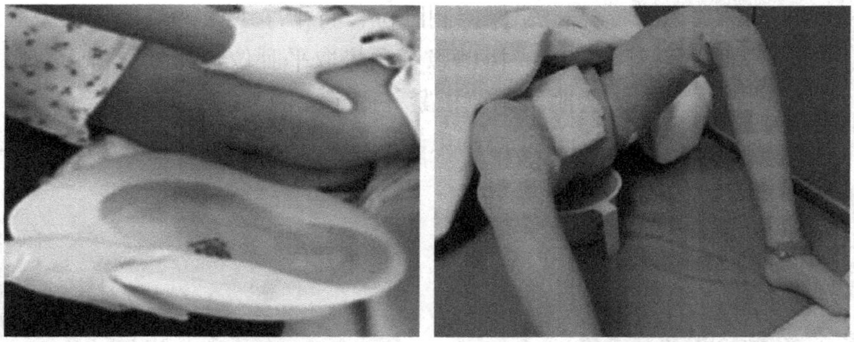

图 9-10　放置便盆

7. 用手纸遮盖女性会阴部，防止尿液溅出。

8. 协助患者擦净会阴及肛门，必要时给予清洗。

9. 整理衣裤及床单元，开窗通风。

（三）注意事项

1. 理解不能保持排泄自理患者的苦衷，尊重患者人格，在其面前不能流露厌烦的情绪。

2. 为患者营造利于排泄的安静环境，应用屏风或隔帘保护隐私，注意保暖。

3. 为女性患者使用集尿器时，应将集尿器下缘紧紧抵住会阴下部，并将叠好手纸放于会阴上，防止尿液溅出。

4. 观察排泄物的颜色、性状、量，如有异常及时就医。

第 6 节　更换纸尿裤

案例 9-6

患者，女，76 岁。半年前发生脑梗死导致下肢体活动受限，现住院进行康复治疗，神志清，能对答交流，下肢肌力有恢复，但大小便失禁，给予更换纸尿裤，注意观察患者皮肤情况并给家属做护理指导。

问题：如何给患者更换纸尿裤？

（一）操作目的

1. 保持患者的皮肤清洁、舒适。

2. 观察会阴部皮肤状态。

（二）操作流程

1. 评估患者意识状态、排泄量、纸尿裤型号、心理状况、合作程度。
2. 准备卫生纸、毛巾、胶带型纸尿裤、一次性手套、床单等用物。
3. 携用物至患者床旁，解释操作目的、方法。

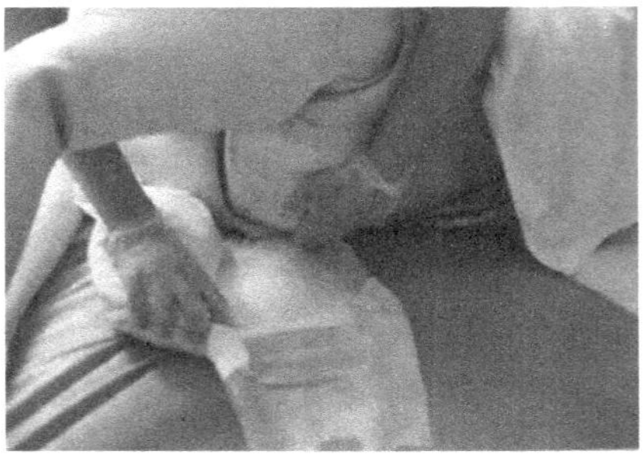

图 9-11 团起污染纸尿裤

4. 关闭门窗，脱去裤子，保护隐私。
5. 将污染的纸尿裤打开，团起近侧放于臀下（图 9-11），用毛巾或消毒纸巾擦拭会阴部及臀部。
6. 协助患者面向操作者侧卧，一边放干净纸尿裤，一边把纸尿裤污染部分朝内，团在一起取出，擦拭臀部。
7. 保持侧卧位，将干净纸尿裤对准臀部中心放置，铺开（图 9-12）；协助患者顺势取平卧位，将纸尿裤于双腿中间抽出，覆盖会阴，调节松紧并固定（图 9-13）。
8. 协助患者取舒适卧位，整理衣裤及床单元，开窗通风。

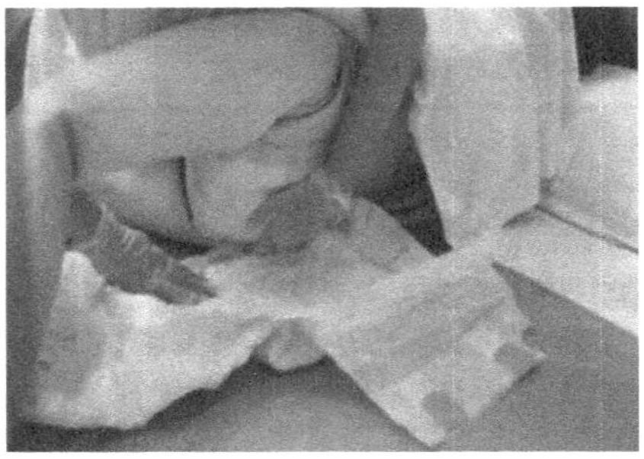

图 9-12 纸尿裤对准臀部中心

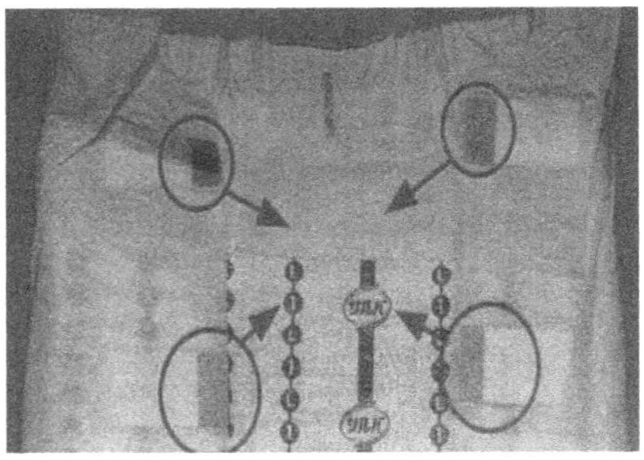

图 9-13 固定纸尿裤

（三）注意事项

1. 耐心解释操作方法，尊重患者意愿，注意保护隐私。
2. 注意随时更换纸尿裤，防止尿液及粪便长时间刺激皮肤。
3. 对于二便失禁的患者，在更换纸尿裤的同时，要做好其排泄的准备。
4. 固定时，纸尿裤的内侧不要放入衣物，且应沿着大腿间固定，避免排泄物遗漏。

第 7 节 协 助 更 衣

案例 9-7

患者，女，86 岁。脑梗死导致右侧肢体活动受限。现经康复锻炼，神志清，能对答交流，左侧肢体肌力 5 级，右侧肢体肌力 1 级，现需给予更衣护理，注意观察患者情况并给予家属做护理指导。

问题： 1. 对肢体偏瘫的患者进行更衣的原则有哪些？

2. 如何对患者进行合适的更衣操作？

（一）操作目的

1. 保持患者的整体清洁、舒适。
2. 了解患者身体的功能状况。
3. 观察患者情况，为预防、治疗、康复及护理提供依据。

（二）操作流程

1. 评估患者意识状态、肢体活动度、心理状况、合作程度。
2. 解释操作目的、方法。
3. 关闭门窗、拉帘，调节室内温度，保护隐私。
4. 更换上衣

（1）将盖被反折于耻骨联合处，盖上毛巾。
（2）让患者用健侧的手解开纽扣、松衣领，先脱健侧衣袖。
（3）将脏衣正面朝外卷入身体下方。
（4）协助其取健侧卧位，注意保护患者安全。
（5）托住患侧肘关节，脱下脏衣放入污物袋（图 9-14）。
（6）以迎接的手势托住患者肘关节（图 9-15），为其穿上患侧上衣袖。
（7）把上衣放到健侧下方，取平卧位。
（8）穿上健侧衣袖，整理领口、衣襟下摆，协助扣纽扣。

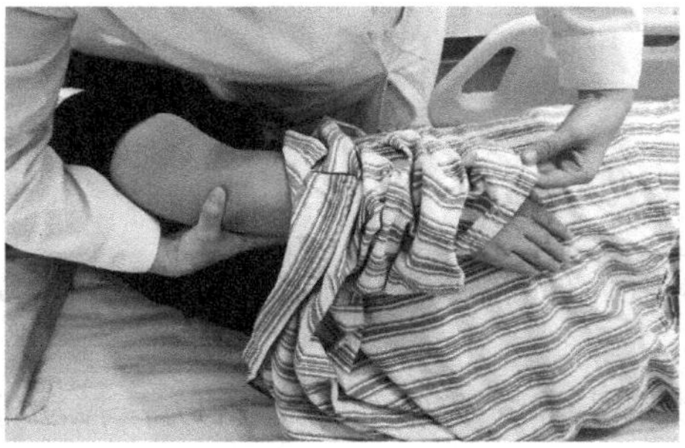

图 9-14　托住患侧肘关节

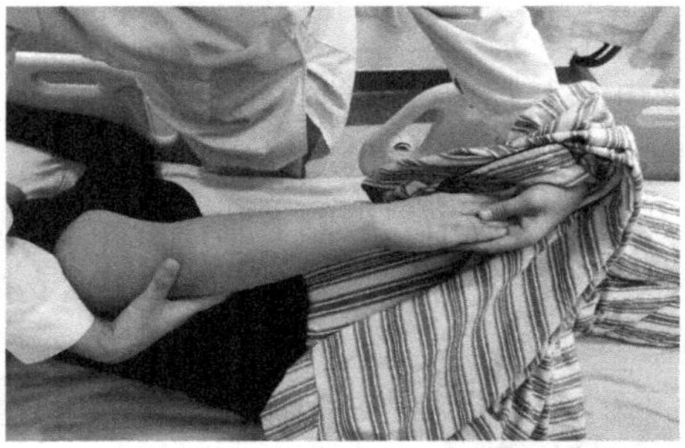

图 9-15　迎接手势托住肘关节

5. 更换裤子

（1）用浴巾盖住下肢，保护隐私。
（2）告知患者健侧下肢屈曲，嘱其抬臀的同时脱下裤子。
（3）先脱健侧，再脱患侧。
（4）先穿患侧下肢裤子至膝盖以上，再穿健侧裤子。
（5）请患者健侧下肢屈曲，用力抬臀，将裤子提至腰部。

（三）注意事项

1. 护理人员要做好解释工作，要注意保护隐私。
2. 为偏瘫患者更换衣裤时，要先脱健侧，再脱患侧；穿衣时，先穿患侧，再穿健侧。
3. 以肩、肘关节、手的顺序脱衣，避免生拉硬拽衣服及手脚，注意保护肢体。
4. 更衣过程，注意使用床挡保护患者安全，防止因过度翻身而出现坠床。
5. 鼓励患者充分使用残存功能，护士以辅助为主。

第 8 节　体 位 改 变

案例 9-8

患者，男，70 岁。脑梗死导致右侧肢体活动受限。现经康复锻炼，神志清，能对答交流，左侧肢体肌力 0 级，右侧肢体肌力 5 级。护士给予床上移动护理，注意观察患者情况并给家属做护理指导。

问题：1. 在床上移动时，对肢体障碍的患者如何使用节力原则？
2. 如何正确地对患者进行床上移动？

（一）操作目的

1. 减轻患者长时间维持同一体位的痛苦，预防压力性损伤、关节拘挛、关节变形、神经麻痹、循环障碍、吸入性肺炎等。

2. 对变换为治疗或处置所需的体位进行援助。

3. 由于改变体位，给予视觉、触觉等刺激，以期维持、改善感觉功能。

（二）操作流程

1. 评估患者的意识、呼吸状况，观察皮肤状态（有无发红、水肿、压力性损伤等）。

2. 解释操作的目的、方法及注意事项。

3. 调节病床高度，以起到节力的作用，固定床单元。

4. 移开床头柜、椅子，确保足够空间。

5. 进行移动

（1）协助患者左右平行移动

1）让患者做环抱动作（健肢环抱患肢）。

2）嘱其用健侧下肢抬起患侧下肢，呈交叉状。

3）将手插入患者的肩和腰下（插入的手，支撑住患者对侧的肩部和侧胸部），做下蹲姿势，拉动上半身，至近侧。

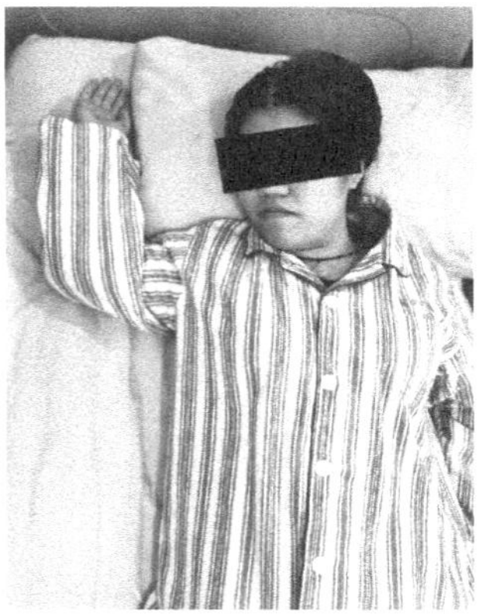

图 9-16　向外转动右肩，肘部弯曲向上

4）将手插入骨盆和大腿上部的下面，以同样的方法拉动骨盆部（用手掌裹住骨盆拉动）。

5）协助伸直下肢。

（2）协助患者从仰卧位变为侧卧位（以右侧卧位为例）

1）将枕头向右侧移动，嘱患者头向右偏。

2）协助其向外侧转动右肩，肘部弯曲向上（图 9-16）。

3）将其另一侧的肘部弯曲，放在胸腹部。

4）协助患者左膝弯曲，尽可能高地抬起。

5）将手放在患者的左肩与膝盖上，慢慢地将膝盖倒向操作者的方向（图 9-17）。

6）将右肩向外拉，右膝稍弯曲；左侧膝盖稍拉向操作者身体一侧，并充分弯曲，其下垫软枕（图 9-18）。

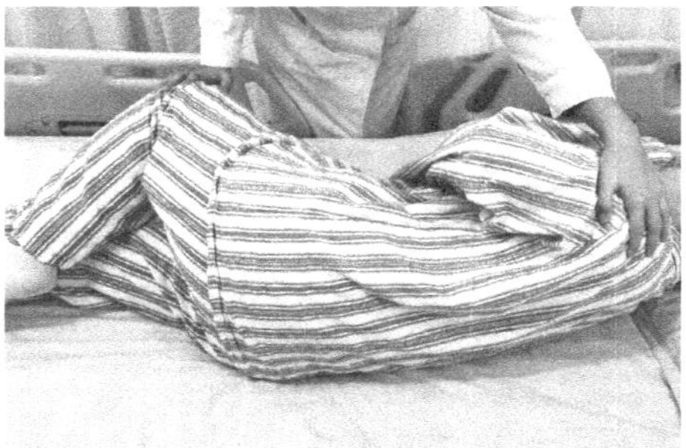

图 9-17　手放在患者的左肩与膝盖上

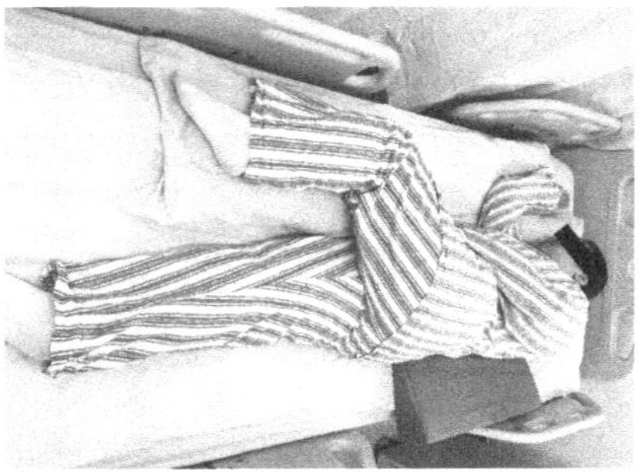

图 9-18　调整体位

（3）从仰卧位到端坐位（以右侧下床为例）

1）站于患者右侧，让做环抱动作（健肢环抱患肢）。

2）左手通过患者脖颈下插入左肩胛骨下，牢牢地抱住其身体。

3）右手固定患者左侧肩部，将其上身拉向自己一侧，以肘部为支撑点将其托起。

4）左手支住患者背部，右手伸进腘窝处。

5）以臀部为支点，向右侧转动患者肢体。

6）将下肢放到病床边上，采取端坐位。

7）调节床的高度，使患者双脚踩实于地面，两脚分开，与肩同宽。

6. 确认患者处于安全、舒适的状态，协助整理衣物。

（三）注意事项

1. 确认病床的脚轮为锁住的状态。
2. 运用杠杆原理，充分节力。
3. 在平行移动时，注意不要将患者的胳膊卷到躯干下方。
4. 确认足底是否切实地抵在床上，如果患者不能保持抬起的膝盖，应由护士支撑，将其放倒，避免导致髋关节脱臼。
5. 注意体位变换后留置管、输液管、人工呼吸器等是否通畅。
6. 体位变化后不要马上离开，确认患者的状态，是否有疼痛、眩晕等不适。
7. 改变体位过程中，及时拉起床挡，防止患者跌落。
8. 变为坐位时，如患者无法保持平衡，要支撑其背部或肩膀，并将腿放于患者双腿中间，固定大腿和膝盖。

第 9 节　床椅转移和拐杖、助行器使用

案例 9-9

患者，男，76 岁。脑梗死导致右侧肢体活动受限。现经康复锻炼，神志清，能对答交流，左侧肢体肌力 0 级，右侧肢体肌力 5 级，护士给予轮椅转移，注意观察患者情况并为家属做护理指导。

问题： 1. 使用轮椅的安全措施有哪些？

2. 如何正确地对患者进行轮椅移动？

一、床 椅 转 移

（一）操作目的

1. 协助患者安全、舒适地从床上移动到轮椅。
2. 对于不能步行的患者，安全、舒适地将其送至目的地。

（二）操作流程

1. 评估患者意识状态、肢体活动度、心理状况、合作程度及轮椅的性能。
2. 解释操作的目的、方法。
3. 将轮椅放在患者健侧，轮椅与床尾呈 30° ～45° 。
4. 固定轮椅刹车，翻起脚踏板。
5. 协助患者从卧位到坐位（详见本章第 8 节体位改变）
6. 将患者健侧脚向轮椅方移动，并使脚跟朝向轮椅；操作者正对患者，靠近轮椅一侧的脚稍向后撤。

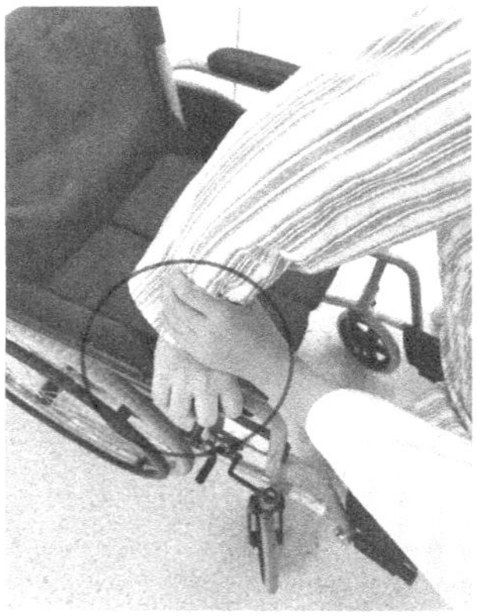

图 9-19 健手抓轮椅远端扶手

7. 将患者健手抓住稍远一侧的轮椅扶手（图 9-19），躯干前倾，将其另一上肢放在操作者肩膀上。

8. 双手支撑住患者的腰部，使其重心前倾，抬起臀部。

9. 以健侧足跟为轴顺势转动方向，让其平稳坐在轮椅上。

10. 协助患者坐于轮椅正中位置，背向后靠并抬头，髋关节保持在 90°左右，双脚放于脚踏板上。

11. 打开刹车，后退轮椅离开床。

（三）注意事项

1. 使用轮椅前，要仔细检查其完整性及功能。

2. 对于偏瘫患者转运，轮椅要放置于其健侧，并于床呈一定角度，方便转运。

3. 转运过程中注意保护患侧肢体，充分利用其残存能力。

4. 坐轮椅时，重心后移并将双手放在轮椅扶手上，双足踩实轮椅踏板，不能保持平衡者，加系安全带固定。

5. 乘坐电梯时，确保老年患者面向电梯门，勿用轮椅撞门或障碍物。

6. 上台阶时，脚踏斜杆，将患者的重心后移，下按手柄，抬起前轮，大腿顶住靠背，前推轮椅，抬起后轮（图 9-20）。

7. 下坡时，将轮椅倒转使患者背部朝下，支撑轮椅，缓慢下行。

8. 根据情况，可使用靠垫或软枕。

图 9-20 轮椅上台阶

二、拐杖、助行器使用

拐杖、助行器一般是指提供给老年人用来支撑着走路的工具，主要作用是辅助人体支撑体重，保持平衡和行走。常用的有手杖、腋下型拐杖、步行器等。

案例 9-10

患者，女，78 岁。平时喜欢外出活动。近两个月来，王奶奶感觉走路时双下肢无力，活动能力下降，步行时间较前缩短，不能超过 15 分钟。针对此情况，照护人员建议患者使用助行器材，辅助其步行。

问题： 1. 如何选择合适的助行器材？

2. 使用助行器的注意事项有哪些？

（一）操作目的

1. 协助患者正确、安全地使用助行器材。

2. 帮助患者保持身体平衡，减少下肢承重，改善日常生活活动功能，减少对他人的需要和依赖。

（二）操作流程

1. 评估患者意识状态，肢体活动度，心理状况，合作程度。

2. 为患者选择质地柔软、尺寸合身的服装，穿舒适防滑的鞋子。

3. 检查助行器结构是否完好，把手有无松动，橡胶垫是否牢固、有无磨损，卡扣是否能锁紧等。

4. 调节助行器高度

（1）手杖　患者使用手杖时，肘关节屈曲 15° ～30°，腕关节背伸，手杖下端着力点在同侧脚外侧 15cm 处（图 9-21）。

（2）腋下型拐杖　身高减去 41cm 为腋杖的适合长度（或站立时腋下型拐杖上端距离腋窝下 3～4 横指），把手的位置为站立时大转子的高度（图 9-22）。

（3）步行器　以患者直立状态，双手握住步行器把手，肘关节屈曲 15°～30°时的高度为宜（图 9-23）。

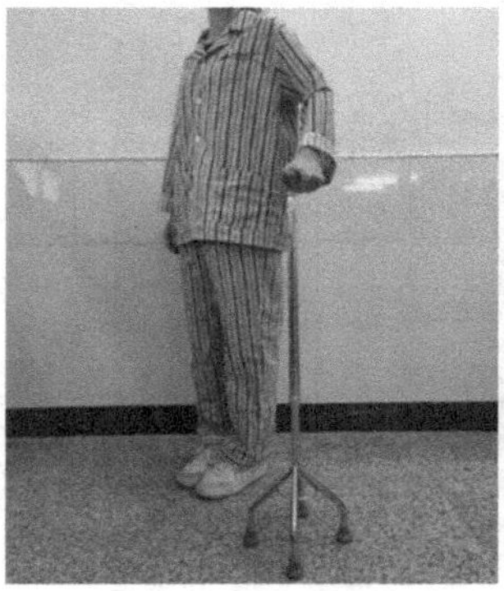

图 9-21　手杖持法

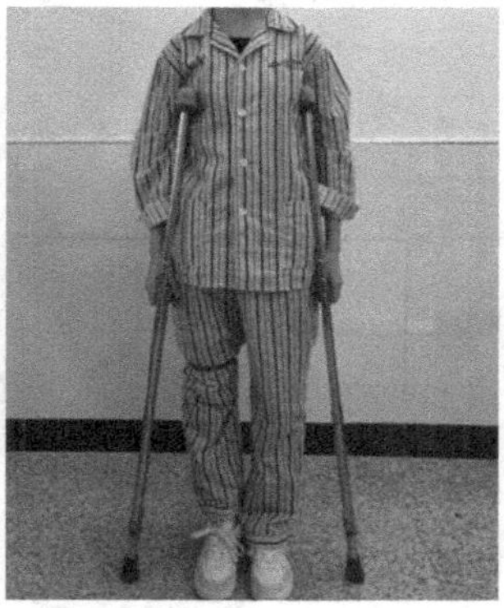

图 9-22　拄腋下型拐杖

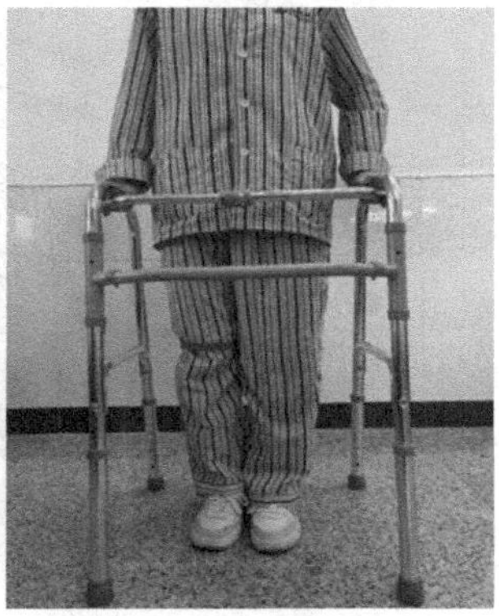

图 9-23　步行器的使用

5. 指导患者使用助行器

（1）手杖的使用

1）三点步行：先伸出手杖，再迈出患足，最后迈出健足。手杖下端的着力点，应在与手杖同侧的脚旁边 15cm 处（图 9-24）。

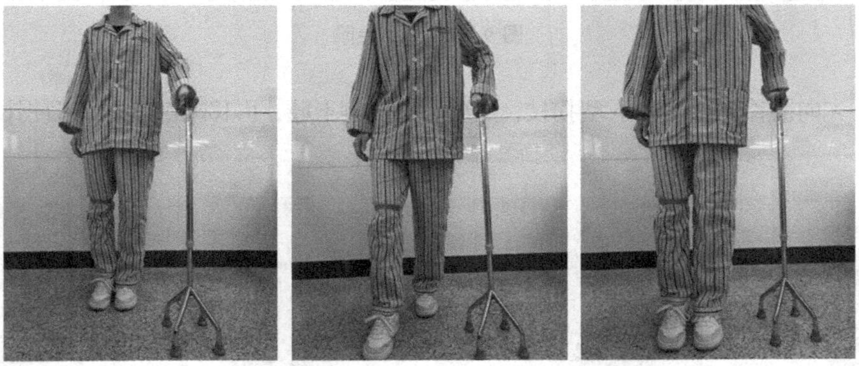

图 9-24　三点步行

2）二点步行：伸出手杖同时抬腿迈出患足，再迈出健足（图 9-25）。

3）上下台阶的方法：原则是上台阶先上健腿，然后上患腿；下台阶先下患腿，然后下健腿（图 9-26）。

（2）腋下型拐杖的使用　根据患者的具体情况，选择使用单侧或双侧腋下型拐杖。

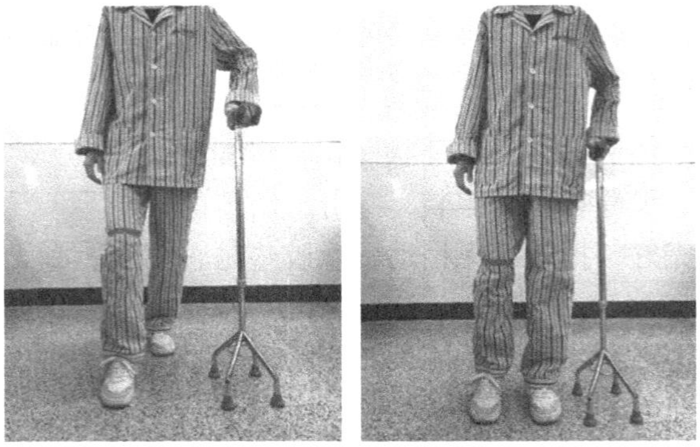

图 9-25　二点步行

图 9-26　上下台阶

1）四点法：先向前移动患侧腋下型拐杖，然后迈出健侧下肢，再移动健侧腋下型拐杖，最后迈出患侧下肢（图 9-27）。

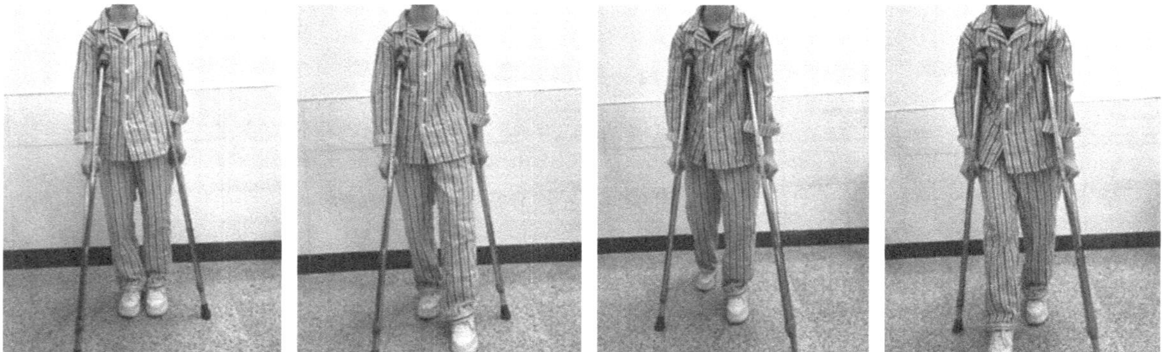

图 9-27　四点法

2）三点法：两侧腋下型拐杖同时向前伸出，然后迈出患侧下肢，最后将健侧下肢向前迈出（图 9-28）。

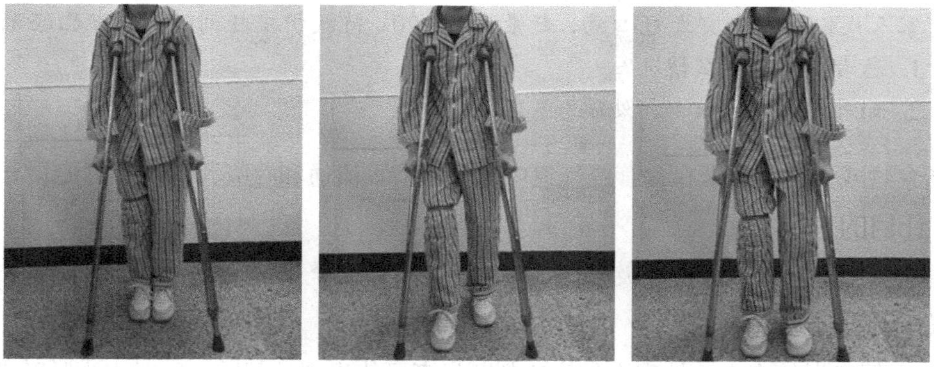

图 9-28　三点法

3）两点法：患侧腋下型拐杖和健侧下肢同时向前迈出，然后向前移动健侧腋下型拐杖的同时迈出患侧下肢，反复进行（图 9-29）。

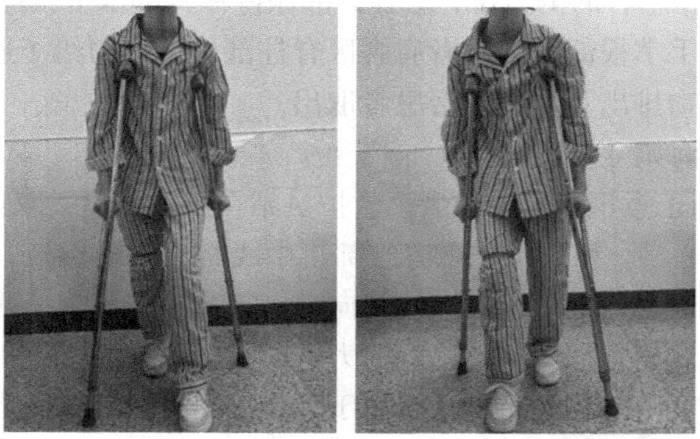

图 9-29　两点法

（3）步行器的使用　①四步法：先将步行器的其中一侧向前移动一步（25～30cm），接着对侧下肢迈出，约落在步行器横向的中线偏后方。然后，步行器的另一侧向前移动一步，接着迈出对侧下肢。②三步法：双手同时将步行器举起向前移动一步 25～30cm，接着患肢抬高后迈出半步，约在步行器横向的中线偏后方。然后迈出健肢，落地点与患肢平行。

（三）注意事项

1. 助行器材的底端应加橡胶底垫，以增强摩擦力和稳定性来预防老年人跌倒，橡胶底垫要求宽面、有凹槽，应有吸力、弹性好。

2. 行走时，要避开路线上的水渍和障碍物。

3. 无论向哪一个方向移动，都要先移动助行器，调整好重心后再迈开脚步。

4. 正确使用步行器需要练习，在患者没有完全适应前，照护员要在旁协助，但要避免拉拽患者胳膊，以免造成患者跌倒和骨折。

5. 循序渐进地增加活动量。如果出现疲乏，立即休息。

第 10 节　噎 食 急 救

案例 9-11

患者，男，66 岁。无慢性疾病，平时喜欢看电视。某日晚餐时，患者边看电视边进食，看到有趣的情节，时不时哈哈大笑。突然，患者不能说话，手按颈部和胸前，面色青紫，不能呼吸，昏迷倒地。家人误以为患者突发冠心病，赶紧拨打120。待救护车赶到时，患者已经无生命迹象。

问题： 1. 患者发生了什么情况？

2. 如果你在场，该如何处理？

噎食是指食物或其他物体卡在食管或气道中，阻碍空气流通和呼吸，严重者可能会导致生命危险。

（一）操作目的

清除食管、呼吸道异物，保持呼吸通畅，维护患者生命安全。

（二）操作流程

1. 判断 根据患者的表现，护理人员快速判断患者可能出现的问题，同时大声呼喊他人帮助。

2. 取出口腔中异物 护理人员用手或汤匙等迅速抠出患者口腔中的聚集的食物团（或异物）。如患者牙关紧闭或抽搐，可用筷子等撬开口腔掏出食物团（或异物），并解开患者领口。

3. 实施急救

（1）拍背法 抢救者站在患者的侧后位，患者头部保持在胸部水平或低于胸部水平，一只手放置于患者胸部以作围扶，另一只手掌根部对准患者肩胛区脊柱部位，用力给予连续4～6次急促拍击，嘱患者张口吐出异物，或看到异物排出及时用手帮患者取出。

（2）腹部手拳冲击法（海姆立克急救法）

1）立位腹部冲击法：用于意识清醒的患者。救护员站在患者背后，双臂环绕其腰部，嘱患者弯腰、头部前倾。救护员一手握空心拳，拳眼顶住患者腹部正中线脐上两横指处，另一手紧握此拳，双手同时快速向内、向上冲击5次，每次冲击动作要明显分开。注意施力方向，防止损伤胸腔和腹腔脏器。患者要低头张口，以利于异物排出（图9-30）。

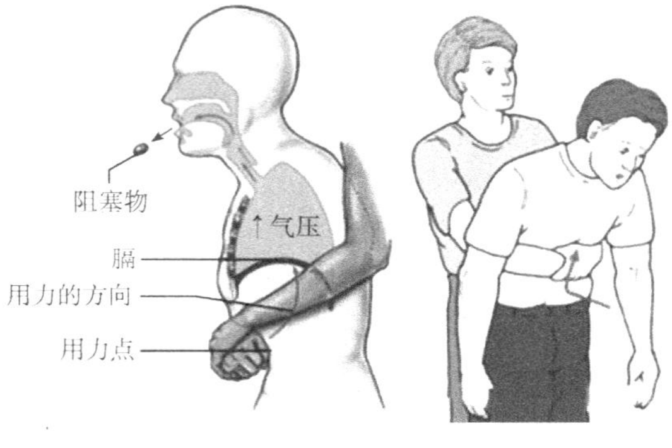

图9-30 立位腹部冲击法

2）仰卧位腹部冲击法：用于意识不清的患者。患者仰卧，救护员骑跨在患者髋部两侧，一只手的掌根放置在患者腹部正中线、脐上两横指处，避免触及剑突。另一只手直接放在第一只手背上，两手掌根重叠，两手合力快速向内向上有节奏冲击患者腹部，连续5次，重复操作若干次。检查口腔，如果异物被冲出，迅速用手指将异物取出。检查呼吸心跳，如无，立即进行心肺复苏。

4. 及时记录患者噎食、误吸发生的时间、表现和采取的急救措施，报告主管部门。

（三）注意事项

1. 患者发生噎食、误吸时应及时采用正确的急救方法就地抢救，分秒必争。
2. 进行抢救时动作用力适度，以免造成肋骨骨折或内脏损伤。
3. 噎食、误吸急救方法的选择应因人而异、因地制宜。但都应以抢救患者生命为准则。

自测题

A_1/A_2型题

1. 为老年人测量脉搏时，做法正确的是

A. 用示指、中指及环指的指腹按于桡动脉搏动处，数15秒

B. 脉搏细弱难以触诊时，可用听诊器听诊心率1分钟代替

C. 对脉率/律异常应测 30 秒
D. 如存在心律不齐或脉搏短绌，应一个人分别测量心率和脉率
E. 可用拇指诊脉

2. 为老年人测量血压时，下列哪项做法是**错误**的
A. 测量血压前要评估老年人的基础血压、是否用药、活动情况等
B. 测量时使肱动脉、心脏与血压零刻度线处于同一水平
C. 袖带下缘距肘窝 2～3cm，松紧以放进一指为宜
D. 对测量的数值有异议时，应立即重新测量
E. 输液、上臂受伤、骨折、乳腺癌术后等情况，不宜在该肢体测量血压

3. 口腔内有真菌感染时，应选用哪种口腔护理液
A. 生理盐水
B. 1%～3%过氧化氢溶液
C. 2%～3%硼酸溶液
D. 0.02%氯己定
E. 1%～4%碳酸氢钠溶液

4. 为老年人进行喂食，方法**错误**的是
A. 协助老年人取半坐位（30°～45°），颈部少许前屈
B. 把食物轻轻放在老年人舌头中间，用勺背轻按舌头
C. 偏瘫老年人取健侧卧位，将食物放在舌头中间，用勺背轻按舌头
D. 吞咽障碍患者喂食，可使用小勺，并将饭送到舌根部，轻压舌根，刺激吞咽
E. 喂饭速度不宜过快，要确保口中无残留食物后，再喂下一口

5. 患者，男，72 岁，长期尿失禁。下列护理措施哪项**不妥**
A. 加强皮肤护理，预防压力性损伤
B. 视病情留置导尿
C. 控制患者饮水，减少尿量
D. 随时更换尿湿的衣裤、大单
E. 用接尿器接尿

6. 为偏瘫老年人进行更衣时，**错误**的措施是
A. 先脱患侧，再脱健侧
B. 先脱健侧，再脱患侧
C. 先穿患侧，再穿健侧
D. 脱衣时以肩、肘部、手的顺序进行
E. 更衣的过程要充分利用老年人的残存能力，不要催促

7. 给老年人实施体位改变的护理要点应**除外**
A. 进行体位改变时不可强行拖拽老年人，以免造成皮肤破损
B. 注意体位变换后留置管、输液管、人工呼吸器是否通畅
C. 操作过程护士应站在老年人健侧进行保护
D. 体位改变过程要时刻拉起围栏，防止意外发生
E. 如果老年人不能保持抬起的膝盖，应由护士支撑，避免导致髋关节脱臼

8. 轮椅转运过程中，操作**不当**的是
A. 使用轮椅前，要仔细检查其完整性及功能
B. 转运过程中注意保护老年人患侧肢体，充分利用其残存能力
C. 下坡时，将轮椅倒转使老年人背部朝下，护士支撑轮椅，缓慢下行
D. 上台阶时，可运用杠杆原理，依次抬起前、后轮
E. 尽量使老年人重心向前，双手抓住扶手，避免跌落

9. 发生噎食窒息的老年人若意识不清，采用海姆立克急救法应该采用的体位是
A. 坐位　　B. 仰卧位
C. 俯卧位　　D. 头高足低位
E. 头低足高位

（谭　瑜）

参 考 文 献

胡秀英，肖惠敏，2022. 老年护理学. 5 版. 北京：人民卫生出版社.

刘晓红，陈彪，2020. 老年医学. 3 版. 北京：人民卫生出版社.

罗先武，王冉，2023. 2024 全国护士执业资格考试轻松过. 北京：人民卫生出版社.

潘红宁，曹美玲，2020. 老年护理学. 3 版. 南京：江苏凤凰科学技术出版社.

孙建萍，张先庚，2018. 老年护理学. 4 版. 北京：人民卫生出版社.

于卫华，戴夫，潘爱红，2018. 医养结合老年护理实践指南. 合肥：中国科学技术大学出版社.

中华医学会，中华医学会临床药学分会，中华医学会杂志社，等，2021. 稳定性冠心病基层合理用药指南. 中华全科医师杂志，20（4）：423-434.

中华医学会，中华医学会杂志社，中华医学会全科医学分会，等，2021. 冠心病心脏康复基层指南（2020 年）. 中华全科医师杂志，20（2）：150-165.

中华医学会，中华医学会杂志社，中华医学会消化病学分会，等，2019. 胃食管反流病基层诊疗指南（2019 年）. 中华全科医师杂志，18（7）：635-641.

中华医学会呼吸病学分会慢性阻塞性肺疾病学组，中国医师协会呼吸医师分会慢性阻塞性肺疾病工作委员会，2021. 慢性阻塞性肺疾病诊治指南（2021 年修订版）. 中华结核和呼吸杂志，44（3）：170-205.

中华医学会老年医学分会，《中华老年医学杂志》编辑委员会，2022. 老年人衰弱预防中国专家共识（2022）. 中华老年医学杂志，41（5）：503-511.

中华医学会消化病学分会，2020. 2020 年中国胃食管反流病专家共识. 中华消化杂志，40（10）：649-663.

周逸萍，单芳，2018. 临终关怀. 北京：科学出版社.

自测题参考答案

第 1 章

1. B　2. C　3. A　4. E　5. D

第 2 章

1. A　2. C　3. D　4. B　5. A　6. E

第 3 章

1. C　2. A　3. B　4. E　5. A

第 4 章

1. E　2. B　3. C

第 5 章

1. C　2. B　3. A　4. D　5. A　6. C　7. A　8. D　9. B　10. E　11. E　12. B　13. B　14. C

第 6 章

1. A　2. C　3. D　4. C　5. D　6. D　7. C　8. B　9. C　10. B　11. C　12. D　13. A　14. C　15. A　16. C　17. E　18. C　19. B　20. A　21. B　22. C　23. A　24. A　25. C　26. A　27. C　28. A　29. D　30. C　31. D　32. E　33. D　34. B　35. A　36. A　37. A　38. D　39. E　40. C　41. D　42. A　43. C　44. C　45. A　46. A　47. C　48. C　49. A　50. E　51. A　52. D　53. C　54. D

第 7 章

1. D　2. C　3. A　4. D　5. C　6. E　7. B　8. C　9. A　10. B　11. B　12. E　13. B　14. B　15. D　16. C　17. D　18. A　19. B　20. E　21. D　22. A　23. E　24. C　25. A　26. A　27. E　28. D　29. C　30. B　31. C　32. B　33. B　34. C　35. C　36. C　37. B　38. E　39. B　40. E　41. D　42. A　43. E　44. E　45. B　46. E　47. D　48. C　49. D　50. D　51. A　52. E　53. D　54. B　55. E　56. C　57. B　58. B　59. A　60. E　61. A　62. A　63. E　64. B　65. D

第 8 章

1. B　2. A　3. D　4. C　5. E　6. C

第 9 章

1. B　2. D　3. E　4. C　5. C　6. A　7. C　8. E　9. B